坡面沟道水力侵蚀及黄土坡沟耦合系统径流输沙能力试验研究

田　凯　姚文艺　李小青　著

黄河水利出版社
·郑州·

内容提要

本书以黄土高原丘陵沟壑区为研究背景，以丘陵沟壑区侵蚀地貌形态为概化模式，采用变坡度坡沟系统和坡面概化模型，通过野外调查、模型试验、人工模拟降雨和径流冲刷试验，深入认识坡沟侵蚀动力过程和系统产流、产沙过程，揭示其发生机理和时间、空间分布规律；结合泥沙运动力学理论和河流泥沙输移理论，建立坡面径流输沙能力、坡沟耦合系统侵蚀产沙及坡面与坡沟水流挟沙力等方面的定量关系，为建立流域土壤侵蚀模型提供基础支持。

本书可供从事水土保持学、环境科学、地理学、土壤侵蚀力学、泥沙运动力学等方面工作的研究、管理人员及高等院校相关专业的师生阅读参考。

图书在版编目(CIP)数据

坡面沟道水力侵蚀及黄土坡沟耦合系统径流输沙能力试验研究/田凯，姚文艺，李小青著.—郑州：黄河水利出版社，2010.12

ISBN 978-7-80734-964-8

Ⅰ.①坡… Ⅱ.①田… ②姚… ③李… Ⅲ.①黄土高原-径流-输沙量-研究 ②黄土高原-土壤侵蚀-研究 Ⅳ.①S157

中国版本图书馆 CIP 数据核字(2010)第 251468 号

组稿编辑：岳德军 联系电话：13838122133 E-mail：983375628@qq.com

出 版 社：黄河水利出版社

地址：河南省郑州市顺河路黄委会综合楼 14 层 邮政编码：450003

发行单位：黄河水利出版社

发行部电话：0371-66026940、66020550、66028024、66022620(传真)

E-mail：hhslcbs@126.com

承印单位：黄河水利委员会印刷厂

开本：890 mm×1 240 mm 1/16

印张：11.75

字数：215 千字 印数：1—1 000

版次：2010 年 12 月第 1 版 印次：2010 年 12 月第 1 次印刷

定价：35.00 元

序

土壤侵蚀与产沙，尤其是降雨径流所引起的水力侵蚀产沙问题，是当今世界普遍存在且最为严重的环境问题之一。水力侵蚀造成的水土流失，常常淤废水库、抬高河床、阻塞河道，加剧洪水灾害发生；水土流失挟带土壤中的大量营养物质，导致土壤贫瘠；进入河流、水库的泥沙及其所挟带的大量污染物，造成河湖水质污染，危害人类及水生生物的健康乃至生命安全……可以说，土壤侵蚀及由此引发的一系列灾害，对人类社会的发展和进步具有重要影响。

土壤侵蚀与水土流失在世界范围内广泛存在，而不同地区具有不同的特点，但是都把坡沟水土流失的试验研究和治理列为水土保持工作的重点。水力侵蚀是土壤侵蚀的主要形式之一，因此开展水力侵蚀的研究，探索水力侵蚀产沙规律，对于土壤侵蚀和水土流失的防治及各类泥沙灾害的治理，具有重要的科学意义和实践意义。自20世纪30年代起，以Duley D. Hbys、Hendzinksen等一批学者开展的侵蚀小区试验、人工模拟降雨侵蚀试验为主要标志，人们对水力侵蚀进行了系统的研究，并且随着流域治理开发和生态环境建设的发展而逐步受到人们的广泛重视。随着各种研究手段和试验方法的不断进步，新的观点和成果不断涌现，使土壤侵蚀方面的研究得到迅速发展。

降雨产汇流和洪水演进是造成土壤水力侵蚀的直接水动力条件，相对于土壤侵蚀而言具有广泛性，对其研究也具有普遍性。迄今为止，关于降雨产汇流及洪水演进的研究成果，特别是基于机理性揭示的研究成果较为完善，且在生产上得到了广泛应用。然而，与此相应的土壤侵蚀研究，由于不同地区的土壤组成不同，造成的侵蚀强度不同，由此产生的影响度差异较大。因此，对其研究的普遍性受到制约，即便是不同国家开展了相应的研究，但因所关注的目标不尽相同，致使研究成果的使用被限制在不同的具体条件下，难以推而广之。

我国是世界上土壤侵蚀和水土流失最为严重的国家之一，而黄土高原又是我国土壤侵蚀和水土流失最为严重的地区之一，具有典型性和代表性。特别是在黄土高原的黄土丘陵沟壑区，在内外营力的作用下，发育成梁峁坡、沟谷坡和沟谷底三个各具特征的类型地带，不同地带具有不同的侵蚀类型或不同侵蚀类型的组合。对于美国和欧洲，其广泛分布的陆地坡面，特别是坡耕地，是降雨径流和侵蚀产沙的主要来源地，其水土流失主要导致土壤肥力下降，生产能力降低。相比较而言，黄土高原的土壤侵蚀类型与美国和欧洲单一的缓坡水力侵蚀类型相比，其复杂性不仅反映在侵蚀类型上，更重要的是不同侵蚀类型的侵蚀机理差异较大，并且具有一定的随机性，在相似的降雨和土壤组成情况下，土壤侵蚀在某一个区域可能发生，而在另一个区域却不一定发生。

我国的土壤侵蚀规律研究是从黄土高原开始的，并一直将其作为研究和治理的重点。黄土高原严重的水土流失导致生态环境的持续恶化，严重威胁着当地人民群众的生活、生产和生存条件，制约着我国西部地区经济社会的发展，阻碍着当地全面建设小康社会目标的实现。同时，大量泥沙进入黄河河道造成河床持续抬高，河流生态失衡，严重威胁着黄河的健康生命。为此，国家对于解决黄土高原土壤侵蚀和水土流失的重大科学技术问题给予了高度重视，通过国家自然科学基金、国家重点基础研究发展计划等多方面的渠道，重点资助开展了多项重大重点研究项目，也取得了大量有价值的成果。

田凯等撰写的这部专著，以黄土高原小流域土壤侵蚀和水土流失问题为研究主体，采用变坡度坡沟系统和坡面概化模型，结合人工模拟降雨试验与径流冲刷试验，揭示坡面汇水汇沙作用下的坡沟侵蚀产沙关系，并通过室内径流冲刷试验，在对试验数据进行统计分析的基础上，研究建立起水动力学参数和坡面剥蚀率的定量关系；根据试验数据分析，找出坡面径流输沙平衡时的饱和含沙量及对应时刻的坡面水动力学参数，并结合泥沙运动力学理论建立坡面径流输沙能力公式；以坡沟径流侵蚀水动力学特性理论为基础，通过人工模拟降雨试验，深入认识坡沟侵蚀动力过程和系统产流、产沙过程，揭示其发生机理和时间、空间分布规律；通过模型试验，对坡面来水来沙作用，坡沟系统有、无来水来沙情况下的输沙率变化过程，坡沟系统有、无来水来沙情况下的径流变化过程，坡沟系统有、无来水来沙情况下的输沙率变化过程，坡沟系统有、无来水来沙情况下的含沙量变化过程等进行分析研究，建立梁峁坡面来水量、含沙量与沟谷净侵蚀量的耦合关系；借鉴河流泥沙输移理论，建立坡面和坡沟水流挟沙力公式，为土壤侵蚀预报提供坡面输沙力学基础模型；定量描述坡面侵蚀产沙对沟坡侵蚀产沙的影响作用，建立坡沟系统的耦合侵蚀产沙关系。

关于土壤侵蚀和水土流失的研究是一个十分复杂的课题，许多问题还有待进一步研究和探索，相信本书的出版能够对于深入认识和研究黄土高原土壤侵蚀机理和水土流失规律，促进不同类型和区域土壤侵蚀与水土流失问题的研究，为黄土高原水土流失的治理和生态环境的健康发展提供技术支持，起到积极的作用。

2010年9月

前 言

黄土高原总面积 64 万 km^2，大部分地区位于干旱半干旱地区，并被厚度为 50～100 m 的黄土层覆盖，局部厚度可达 250 m 以上，是世界上黄土分布最集中、覆盖厚度最深的区域。黄土的主要成分为粉粒，结构松散，孔隙度大，透水性强，遇水易崩解，抗冲蚀性差，在一定的条件下极易形成土壤侵蚀。遥感资料显示，该区水土流失面积达 45.4 万 km^2，其中水力侵蚀面积 43 万 km^2，约占其水土流失总面积的 94.7%，占全国水力侵蚀面积的 24%。该区自然环境复杂，产沙地层多样、侵蚀类型多且相互耦合，流域系统能耗过程的非线性特性非常突出，侵蚀过程对地貌边界条件和动力条件的变化反应敏感，使得目前对诸如流域水土流失规律、坡沟系统径流侵蚀水动力学机理分析、坡沟系统侵蚀产沙耦合关系等问题的研究仍未取得重大突破，直接制约了黄土高原水土流失治理的纵深发展。因此，开展坡沟水力侵蚀和黄土坡沟耦合系统径流输沙能力研究，既是进一步认识黄土高原水土流失规律的需要，又是有效开展黄土高原水土流失治理和治黄生产实践的迫切需求。

本书以黄土高原丘陵沟壑区为研究背景，以丘陵沟壑区侵蚀地貌形态为概化模式，通过野外调查和模型试验，采用变坡度坡沟系统和坡面概化模型的人工模拟降雨试验与径流冲刷试验相结合的方法，综合运用多学科知识，通过模拟试验揭示坡面汇水汇沙作用下的坡沟侵蚀产沙关系，在坡面侵蚀模拟研究、坡沟耦合系统侵蚀模拟研究、坡面沟道侵蚀模拟研究等方面，得到一系列研究成果，进一步丰富了关于坡沟系统的侵蚀产沙耦合特征、坡面流输沙能力、坡沟系统侵蚀产沙机理和坡面流输沙规律方面的理论和实践，为流域土壤侵蚀模型的建立提供了基础，对于科学制定水土保持规划，优化配置水土保持治理措施也具有一定的指导意义。

本书共分 7 章。第 1 章绪论，通过广泛查阅国内外文献资料，客观分析了国内外关于坡面、沟道和坡沟系统侵蚀机理、特性及产沙规律的研究现状，结合黄土高原特性和生产实践需求，确定了研究方向、研究内容和技术路线；第 2 章，运用相关理论并结合试验，对坡面流侵蚀的特征、规律，坡面流侵蚀产沙影响因素、产沙过程及相互之间的关系进行了研究；第 3 章，针对沟道侵蚀与输沙过程，系统分析和总结了沟道类型及侵蚀形式、沟道侵蚀影响因素、沟道侵蚀机理等方面的特征与规律；第 4 章，运用相关理论并结合试验，对坡面侵蚀的机理、特性、时空变化及影响因素进行了深入研究分析，理清了坡面侵蚀与径流流量、动能、阻力变化、坡度等诸多影响因素之间的关系，提出了坡面径流侵蚀挟沙规律及挟沙力公式；第5章，通过人工模拟降雨试验，对降雨实测的径流、产沙和时间等数据进行统计分析，并运用相关理论，把坡面侵蚀引入到对坡沟系统侵蚀产沙机理和耦合关系的研究，进一步明确了在坡沟系统的侵蚀过程中，雨强、时间与径流量、产沙量、输沙量的相关关系，以及坡面来水含沙量与沟坡部分的侵蚀产沙量等方面的耦合关系等，对于进一步开展坡沟系统水土流失治理提供了理论基础；第6章，利用概化模型和放水冲刷试验，从水动力学角度探讨了坡面植物措施对坡沟系统挟沙水流的影响及作用、侵蚀产沙规律、植被的水土保持作用机理，进一步揭示了坡面草被盖度及其空间配置的减蚀作用；第7章，在前面研究的基础上，总结了主要研究成果，鉴于黄土高原坡面及坡沟系统水蚀过程的复杂性，也对成果中存在的局限性和不足之处，提出了研究建议和展望。

在研究过程中，作者得到了中国工程院王浩院士、黄河研究会黄自强理事长（教授级高工）、黄河上中游管理局何兴照副局长（教授级高工）、黄河水利委员会尚宏琦局长（教授级高工）、黄河水利委员会汪习军局长（教授级高工）、黄河水利科学研究院时明立院长（教授级高工）、黄河水利科学研究院水土保持研究所史学建所长（教授级高工）、华中科技大学土木工程与力学学院朱宏平院长（教授、博导）、华中科技大学水电与数字化工程学院周建中院长（教授、博导）、中国水利水电科学研究院蒋云钟教授的指导和帮助，他们对本书提出了许多宝贵的意见和建议，在此向他们表示衷心的感谢。

本书在写作过程中，先后得到了不少同行前辈、专家、学者，以及同事和朋友的热心帮助，在此向他们一并表示衷心的感谢。

在此，还要特别感谢黄河水利出版社副总编岳德军编审的大力支持和帮助。

本书中的研究工作得到了科技部国家重点基础研究发展规划（973）和国家自然基金委员会重大项目的基金资助。国家重点基础研究发展规划（973）课题名称：不同类型区土壤侵蚀过程与机理，编号：2007CB407201；国家自然科学基金重点项目名称：基于气候地貌植被耦合的黄河中游侵蚀过程，编号：50239080。

真诚期待所有读到这本书的前辈、同行和学者，对本书的不足之处给予批评指正。

作　者

2010年9月

目　录

第1章 绪 论

1.1 问题的提出

我国黄土高原是世界上水土流失最为严重的地区之一，生态环境极其恶化。据1990年遥感调查资料显示，黄土高原地区总面积64万 km^2，水土流失面积45.4万 km^2，占该地区总面积的70.9%。水土流失面积中，侵蚀模数大于8 000 t/(km^2·a)的极强度侵蚀面积达8.5万 km^2，占全国同类面积的64%；侵蚀模数大于15 000 t/(km^2·a)的剧烈侵蚀面积达3.67万 km^2，占全国同类面积的89%；尤其在中游河口镇至龙门区间、泾河、北洛河上游等多沙粗沙区，面积为7.86万 km^2，仅占黄土高原水土流失面积的17.3%，输沙量却占黄河的63%，粗沙量占黄河粗沙总量的73%。同时，黄河流域的土壤侵蚀速度也是世界罕见的，在陕北北部和内蒙古东南部的黄土区域侵蚀量可达3～5 cm/a，其中陕北子洲团山沟流域侵蚀模数达23 948.1 t/(km^2·a)。根据全国土壤侵蚀强度图统计计算，黄河流域土壤侵蚀量为每年22.8亿t。黄土高原水土流失产生的大量泥沙进入黄河下游河道，大量沉积，造成河床抬高，使黄河下游成为举世闻名的地上"悬河"，是黄河下游河患的根源。水土流失引发的生态问题直接影响了当地农业生产的稳定发展，加剧了当地的贫困，成为制约黄河流域乃至我国国民经济整体可持续发展和社会进步的重要因素。因此，加强黄土高原地区土壤侵蚀机理性研究，为黄土高原水土流失治理提供技术支持，已经成为当代科研工作者迫在眉睫的任务。

黄土高原可分为两大地貌单元，即沟间地和沟谷地，一般以沟缘线为界将其以上部分的侵蚀称为坡面侵蚀，以下部分的侵蚀称为沟道侵蚀。坡面沟道系统（简称坡沟系统）是小流域侵蚀产沙和水沙传递关系分析的基本地貌单元，也是控制水土流失、恢复与重建生态环境治理的基本单元。坡沟系统侵蚀产沙关系的研究关系到黄土高原水土流失治理方针和策略的制定。曾伯庆通过分析山西羊道沟资料得出，沟坡地接受沟间地径流的侵蚀产沙量是沟坡地不接受沟间地径流的4.5倍。徐雪良得出韭园沟流域沟间地径流量占35.3%，泥沙占30.8%。陈永宗等分析了陕北子洲团山沟黄土沟坡受沟间地径流下沟影响的侵蚀产沙量是不受径流下沟影响侵蚀产沙量的5倍。陈浩定量研究了坡面来水来沙引起的净侵蚀量及含沙水流的侵蚀特性，认为坡面来水来沙在小流域产沙中起决定性作用。雷阿林利用室内建立的二维坡段组合模型，研究了上坡来水对不同坡段产沙的贡献，结果表明由于上坡来水的作用，梁峁坡面的产沙量增大了20.2% ~63.5%，谷坡的产沙量增大了42.9% ~74.5%。近期，郑粉莉等利用双土槽径流小区对上方来水来沙的影响作用进行了研究，研究过程限于坡面尺度。丁文峰等通过概化的试验模型对径流冲刷条件下的坡沟侵蚀产沙耦合关系进行了研究。

尽管针对坡沟系统侵蚀产沙问题的研究取得了一系列的科学成果，但是仍有许多基础问题和关键技术未得到有效解决，如坡面径流输沙能力、坡沟系统侵蚀产沙特性、坡沟系统侵蚀产沙关系等，对该领域的发展具有一定的制约。鉴于此，本书采用变坡度坡面和坡沟系统概化模型及人工模拟降雨试验相结合的办法，通过模拟试验揭示坡面汇水汇沙作用下的坡沟侵蚀产沙关系，开展坡沟系统的侵蚀产沙耦合特征、坡面流输沙能力等方面的研究，对于丰富坡沟系统侵蚀产沙机理和坡面流输沙规律方面的理论和实践，建立流域土壤侵蚀模型具有重要意义，同时可以为科学制定黄土高原水土保持规划、优化配置水土保持治理措施提供有力的科技支撑。

1.2 国内外研究综述

1.2.1 侵蚀与产沙的模拟试验研究

侵蚀与产沙的模拟试验，是地貌试验研究的一个重要分支。最早的流水剥蚀试验是法国学者 Noc 及 Margerie 在 1888 年进行的，主要用于研究侵蚀对地形的影响。其后，作为土壤侵蚀规律和力学机理研究的一个重要手段，侵蚀与产沙的野外及室内试验才逐步发展起来。

侵蚀与产沙的人工模拟，大多是利用模拟降雨的方法进行的，其内容从开始的单一溅蚀观测，到模拟降雨所产生的径流冲刷。随着观测技术的逐步改进，人们把溅蚀与径流冲刷作用结合起来模拟、观测，或是专门模拟坡面径流，观测冲刷规律和细沟水流的输沙机理。R·拉尔等对土壤侵蚀产沙的试验手段和方法都曾作过专门论述。伴随着模拟设备及观测技术的发展，沟道流域降雨—径流侵蚀产沙过程的模拟，在中国已开始起步。

利用人工降雨模拟土壤侵蚀的试验研究，在 20 世纪 30 年代初始于美国，苏联较其晚 16 年，中国较其晚 20 年。最早进行的模拟降雨试验，是从降雨量方面进行模拟的。1932 年美国的 Duley D. Hbys 开展的侵蚀试验小区面积为 1.5 m ×

0.85 m。1934 年 Hendzinksen 在一个 3.2 m×0.99 m 的小区上通过人工模拟降雨的方法研究土壤侵蚀；津格于 1940 年在面积为 2.44 m×1.22 m 的试验小区上利用人工降雨研究坡度对土壤侵蚀量的影响。在 20 世纪 40 年代，J. O. Laws 和 D. A. Paisons 研究了雨滴大小、滴谱、雨滴终速及它们与降雨强度的关系，为人工模拟降雨提供了重要的依据。Woodburn 于 1948 年在人工降雨的条件下进行了雨滴溅蚀量与降雨持续时间之间关系的定量研究，他把试验土样盛在一个小容器内，让它受雨滴击溅一定时间，称出降雨前后试验土样的干重，用两者之差作为土壤溅蚀量。1945 年 W. D. Ellison 利用人工模拟降雨进行了降雨强度和雨滴下降速度对土壤溅散量的试验，并观测了雨滴在不同大小和速度下溅散泥沙颗粒的距离。1951 年 P. C. Ererm 利用人工降雨研究了溅蚀量同雨强的关系，并做了不同坡度情况下落到下坡方向的泥沙百分比如何变化的试验。在 20 世纪 50 年代初，T. H. Neal 通过控制总降雨量，造成不同的雨强，使其产生不同径流的方法，研究了径流的冲刷作用。1965 年帕尔默通过人工降雨试验，研究了土壤表面具有不同水层深度时，雨滴冲击力所引起的土壤流失。L. D. Meyer 和蒙克曾于 1965 年在实验室通过人工降雨，用玻璃球作为无黏性床沙质进行了径流冲刷的模拟试验，从而认识到坡面流期间，土壤表面细沟的出现受坡度、流量和降雨的影响；侵蚀强度随坡度和流量的增大而增大；降雨的作用是使表面平坦，从而使细沟化的粗糙表面变得光滑。在实验室内模拟坡面径流冲刷的还有肯里根(1944)、伊泽德(1944)、帕森斯(1949)、吴和布拉特(1962)、尤恩和温单尔(1971)等。20 世纪 70 年代，沈学文等曾在实验室水槽内，对坡面浅层水流的冲刷机理进行了研究。1976 年 G. R. Foster 等曾在室内用人工模拟降雨，研究了坡面径流在凹形坡地上的输沙过程。同期，李鲁明等利用模拟降雨在一个 4.572 m×1.524 m×1.219 m 的可自由调节坡度的水槽内，通过填充中值粒径为 0.35 mm 的土粒的办法，进行了地表径流引起的土壤侵蚀试验。20 世纪 60 年代以后，随着科学技术的进一步发展，出现了模拟雨强更高、降雨覆盖面更大、雨滴下落距离更高的人工降雨装置，从而使得野外人工降雨的试验得以更好地实现。利用野外人工降雨在任一时间内都可以对农地或其他试验小区施加设计暴雨，研究在各种降雨条件下产生的径流和土壤流失量。20 世纪 70 年代中期，D·G·德库西和 L. D. Meyer 等曾使用人工降雨的方法在野外研究细沟和细沟间的侵蚀量。

我国从 20 世纪 50 年代后期开始引进和研制模拟降雨装置，用于土壤侵蚀和径流观测的试验研究工作。最早进行这方面研究工作的有黄河水利科学研究所和中国科学院西北水土保持研究所。开始主要是在室内，以后，中国科学院北京地理研究所、铁路科学研究院西南研究所等单位也进行了模拟降雨的侵蚀研究。中国科学院西北水土保持研究所、西峰水土保持试验站、陕西机械学院等单位,近年来都研制出了用于野外小区试验的人工降雨装置。其中陕西机械学院还采用先进技术,研制了一套人工降雨径流自动测流装置,用于计算地表径流的瞬时、累积流量,并能输出流量过程。

1990 年,李勇、吴钦孝等在一个可调坡度的径流槽内,直接模拟坡面径流,进行了黄土抗冲性能的试验研究。

1.2.2 坡面侵蚀产沙研究

1.2.2.1 坡面流的水动力特性

坡面薄层流是侵蚀输沙的动力,认识坡面流的水动力特性是研究输沙能力的基础。坡面流水动力学特性包括水流流态、平均流速、平均水深和阻力系数等。因而,为了研究输沙能力,目前国内外对坡面流的水动力学特性开展了大量的研究工作。

水流流态是与坡面径流计算和输沙演算直接相关的,因此研究坡面流水流流态具有实践意义。但是,由于坡面流受多方面因素影响,流态非常复杂,目前关于坡面流究竟属于何种流态仍处于研究中。在流态的研究方面,一般仍借鉴水力学中流态判别参数即雷诺数来研究坡面流流态。姚文艺对坡面流的阻力规律进行了研究,发现坡面流的 Darey-Weisbach 阻力系数,与雷诺数的规律虽呈现出明显的分区规律,但根据 *Re* 与 *f* 的关系所判别的层流与通常定义的层流概念并不相符,因此称这种降雨扰动了的径流为伪层流(Pseudo-layer flow),另两种流态仍称之为紊流和过渡流;吴长文、王礼先也认为在降雨条件下自然坡面水流保持层流的条件是不存在的,因此坡面薄层水流并不是简单地遵循雷诺规律,它应该既不是层流,也不是充分紊流,而是一种介于它们之间的特殊流动。对坡面流平面流动形态的研究显示,天然土坡或裸地的突起高度通常在 10 mm 以上,因此深度仅为 0.5 ~ 2.5 mm的薄层水流不可能漫流于全部坡面,它必然选择发育流道、绕道而行的方式;江忠善等认为坡面流是介于层流到紊流的过渡流;雷阿林认为坡面流受下垫面和降雨影响,既非稳定又不均匀,且有急流特点,流态介于层流与紊流之间,细沟流已进入紊流范畴,沿程阻力变化不明显,急流影响突出;Emmett 通过试验观察认为坡面流不同于普通的层流、湍流及过渡流,由于雨滴打击,水流被充分扰动,湍动扩散强烈,这种水流状态虽然具有一些湍流性质,但同时也具有大部分层流的特征,因此称之为“扰动流(disturbed flow)”;Selby 认为坡面流是层流和紊流的混合。由此可以看出,关于坡面流流态究竟属于哪种形式,国内外各家的说法还很不统一,进一步加强此方面的研究是很有必要的。

坡面流速是计算坡面汇流和坡面冲刷的基础。它主要受地表特征、坡度和坡面水深(或坡面流量)的影响。对坡面流流速研究的进展可归纳为对坡面流公式的研究和对坡面流速的测定两部分。

1)坡面流公式的研究

为了解决实际问题,目前一般都将坡面流视为一维恒定非均匀沿程变量流。20 世纪 30 年代初,普罗托季亚科诺夫曾在草地上进行了 56 次流速测试,试验的单宽流量为 0.40 ~ 9.51 $m^3/(s \cdot m)$,坡度为 0.25% ~ 27%。得到草地的层流平均流速为

$$v = 0.05q^{\frac{1}{2}}J_0^{\frac{3}{16}} \tag{1-1}$$

式中 q——单宽流量;

J_0——坡度。

后来,徐在庸等利用人工降雨也专门进行了坡面流速试验,对试验结果整理后,提出了流速公式为

$$v = kq^{\frac{1}{2}}J_0^{\frac{1}{3}} \tag{1-2}$$

式中 k——系数,其值视坡面情况而定,草地为 3.0,裸地为 7.5。

V. T. Chow 在 1959 年提出一种最为简单的坡面均匀流流速公式为

$$v = Ky^{m-1} \tag{1-3}$$

式中 K、m——常数;

y——水深。

也有学者从其他角度研究坡面流速,如 L. Joe Glass 等根据人工降雨水槽试验,研究了降雨影响下的浅层明渠流的流速分布问题,其研究基于 L. Prandtl 的动量传递理论,认为此种情况下的流速分布仍然满足对数定律,即

$$\frac{v_y - v}{\sqrt{ghJ_0}} = A\lg\frac{g}{h} + E \tag{1-4}$$

式中 g——自床面以上任意一点水深;

v_y——y 处流速;

v——断面的平均流速;

h——总水深;

A、E——系数,视床面情况而定。

根据吴普特的研究,坡面流速与坡长 x 之间符合下述指数关系,即

$$v = Ce^{-\frac{b}{x}} \tag{1-5}$$

式中 C、b——与坡度和雨强有关的系数。

2)坡面流速的测定

流速的测定比较困难,因为坡面流多为三维、非恒定、非均匀沿程变量流,坡

面水深一般很小，受降雨影响显著，流动边界条件十分复杂，试验测定的仪器还不能过分影响水流的流动。近年来，Abrahams 等采用断面分段法（Partial Section Method）测定表层平均流速。目前坡面流公式形式还主要借鉴明渠水力学的计算方法，公式使用范围还很狭窄，同时量测方法还很不完善，因此进一步加强坡面流流速公式的理论研究和测量方法的研发是很有必要的。

与平均流速一样，水流深度也是坡面流最基本的水动力学特性之一。但是由于坡面流水层浅，易受下垫面状况、植被覆盖、降雨及其扰动影响，同时又因测定手段的限制，其水深在野外条件下不易直接测得，因而目前对水流深度与流量和坡度间关系的研究并不深入，而且基本上都是在实验室条件下进行的。

初期对坡面流阻力的研究主要根据野外资料来确定，或通过回归分析，将它们与影响阻力的因素（*Re*、雨强、土壤粒径等）联系起来，建立阻力公式。20 世纪 70 年代以来，对坡面流阻力做了大量的研究工作，并主要通过试验进行研究，包括室内模拟试验和野外径流小区试验，并且对阻力系数的探讨主要使用了 Darcy-Weisbach 阻力系数的概念。许多研究者认为坡面流的阻力主要与坡面流 *Re* 相关，阻力系数可表示为

$$f = \frac{K}{Re} \tag{1-6}$$

式中 *Re*——坡面流雷诺数；

K——与流态和地表条件有关的参数，对于层流流态，*K* 为常数（$K = 24$），对于湍流和混合流，Woolhiser 曾根据涨水径流过程线分析，确定出不同流态和地面特征情况下的 *K* 值。

一些研究者还研究了降雨对坡面流阻力的影响，认为坡面流阻力与水流流态有较大关系，而雨滴的打击作用和动能输入，扰动了表面水流，将增加湍动使阻力增大。研究表明，降雨增加的阻力一般情况下较小，但在层流缓坡时降雨阻力最大可以占到总阻力的 20%。

姚文艺对坡面浅层水流的阻力问题也进行了试验研究，分析了雷诺数、降雨强度、坡面粗糙度对坡面流阻力的影响，并针对过去研究坡度较小的缺陷，进行了一系列降雨情况下坡面流阻力试验，其坡度最大达到 20°，研究发现坡度较大时，坡度值对阻力有较明显的影响，并得到降雨情况下的阻力系数关系式

（1）层流区（$Re < 800$）

$$f = \frac{24 + 3.453(1 + 1.359\sqrt{\Delta})S_0^{0.403} i^{0.734 - 0.315\sqrt{\Delta}}}{Re} \tag{1-7}$$

式中 *i*——雨强；

S_0——坡度；

Δ——粗糙度。

(2)湍流区($Re>2\ 000$)

对陡坡($S_0>30$)

$$f=\frac{(1.340+3.514\Delta)S_0^{0.465}}{Re^{0.5}} \tag{1-8}$$

对缓坡($S_0\leqslant 30$)

$$f=\frac{0.285+0.62\Delta^{\frac{5}{7}}}{Re^{0.25}} \tag{1-9}$$

长期以来,坡面流阻力问题得到了大量广泛深入的研究,但由于问题异常复杂,尚无成熟而广泛适用的 Darcy-Weisbach 阻力系数公式。许多公式在使用时需要知道较多的参数,而且增加了求解的困难,因而实际应用时许多学者仍然使用简单的曼宁公式,即

$$q=\frac{1}{n}h^{\frac{5}{3}}S_0^{\frac{1}{2}} \tag{1-10}$$

式中 q——单宽流量;

h——水深;

S_0——坡度;

n——糙率系数。

这些对坡面流复杂阻力规律的探讨,为今后合理表述坡面流阻力提供了很好的指导和试验及理论基础,也是值得进一步研究的重要内容,并促进其达到应用程度。

关于坡面细沟流发生过程与水力学临界条件也有不少研究成果,坡面流侵蚀中细沟的发育使坡面产沙量增加几倍至几十倍,细沟侵蚀量占坡面侵蚀量的70%以上。但迄今为止,坡面侵蚀过程由片状侵蚀转化为细沟侵蚀,这个"质变点"仍未得到合理解释,这也在一定程度上影响了坡面流侵蚀的研究。

目前,虽然对坡面细沟现象进行了较为详细的描述和理论分析,但是至今仍然没有一个参数能够完整地反映细沟发生的临界条件。大多学者采用的判断细沟发生的临界条件为:坡度、弗劳德数、雷诺数、断面比能、径流量、径流水动力、径流剪切应力或摩阻流速、土壤抗剪强度等。

丁文峰、李占斌等通过玻璃水槽试验和径流冲刷试验,研究了坡面径流的流速分布和坡面细沟侵蚀发生的临界条件,研究表明:径流在坡面上并非是以均匀流形式运动,而是以滚动的形式运动的,同时运用能量守恒原理分析了坡面土壤侵蚀率(D_r)与径流能耗(ΔE)之间的关系,建立了给定土壤条件下坡面土壤侵蚀率估算模型:$D_r=0.002\ 6(\ln\Delta E-2)$。张科利、秋吉康宏通过径流冲刷试验,

研究了坡面侵蚀方式由面状侵蚀向细沟侵蚀过渡、发展过程中径流的水动力学特征；根据侵蚀量的观测对比，提出了表明细沟开始产生的形态尺度大小及细沟侵蚀产生的临界条件。

目前对细沟流流动和阻力特性的研究还属起步阶段，人们的认识也还相当粗浅，有待于更细致的试验研究和理论分析。

1.2.2.2 坡面径流侵蚀及输沙力学机理研究

坡面径流的侵蚀及输沙的力学机理取决于坡面径流的水力学特性。由于坡面径流形成的复杂性、运动的非恒定非均匀性、流态沿程的易变性、边界条件的特殊性等，以致于无法对水力特性作出简单描述，对坡面径流的水力学理论研究进展也比较缓慢。

径流侵蚀力是人们在认识坡面径流侵蚀机理过程中最初所提出的一种概念，并借以说明坡面径流的侵蚀过程。比如，一般认为坡面土壤遭受侵蚀的状况取决于坡面径流所具有的侵蚀力 F_e 与地表土壤所具有的抗蚀力 R 之间的关系。

当 $F_e < R$ 时，不出现侵蚀；

当 $F_e = R$ 时，处于临界状态；

当 $F_e > R$ 时，出现侵蚀，它们之间的差值越大，侵蚀越严重。

但是究竟何为径流侵蚀力，最早的研究并未给出确切的定义。1945 年 R. E. Horton使用剪切应力的概念研究侵蚀力问题，并把径流侵蚀力定义为沿坡面向下运动的径流所具有的剪切应力，表达式为

$$F_e = \gamma (qnx)^{\frac{3}{5}} \frac{\sin\alpha}{\tan^{0.3}\alpha} \tag{1-11}$$

式中 γ——水的容重；

n——地表的糙率；

q——径流流量；

x——测点离分水岭的距离；

α——坡角。

然而，正如后来 M・A・维里坎诺夫所评价的那样，这样定义径流侵蚀力无论如何是不合理的，因为正如雨滴的全部动能并非完全作用于土壤表面一样，径流在从高处向低处流动时，由势能所转化的剪切应力也不会完全用于冲蚀土壤颗粒，而只是其中一部分。因而，只有直接作用在组成径流床面的土壤颗粒上，并起到促使土壤颗粒运动的那部分径流剪切应力，才是径流侵蚀力。

G. R. Foster 和 L. D. Meyer 曾在 1975 年提出用径流有效剪切应力的概念表达径流的侵蚀力。所谓有效剪切应力，是指作用在土壤表面的径流剪切应力，并指出坡面径流有效剪切应力同径流深、坡角和有被覆粗糙坡面上的径流速度与

裸露土壤坡面上的径流速度的比值有关。S. C. Finskner 等的最近研究认为，坡面径流的侵蚀力与坡面比降和用于分散土壤颗粒的那部分径流总水力深度有关，总水力深度是光滑裸露坡面上的 Darcy-Weisbach 水力粗糙系数及总径流的水力粗糙系数的函数。

坡面径流具有分散（或冲散）土壤颗粒和输移侵蚀土壤颗粒两方面的作用。一般认为，当坡面径流侵蚀力大于土壤颗粒分散临界剪切应力时，土壤就会发生分散。例如，L. D. Meyer 和 W. H. Wischemier 曾提出，径流引起的分散率是径流底部剪切应力和土壤颗粒分散的临界剪切应力差值的幂函数；而 M. A. Nearing 等则认为，它们之间为线性函数关系。G. R. Foster、M. A. Nearing 等进一步指出，只有在径流中的含沙量小于径流输移泥沙能力的条件下，才会有分散发生。Willis 在 1971 年的试验验证了这一点，并且分析发现，非黏性河床上的土壤分散率是径流输移泥沙能力与含沙量差值的函数。对于坡面泥沙的输移问题，现在人们普遍用坡面径流的输移能力解释。泥沙在坡面径流中的输移具有推移和悬移两种运动形式，正确地确定坡面径流的输移能力对预报坡面的产沙量是很有必要的，因为判断是否发生土壤的分散或泥沙的沉积，就在于输移能力与泥沙量的对比。一般认为，土壤分散率或泥沙沉积率与径流输移能力和泥沙量之差成正比。

C. V. Alonso 等认为，Yalin 在 1963 年所提出的输沙力公式应用于宽浅坡面径流中效果较好。后来，L. D. Meyer 对此公式进一步作了修正，得出简化的 Yalin 公式为

$$q_b = k\tau_e^{\frac{3}{2}} \tag{1-12}$$

式中 k——系数；

τ_e——径流侵蚀力。

此式的最大优点是用了径流侵蚀力 τ_e，而不像杜博埃公式那样取用径流的全部剪切应力，从理论上讲是比较合理的。但是却仍没有跳出杜博埃公式的框框。表述坡面径流悬移质输移能力的公式常用爱因斯坦公式、维利坎诺夫公式或罗斯的含沙量分布公式。大量的试验结果表明，坡面径流的悬移质输沙能力和坡面坡度成正相关，与植被成负相关。

坡面径流的输移能力，是径流动力因子、外界条件水力因子（包括雨滴打击的作用）及泥沙本身特性的函数。坡面径流所造成的侵蚀形态有两类，即细沟侵蚀和细沟间侵蚀。在没有细沟发生的坡上方的面流所造成的片状侵蚀，仍可视为细沟间侵蚀，因为从产沙过程的模拟来说，它只是细沟侵蚀为零的一种特殊情况。实际上，在很多种情况下，片状侵蚀（简称片蚀）和细沟间侵蚀是相同的。目前，关于径流在细沟内和细沟间的侵蚀、输移作用问题，仍有不同的看法。有

人认为，细沟径流的作用主要是输移从沟间地来的泥沙和被雨滴从其底部溅起的固体物质，而不能独立破坏土壤和冲动土壤颗粒。细沟间侵蚀物质占细沟搬运量很重要的一部分。在细沟径流的浅层水流区段，土壤颗粒受到雨滴的溅蚀最为强烈，由此导致一系列细沟上溯。还有人认为，细沟水流的分散能力远比细沟间水流的分散能力大。例如，W·W·埃米特。J·B·索恩斯在分析坡面径流输移能力问题时提出，细沟间水流冲刷所产生的剪切应力太小，以致当与雨滴击溅比较时，在理论上只能分离占百分数极少的泥沙颗粒，而集中的水流汇入细沟后，剪切应力远比细沟间的水流大，其冲刷搬运的总沙量比细沟间水流大若干数量级。

无论沟间地及细沟的水流侵蚀作用对比如何，沟间地的侵蚀是不依赖于细沟侵蚀的。也就是说，即使细沟间水流具有不饱和的“过剩”输移能力，这部分输移能力也不会增大细沟水流的输移能力。从理论上来说，如果从细沟间来的泥沙量超过细沟内水流的输移能力，就会发生沉积；如果从细沟间来的泥沙量小于细沟水流输移能力，同时细沟水流侵蚀力大于土壤抗蚀力，就会发生细沟水流的冲刷。反过来讲，细沟水流不饱和的“过剩”输沙能力对未溅入细沟内的泥沙是无用的。

坡面径流侵蚀力及输移能力在时空上都是变化的。对于特定坡面来说，在雨强接近均匀和土壤入渗特性不变的情况下，如果时间上的变化还可以忽视，那么，从坡上方到坡下方的空间变化无论如何是不能忽视的。这种空间变化如何随坡长而变化，目前归纳起来有两种观点：第一种观点认为，径流侵蚀力是随坡长的增加而增加的，如 R. E. Horton、S. C. Finskner、M. A. Nearing 等提出的侵蚀力表达式，就表明了这种观点；第二种观点认为，坡面径流侵蚀力是随坡长的增加而减小的，因为尽管径流深随离开分水岭的距离增加而增加，但径流中所挟带的泥沙含量也相应增加，到了一定距离后，便会出现超饱和现象，因此径流的侵蚀力自分水岭向下是逐渐递减的，如 A. C. Lawson、李鲁明、D·B·西蒙斯等就持这种观点。20 世纪 50 年代，还有人曾提出过第三种观点，即认为侵蚀力从坡顶到坡脚是不变的。

各种观点都有自己的理论依据及观测资料作证明，说明了侵蚀力及输移能力的空间变化是一个复杂的问题。应该承认，在某种边界条件下这些观点可能都是成立的，但关键问题是如何透过“边界”现象，揭示空间变化的内在规律，找出这些观点的衔接条件。

1.2.2.3 坡面流侵蚀输沙特性研究

坡面径流具有分散土壤颗粒和输移侵蚀土壤颗粒两方面的作用。一般认为，当坡面径流侵蚀力大于颗粒分散临界剪切应力时，土壤就会分散。对于坡面泥沙的输移问题，现在人们普遍采用坡面径流的输移能力来解释。

1945 年 R. E. Horton 使用剪切应力的概念研究侵蚀力问题；此外，许多研究者认为坡面水流侵蚀力与水流剪切应力成正比，径流引起土壤的分散率是径流剪切应力与土壤颗粒分散的临界剪切应力差值的函数。G. R. Foster 等和 M. A. Nearing 等认为，只有当径流中的含沙量小于径流输沙能力且坡面径流侵蚀力 τ_f 大于土壤颗粒分散的临界剪切应力 τ_c 时，径流才会对土壤分散侵蚀。

细沟侵蚀是细沟小股流对细沟沟壁、沟底、沟头土壤的分散、冲刷和搬运过程。细沟侵蚀的发生取决于坡面水流的水力学特性和坡面土壤条件。

L. D. Meyer 认为存在着发生细沟侵蚀的临界流量，并以细沟内流量 Q_r 与细沟发生的临界流量 Q_c 的差值作为变量，建立了计算细沟冲刷量 E_r 模型，即

$$E_r = K_r(Q_r - Q_c) \tag{1-13}$$

Elliet 建立了一个考虑三种侵蚀过程的细沟侵蚀模型，该模型包括水流下切侵蚀、沟头溯源侵蚀、边壁崩塌和淋溶浅蚀 4 个部分。

除利用径流剪切应力来计算坡面侵蚀率外，还有学者从坡面径流能耗和水流功率理论对坡面侵蚀进行研究。例如，李占斌根据能量的观点，通过坡面径流冲刷试验得到径流单宽输沙率和单宽径流能耗之间的关系

$$D_r = 14.16(\Delta E - 0.37) \tag{1-14}$$

水流的输沙能力一直受到土壤侵蚀界的关注，在侵蚀产沙及泥沙输运和泥沙的沉积研究中十分重要。关于水流输沙能力的研究，长期以来，国内外许多学者或从理论，或根据小区野外实测资料和实验室资料出发，提出了不少半理论、半经验或经验性的公式。

(1) Govers 研究了平面和不规则地块漫流条件下的水流输沙能力，并得到了简化的公式

$$T_c = \alpha S^B q^C i^\sigma \tag{1-15}$$

式中　S——坡度；

　　q——流量。

(2) Julien 和 Simons 在维数分析的基础上提出了一种作为坡度、流量、剪切应力和雨强的幂函数关系的输沙能力表达式，他们在分析中指出影响输沙能力最重要的两个参数是坡度和流量，并得到了相似的公式

$$T_c = Aq^B S^C \tag{1-16}$$

综合目前的研究现状可以看出，基于物理过程的土壤侵蚀预报模型研究还很不完善，特别是对土壤侵蚀状态发生突变机理认识上还很不成熟，如从面蚀到细沟侵蚀发生的临界条件，此外对坡面水流挟沙力研究也不够深入，因此进一步从能量和力学的角度出发，研究不同侵蚀状态转化的临界条件和不同边界条件

下坡面输沙能力的大小是很有必要的。

1.2.3　沟道侵蚀力学机理研究

沟道是指一种具有陡坡的遭受间歇性洪水冲刷的集水道。沟道侵蚀往往是由重力和水流冲刷联合作用引起的。由坡面汇集到沟道内的水流具有较大的动能,其作用一是使沟道边界受力,造成冲刷;二是输移走沟道中沉积下来的泥沙;三是通过淘刷并与水分下渗降低土壤黏结力的作用结合在一起,使重力作用超过岸坡抗剪强度而引起沟岸侵蚀。这些作用的结果是,出现沟头溯源前进、沟岸扩张和沟身下切的侵蚀现象。

沟头溯源前进和沟岸扩张的表现形式,主要有崩塌、滑坡等。这类侵蚀的直接诱发力为重力,故又将其称为重力侵蚀。在未发生重力侵蚀时,土体受重力作用、支承力作用及摩擦力和土体间的黏结力作用。在降雨或坡面来水下渗以后,经过一系列物理、化学变化,土体内黏结力随水分的不断下渗及土体内水分的不断增加而不断下降,当重力分力大于摩擦力和黏结力之和时,重力侵蚀就会发生。

沟道的水流下切是坡面来沙量、沟岸侵蚀量及沟底土壤抗蚀力的函数。当来沙量或当地沟岸侵蚀量大于水流的输沙能力时,将会发生沉积现象;反之,当来沙量或当地沟岸侵蚀量小于输沙能力,而且水流的拖曳力大于泥沙的抗蚀拖曳力时,就会发生水流的冲刷下切。

关于沟道水流中的泥沙主要为推移质,或主要为悬移质,或两者都有相当的数量问题,目前还缺乏定量的说明,在不同的产沙模型中,有不同的处理方式。有的只考虑推移质,有的认为沟道内输移的泥沙有冲泻质,而 G. R. Foster 和 L. D. Meyer等所建立的产沙模型则同时考虑了推移质和悬移质。这些问题,应通过野外试验或室内试验的详细观测开展进一步的研究。

由于受沟道重力侵蚀试验和量测技术的限制,目前人们对沟道侵蚀力学机理的研究还远远不够,有不少问题未能解决,如沟道侵蚀发生的临界水力条件、力学过程等。

1.2.4　坡沟系统土壤侵蚀研究

1.2.4.1　坡沟侵蚀产沙关系

1)坡沟侵蚀形态的垂直分带

黄土高原侵蚀垂直分布特性直接关系到水土保持综合治理的决策和方针的制定,引起众多科学家的关注。20 世纪 50 年代,朱显谟从土壤侵蚀发生演变的观点,对土壤侵蚀垂直分布给予了要领性的开创研究。承继成、陈永宗等分析了降雨、坡度、坡长对坡面侵蚀的影响，描述了黄土丘陵地区各种地貌形态与坡面径流侵蚀的关系,在定性描述和定量分析坡面侵蚀过程的基础上,进行了坡面侵蚀分带性研究,对于深入认识坡面侵蚀规律和坡面发育理论有重要意义。罗来兴根据细沟侵蚀量沿坡长变化的实测资料指出,黄土区坡地上的冲刷量先是增强,以后逐渐减弱,随后又逐渐增强,呈强弱交替变化。承继成在综合多家观点的基础上认为坡地流水作用是一个十分复杂的问题,它取决于坡形、坡长、地表抗蚀强度、地表径流强度、降雨特征等诸多因素。总体趋势是从分水岭向下由小变大，再由大变小，自分水岭到坡脚划分为微弱侵蚀带—侵蚀强烈带—冲刷带—堆积带。20 世纪 80 年代,刘元保等根据野外考察,对黄土丘陵沟壑区侵蚀垂直分带也进行了划分。唐克丽等总结归纳前人研究成果,深入系统地论述了黄土高原地区土壤侵蚀的区域特征。刘秉正、吴发启以陕西省淳化县泥河沟流域为研究区,结合面上调查与室内航片判读等方法,分别从沟谷系统的结构、发育特征及主要影响因素等方面研究了黄土塬区沟谷系统的侵蚀发展,阐明了沟间地与沟谷中沟谷侵蚀发育的异同,从而为黄土高原沟壑区沟谷侵蚀的理论研究和综合治理提供了依据。所有这些研究成果,大大深化了人们对于黄土高原侵蚀环境及其侵蚀区域分异规律的认识,为从定量和动力学角度研究土壤侵蚀规律奠定了重要基础。

2)坡沟侵蚀产沙特征

黄土高原坡沟侵蚀产沙关系的研究,在定性和定量研究方面皆取得了一定的进展。蒋德麒等指出,黄土丘陵沟壑区第一副区韭园沟梁峁坡片蚀、细沟、浅沟为主的侵蚀占总侵蚀量的 28.7% 。唐克丽等通过对杏子河流域侵蚀产沙研究得出,坡耕地侵蚀产沙以细沟侵蚀、浅沟侵蚀为主,其侵蚀产沙量占总输沙量的 25% ~30% 。龚时旸等根据几条沟道小流域的试验观测资料得出,沟间地侵蚀量占 43.3% ~ 61.8% ,农耕地侵蚀量约占总侵蚀量的 50% 以上。曾伯庆通过分析山西羊沟道资料得出沟坡地接受沟间地径流的侵蚀产沙量是沟坡地不接受沟间地径流的 4.5 倍。徐雪良得出韭园沟流域沟间地径流量占 35.3% ,泥沙占 30.8% 。陈永宗等分析子洲团山沟黄土沟坡受沟地径流下沟影响的侵蚀产沙量是不受沟地径流下沟影响侵蚀产沙量的 5 倍。张科利等通过小区试验对黄土坡面的产沙分配规律进行了研究,得出片蚀细沟侵蚀带侵蚀量约占沟间地侵蚀量的 30% ,浅沟侵蚀带约占 70% 。焦菊英等的观测分析结果表明,山西羊沟道流域沟坡地接受沟间地径流的侵蚀产沙量是沟坡地不接受沟间地径流的 1.8 倍,同时她对不同估算方法的优劣进行了评价,并提出用系统法计算黄土丘陵区小流域沟间地与沟谷地的侵蚀产沙量。

尽管各种方法均有缺陷,但从前人的研究中,人们仍然获得了一些有益的结论。首先,从侵蚀模数的比较可以看出,沟谷地的侵蚀强度一般大于沟间地。其次,就黄土台状地沟壑区而言,泥沙绝大多数来自沟谷。就典型黄土丘陵沟壑区而言,如果沟谷地和沟间地面积相近,则泥沙主要来自沟谷地;如果沟间地面积比沟谷地面积大得多(如团山沟的情况),则泥沙大部分来自沟间地。近期,郑粉莉等通过分析子午岭林区林地开垦后沟间地径流下沟对沟坡地侵蚀产沙的影响,得出林地沟间地径流下沟对沟谷地侵蚀产沙几乎不产生影响,而林地被开垦后,沟间地径流下沟增加沟谷地的侵蚀产沙量随着开垦年限的增加而增加,其增加幅度为1.7~1.8倍。此研究结果为正确评价人类活动在现代土壤侵蚀中的作用提出了新的论证资料。

3)上方来水来沙对土壤侵蚀过程的影响

由于黄土地貌具有明显的垂直分带,坡面侵蚀产沙也存在垂直分异规律。陈浩等定量研究了坡面来水来沙在沟坡上的净产沙量和搬运量及含沙水流的侵蚀特性,提出了坡面水下沟"净产沙增量"的概念,认为坡面来水来沙在小流域产沙中起决定性作用。另外,他还用一个简易的来水来沙装置来模拟上方来水与输沙,进行了上坡来水在坡面产沙中作用的人工降雨试验研究。

资料表明,上坡来水含沙量愈大,坡面水流挟沙力越大,不同地形部位在汇流过程中随着水流动能增加,坡面侵蚀量随着增加。但试验未涉及高含沙水流问题,上部来沙装置需不断搅拌,且供沙强度不均匀。雷阿林通过建立实体模型,研究了上坡来水对不同坡段产沙量的贡献,结果表明有无上坡来水各坡段产沙量呈明显差异,上坡来水对坡段产沙量贡献很大,由于上坡来水的作用,梁峁坡的产沙量增加了20.2%~63.5%,谷坡的产沙量增加了42.9%~74.5%。郑粉莉等在富县子午岭林区的裸露坡耕地和安塞梁坡休闲坡耕地,对不同侵蚀带之间的侵蚀产沙关系及其机理进行了研究。结果表明,上方来水来沙使细沟侵蚀带的侵蚀产沙量增加了13.5%~37.3%,使浅沟侵蚀带的侵蚀产沙量增加了6.5%~82.8%。上方来水来沙增加坡下方侵蚀量的多少取决于上方来水量及其来水含沙量、降雨特征和下垫面侵蚀状况。郑粉莉等利用室内双土槽径流小区系统,定量研究了陡坡地(20°)上方来水来沙对坡下方无浅沟侵蚀带和有浅沟侵蚀带侵蚀产沙的影响,郑粉莉、肖培青等利用改进的双土槽试验小区定量研究了在不同雨强下上方来水来沙对陡坡地细沟侵蚀产沙过程及其细沟水流水力学特征参数与细沟侵蚀产沙量的关系。结果表明:上方来水对细沟水流水力学参数有重要影响,建立了净侵蚀产沙量与细沟水流流速、雷诺数和阻力系数的统计模型。综观最近的研究进展,对坡沟空间垂直分布特性及其侵蚀产沙关系的定性研究进行了有效的探讨,然而,研究内容较少涉及坡面来水来沙对沟道水流泥沙搬运能力的影响及其反馈机制,没有完善的坡沟水沙传递关系理论,坡沟侵蚀机制研究还很薄弱。

1.2.4.2 坡沟侵蚀产沙的水动力学机理

1）坡沟侵蚀的水力学机理

国内的上述研究成果为从定量认识黄土地区坡沟产沙规律作了重要贡献，国外研究成果更偏重于坡面和侵蚀沟的机理研究。降雨产流后，径流顺坡向下运动，分别形成坡面薄层水流、细沟、浅沟流及沟道流等多种水流类型，研究不同水流类型的流水的水力学特性和产沙输沙的力学特征，必将促使人们从动力学角度认识土壤侵蚀动态变化和垂直分异的本质原因。R. E. Horton 于 20 世纪 30 年代最早从水文学角度对坡面流的特性进行了系统的定量研究，他对光滑河床层流进行研究后发现，水流平均流速与表面水流速度的比值为 0.67。R. E. Horton 于 20 世纪 40 年代提出，径流冲刷强度自分水线向下开始逐渐增强，到一定距离后又逐渐减弱，因而划分成无侵蚀带、侵蚀强烈带和堆积带，并将出现冲刷的地点到分水线间的水平距离称为出现冲刷的临界距离，并给出了计算公式

$$X_c = \frac{65}{q_s n}\left[\frac{R_i}{f(s)}\right]^{\frac{5}{3}} \tag{1-17}$$

式中 X_c——出现冲刷的临界距离；

q_s——径流强度；

n——糙率系数；

R_i——地表抗蚀强度；

s——地面坡度。

Yoon、姚文艺、Abrahams 曾根据试验资料分析过坡面流的阻力规律。G. R. Foster 曾通过不同条件下的试验研究和理论分析探讨了细沟流的流速及分布、水力半径及阻力系数的表达式。Gerard 根据野外调查和试验研究，建立了细沟流的流量、流速与过水断面面积间的关系。Julien 运用量纲分析方法，建立了坡面流输沙能力的无量纲关系式。Lu 和 Casso 通过试验分析了坡面流的泥沙运动方式。Guy 根据试验资料，分析了降雨对坡面流输沙能力的影响，通过试验证明了坡面流输沙能力的两个经验公式，并将两者相加作为坡面流输沙能力的计算公式，水蚀预报模型（WEPP）采用的片蚀经验模型

$$D_i = K_i i B S_f \tag{1-18}$$

式中 D_i——片蚀输沙率；

K_i——片蚀侵蚀力；

i——雨强；

S_f——坡度因子。

澳大利亚学者 Rose 将坡面侵蚀过程分为降雨分离、径流分离与搬运和泥沙

沉积三个过程，在假定坡面水流为恒定稳定流情况下，利用明渠水流水力学的理论与方法，根据质量守恒提出了坡面流输沙的理论模型

$$\frac{\partial q_{st}}{\partial x}+\frac{\partial c_{jy}}{\partial t}=e_i+r_i-d_i \tag{1-19}$$

式中 q_{st}——单宽输沙率；

x——沿程距离；

c_{jy}——泥沙浓度；

y——水深；

t——时间；

e_i——降雨对土壤的分散率；

r_i——坡面流挟沙率；

d_i——泥沙沉积率。

雷阿林等提出了坡沟系统土壤侵蚀链的新构想，以黄土丘陵沟壑区的坡沟系统为原形，在人工降雨条件下研究了不同侵蚀方式的动力临界和各种水沙流运行的动力学机理，但是研究内容没有涉及对于坡沟水沙传递的动态过程分析。迄今为止，对于沟道流，人们已注意到它与一般明渠水流的差别，也认识到重力侵蚀在沟道侵蚀中的重要作用，但从水力学角度研究其侵蚀产沙与输沙特征还相对较少。

2）坡沟侵蚀动力学机理

坡面侵蚀物理过程的研究以 20 世纪 40 年代 W. D. Ellison 将水蚀过程分为 4 个子过程，即雨滴侵蚀过程、径流侵蚀过程、雨滴搬运过程和径流搬运过程。Negev 依据 W. D. Ellison 的理论提出了一个具有物理基础的产沙模型，该模型考虑了雨滴击溅、坡面径流输移及细沟和冲沟侵蚀与输移过程。

其中，雨滴溅蚀量

$$D_r=K_1 i^{\alpha} \tag{1-20}$$

式中 i——雨强；

α——指数；

K_1——土壤及植被系数。

坡面径流输沙量

$$T_r = K_2(\sum D_r)q^B \tag{1-21}$$

式中 $\sum D_r$——有效溅蚀量；

q——坡面径流量；

B——指数；

K_2——影响流速的地表特征参数。

细沟和冲沟侵蚀量

$$E_{rg} = K_3 q^{\gamma} \tag{1-22}$$

式中 γ——指数；

K_3——取决于细沟与冲沟特征参数；

其他符号含义同前。

该模型的缺点是用基本稳定态的函数来模拟过程各环节，但提出了坡面侵蚀的一种基本形式，为其他模型研究奠定了基础。L. D. Meyer 和 W. H. Wischmeier 根据 Ellison 的物理过程概念模型，将坡面侵蚀过程分为四个子过程，分别建立了各侵蚀子过程的定量关系：

降雨分散量

$$D_r = SDR \cdot A_i \cdot i^2 \tag{1-23}$$

径流分散量

$$D_f = SDF \cdot A_i \cdot S^{\frac{2}{3}} \cdot Q^{\frac{2}{3}} \tag{1-24}$$

降雨输移能力

$$T_r = STR \cdot S \cdot i \tag{1-25}$$

径流输移能力

$$T_f = STF \cdot S^{\frac{5}{3}} \cdot Q^{\frac{5}{3}} \tag{1-26}$$

式中 A_i——坡段面积；

S——比降；

i——雨强；

Q——流量；

SDR、SDF、STR、STF——系数。

G. R. Foster 等依据坡面侵蚀原理和泥沙输移的连续性将坡面侵蚀分为两部分：细沟间侵蚀率用降雨特征值、坡度、坡长和细沟间土壤可蚀性进行定量表述，细沟侵蚀率则用水流特征值（径流有效剪切应力）、地形和细沟土壤可蚀性表征。坡面输沙量受侵蚀量和输沙能力的制约及细沟间侵蚀以降雨侵蚀为主，细沟侵蚀以径流侵蚀为主的侵蚀概念模型，即为新一代水蚀预报模型（WEPP）物理基础，坡面分散速率用下列公式描述

$$D_r = a(T_c - q_s) \tag{1-27}$$

式中 D_r——分散率；

T_c——输沙能力；

q_s——沉积量；

a——系数。

1.2.5 坡沟侵蚀关系研究中存在的问题及研究方向

综上所述,坡沟水力侵蚀和坡沟侵蚀产沙关系的研究取得了不少的研究成果。但是,由于坡面流流态、边界条件的复杂性、坡沟侵蚀机理的不确定性等,关于坡面侵蚀造成的来水来沙情况对于坡沟侵蚀情况的影响和耦合关系等方面的许多问题仍然不清楚,对于认识黄土高原土壤侵蚀机制和机理,科学规划和设计治理措施具有一定的制约。因此,应重点开展以下方面的研究:

(1)坡面径流输沙能力。

(2)坡沟系统径流侵蚀水动力学机理。

(3)坡沟系统侵蚀产沙特征。

(4)坡沟系统侵蚀产沙耦合关系。

1.3 研究内容、技术路线

1.3.1 研究内容

1.3.1.1 坡面径流输沙能力研究

1)坡面径流水动力学参数与坡面剥蚀率的定量关系

通过室内径流冲刷试验,量测坡面不同断面处的水深和流速,应用水力学的方法,计算水流剪切应力和水流功率,然后找出相应时段内的土壤侵蚀量,最后对试验数据进行统计分析,建立起水动力学参数和坡面剥蚀率的定量关系。

2)坡面径流输沙能力研究

根据试验数据分析,找出坡面径流输沙平衡时的饱和含沙量及对应时刻坡面水动力学参数,然后结合泥沙运动力学理论建立坡面径流输沙能力公式,并利用试验数据对公式进行验证。

1.3.1.2 坡沟系统径流侵蚀水动力学机理分析

以坡沟径流侵蚀的水动力学特性理论为基础,通过利用人工模拟降雨试验,分析研究不同降雨条件下坡沟径流剪切应力、水流功率和断面单位能量与坡沟输沙率之间的关系,从而对坡沟系统径流剪切应力特征、坡沟系统径流水功率特征、坡沟系统断面单位能量特征、坡沟流的动力临界组合等方面进行深入分析,进而了解坡沟侵蚀动力过程,揭示其发生机理。

1.3.1.3 坡沟系统侵蚀产沙特征分析

产流产沙过程是土壤侵蚀研究中的一项重要内容,深入了解坡沟系统产流产沙过程对把握坡沟系统发育，以及制定相应高效的水土保持措施都具有重要意义。通过实体模型试验，重点研究坡沟系统产流、产沙过程，坡沟系统径流输沙率、含沙量的时间变化过程和空间分布规律。

1.3.1.4 坡沟系统侵蚀产沙耦合关系

通过试验分析，对坡面来水来沙作用，坡沟系统有、无来水来沙情况下的输沙率变化过程，坡沟系统有、无来水来沙情况下的径流率变化过程，坡沟系统有、无来水来沙情况下的含沙量变化过程，进而建立梁峁坡面来水量、含沙量与沟谷净侵蚀量的耦合关系。

1.3.2 技术路线

本书通过查阅国内外相关文献资料，对研究现状进行综述，分析存在的问题；在以往研究成果的基础上，分析影响坡面径流输沙能力的因素，找出其主要影响因素；运用多学科综合和跨学科交叉的研究方法，实现水动力学、侵蚀力学、泥沙运动力学等学科的交叉，立足现有研究基础，突出重点和创新点，通过坡沟系统模拟试验揭示坡面汇水汇沙作用下的坡沟侵蚀产沙关系，阐明坡沟系统的侵蚀产沙耦合特征，建立坡面流输沙关系；运用变坡度坡沟系统和坡面概化模型的人工模拟降雨试验与径流冲刷试验相结合的方法，根据研究内容制作专门的室内侵蚀模型，通过径流冲刷试验，观测坡面径流水动力学参数和侵蚀产沙过程，利用试验数据，运用统计相关分析的方法，建立起坡面水动力学参数与土壤剥蚀率的定量关系。结合上一步建立起来的定量关系，进一步分析径流挟沙力的时空变化规律，找出在不同坡度和流量级下所对应的饱和输沙的时刻和断面位置，分析此时此刻径流含量与坡面水动力学参数之间的关系，借鉴河流输沙理论，建立坡面径流输沙公式；以黄土高原丘陵沟壑区为研究背景，以丘陵沟壑区侵蚀地貌形态为概化模式，采用野外调查和实体模型试验的方法，开展室内概化人工降雨试验，进行坡、沟侵蚀产沙关系方面的试验，揭示坡沟系统侵蚀水动力学机理，以及坡沟侵蚀产沙过程的耦合关系。

第 2 章　坡面流侵蚀产沙过程

坡面水力侵蚀产沙过程，包括雨滴击溅侵蚀和坡面流的冲刷与输移两大子过程。一般来说，雨滴击溅并不能产沙，但其对土壤结构的破坏作用，能使坡面流更易于冲刷地表；已被雨滴击散的土壤，为坡面流的输移提供了物质来源。坡面流侵蚀产沙过程，包括了冲刷、泥沙输移和沉积三个子过程，其发展和演进主要取决于坡面流的侵蚀力和输沙能力，包括径流的分离能力、分离速率、挟沙力等。坡面流的侵蚀产沙过程，除取决于其本身的水力特性外，还会受到诸如降雨、地面坡度、坡长等自然因素和人类活动社会因素的制约。各种自然因素或人为因素的一定组合条件，可以对坡面流的水力特性起到干扰作用，从而加速坡面流侵蚀产沙过程的发展或减缓阻止过程的发展。

研究和分析坡面流侵蚀机理、影响因素和各子过程间的相互关联，是模拟土壤侵蚀过程的前提条件。

2.1　坡面流侵蚀产沙机理及力学分析

2.1.1　坡面流侵蚀产沙机理

根据流动形式，可将坡面流分为薄层（片状）水流和细沟流（股流）两类。薄层（片状）水流水深很小，呈薄层状或片状漫流，多发生在坡顶段或侵蚀细沟之间。当薄层水流进一步汇集，可形成侵蚀细沟，部分水流以股状形式“集流”而成细沟流。

股流的动能远较层状水流大。根据试验，在同样坡度和同一雨强条件下，同一区间内的股流雷诺数与层状水流雷诺数之比可达数十倍，因而股流的侵蚀动力大，可导致沿股流流路的地表集中侵蚀下切。由于细沟流水深相对较大，其侵蚀过程受雨滴打击的影响较层状水流小，而主要由细沟水流的水力特征所决定。细沟流形成的细沟侵蚀较层状水流所形成的片蚀要严重得多。根据晋西黄土地区羊道沟流域的观测，平均而言，同一时段内单位面积上的细沟侵蚀量较片蚀量可以大 7 倍之多。同时，细沟侵蚀面积为流域面积的 20% ~25%，约为片蚀面积的 5 倍。因此，重点分析细沟流的侵蚀产沙力学机理，对研究坡面侵蚀产沙过程将尤为重要。下面，以受雨滴打击影响很小的细沟流作为研究对象，分析坡面流的侵蚀产沙力学机理。

2.1.2 坡面流侵蚀产沙力学分析

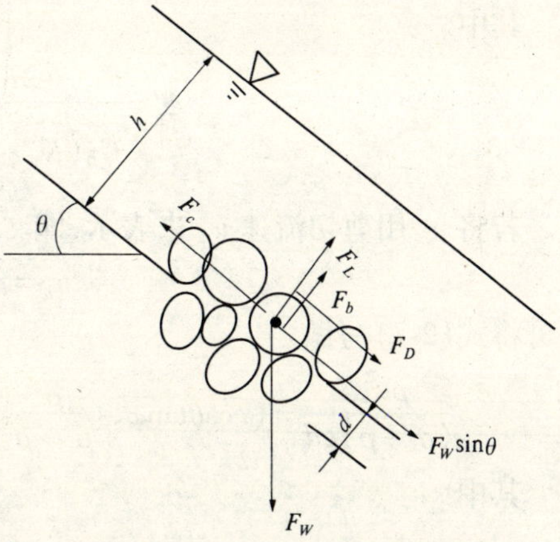

图 2-1 坡面流侵蚀力学关系概化

设坡面细沟流水深足够深，以致于雨滴的击溅侵蚀作用可以忽略；坡面坡度为 θ；土壤颗粒之间具有的黏聚力为 F_c，颗粒间的摩擦角为 φ；细沟流产生的上举力为 F_L，浮力为 F_b，拖曳力为 F_D；颗粒的中值粒径为 d，重力为 F_W，重力沿斜坡的分力为 $F_W\sin\theta$（见图 2-1）。那么，在坡面流作用下，土壤颗粒所受到的动力平衡条件为

$$F_D + F_W\sin\theta = (F_W\cos\theta - F_L - F_b)\tan\varphi + F_c \tag{2-1}$$

其中，各力的具体表达式为

$$F_D = \frac{1}{2}C_D K_1 \rho d^2 u_b^2 \tag{2-2}$$

$$F_L = \frac{1}{2}C_L K_2 \rho d^2 u_b^2 \tag{2-3}$$

$$F_W = K_3 \rho_s g d^3 \tag{2-4}$$

$$F_b = K_2 \rho g d^3 \cos\theta \tag{2-5}$$

$$F_c = K' d^2 f_c \tag{2-6}$$

式中 C_D——拖曳力系数；

C_L——上举力系数；

u_b——坡面流的代表流速；

ρ_s——土壤颗粒密度；

ρ——水的密度；

K_1、K_2、K_3——土壤颗粒的形状系数，若为球体，则 $K_1 = K_2 = \frac{\pi}{4}$，$K_3 = \frac{\pi}{6}$；

f_c——单位面积上的黏聚力；

$K'd^2$——黏聚力作用在颗粒上的面积。

将式(2-2)～式(2-6)代入式(2-1)，整理可得

$$\frac{\rho u_b^2}{(\rho_s - \rho) g d} = \left(\cos\theta\tan\varphi - \frac{\rho}{\rho_s - \rho}\sin\theta\right)\frac{\phi_s'}{\tan\varphi} + \frac{K' f_c d^2}{K_3(\rho_s - \rho) g d^3}\frac{\phi_s'}{\tan\varphi} \tag{2-7}$$

其中

$$\phi_s'=\frac{2K_3\tan\varphi}{C_D(K_1+\frac{C_L}{C_D}K_2\tan\varphi)}$$

若将 u_b 用剪切流速 u_* 来表示,即

$$u_b=au_* \tag{2-8}$$

则可将式(2-7)写做

$$\frac{\rho u_*^2}{(\rho_s-\rho)gd}=(\cos\theta\tan\varphi-\frac{\rho}{\rho_s-\rho}\sin\theta)\frac{\phi_s}{\tan\varphi}+\frac{K'f_c d^2}{K_3(\rho_s-\rho)gd^3}\frac{\phi_s}{\tan\varphi} \tag{2-9}$$

其中

$$\phi_s=\frac{\phi_s'}{\alpha^2}$$

因为 $\tau=u_*^2\rho$,同时式(2-9)是在土壤颗粒处于力的平衡状态下推求的,故可将式(2-9)左端写为

$$\tau_*=\frac{u_*^2\rho}{(\rho_s-\rho)gd}=\frac{\tau}{(\rho_s-\rho)gd} \tag{2-10}$$

由于式(2-7)是在力的平衡条件下得出的,因而根据式(2-10),可将式(2-9)进一步写为

$$\tau_{*c}=(\cos\theta\tan\varphi-\frac{\rho}{\rho_s-\rho}\sin\theta)\frac{\phi_s}{\tan\varphi}+\frac{K'd^2f_c}{(\rho_s-\rho)gK_3d^3}\frac{\phi_s}{\tan\varphi} \tag{2-11}$$

其中 τ_{*c}称为坡面流无因次临界拖曳力。式(2-11)即为坡面细沟流侵蚀的力学方程。

式(2-11)右端的第一项反映了因重力作用动水压力所引起的摩阻力 τ_*',第二项反映了因土粒间的黏结作用所引起的附加摩阻力。因此,坡面流要使土壤表面颗粒冲起,所具有的剪切应力应满足下式

$$\tau_*\geqslant\tau_*'+\Delta\tau_*'=\tau_{*c} \tag{2-12}$$

对于式(2-11)中的f_c 和 $K'd^2$,不少人都做过研究,如张瑞瑾根据颗粒间分子水不传递静水压力的理论提出的黏聚力f_c 的表达式为

$$f_c=\gamma(\frac{d_1}{d})^{0.72}(10+h) \tag{2-13}$$

式中 d_1——任意选定的代表粒径。

式(2-11)中的 K'为黏聚力作用面积系数,与水的纯洁度、化学成分、颗粒间压结程度和颗粒形态等有关,可由试验确定,亦可由 Ashiqa 和 Egashira 等 1982 年提出的近似表达式估算

$$K' = \frac{\pi n}{4}\left[\left(1 + \frac{1}{1-\lambda} \frac{p_f(1+\sigma\omega)}{1+\sigma\omega p_f}\right)^{\frac{2}{3}} - 1 \right] \tag{2-14}$$

$$\sigma = \frac{\rho_s}{\rho}$$

式中 λ——空隙比；

ω——黏土中的含沙量；

p_f——土壤中的黏粒含量；

n——某一颗粒接触相邻颗粒的总数。为方便起见，将 τ_{*c} 简写做 τ_c，τ_* 写做 τ。

由上述分析知，当水流的剪切应力满足式(2-11)时，土壤颗粒就有可能处于一种被分离移动的临界状态，但此时径流仍不一定能将其分离，其分离能力应当是大于 τ_c 的那部分水流剪切应力，而且考虑到水流流动过程中为克服其他阻力或损失消耗的能量，则坡面细沟流分离土壤颗粒的能力（又称分离能力）实际上应为

$$D_{rc} = K_r(\tau - \tau_c) \tag{2-15}$$

式中 D_{rc}——坡面细沟水流的分离能力；

τ——水流的剪切应力；

K_r——反映细沟水流用于其他方面能量损失（诸如克服被覆阻力等）的参数。

式(2-15)表明，径流分离能力是指在一定的水力条件下，径流分离土壤的最大可能性。

20 世纪 40 年代，R. E. Horton 提出了坡面流的“摩阻侵蚀力”概念，即认为坡面流的摩阻剪切应力就是用于侵蚀的作用力。由流体力学知，水流在流动过程中，在边界壁面的单位面积上所产生的摩阻力为

$$\tau = \gamma \Delta h \sin\alpha \tag{2-16}$$

式中 γ——水的容重；

Δh——距分水岭 x 处的地表水深；

α——坡度。

若以 F_e 表示侵蚀力，根据摩阻侵蚀力概念，则有

$$F_e = \tau = \gamma \Delta h \sin\alpha \tag{2-17}$$

设单位流程上的单宽流量即径流率为 q_ω，则坡长 x 处的单宽流量 q 为

$$q = q_\omega x$$

又

$$q = v_x \Delta h$$

则

$$q_{\omega}x = v_{x}\Delta h \tag{2-18}$$

由曼宁公式

$$v_{x} = \frac{1}{n}\Delta h^{\frac{2}{3}}J^{\frac{1}{2}}$$

代入式(2-18),得

$$q_{\omega}x = \frac{1}{n}\Delta h^{\frac{5}{3}}J^{\frac{1}{2}}$$

可解得

$$\Delta h = (q_{\omega}xn)^{\frac{3}{5}}\frac{1}{J^{0.3}}$$

对于坡面,取 $J = \tan\alpha$,则

$$\Delta h = (q_{\omega}xn)^{\frac{3}{5}}\frac{1}{\tan^{0.3}\alpha}$$

代入式(2-17),即得侵蚀力公式

$$F_{e} = \gamma\frac{(q_{\omega}xn)^{\frac{3}{5}}}{\tan^{0.3}\alpha}\sin\alpha \tag{2-19}$$

若取 γ 的单位为 kg/m^{3},x 的单位为 m,q 的单位为 mm/h,则式(2-19)可写为

$$F_{e} = \frac{\gamma}{1\ 000}\left(\frac{q_{\omega}xn}{36}\right)^{\frac{3}{5}}\frac{\sin\alpha}{\tan^{0.3}\alpha} \tag{2-20}$$

式(2-20)即为 R. E. Horton 的摩阻侵蚀力公式。可以看出,坡面水流的冲刷作用并不是随坡角 α 的增大而一直增大的,如果令

$$f(\alpha) = \frac{\sin\alpha}{\tan^{0.3}\alpha}$$

并取

$$\frac{\mathrm{d}f(\alpha)}{\mathrm{d}\alpha} = 0$$

可得到 $\alpha = 40°$时 $f(\alpha)$有最大值,就是说,这时侵蚀力达到极值。

R. E. Horton 提出的以水流的剪切应力表征坡面流侵蚀力的概念,为后来的研究奠定了基础。但无论如何,直接把剪切应力与侵蚀力画等号,从理论上来讲总是不甚合理的。另外,也正是由于这一不足,使理论上得出的最大侵蚀力的临界坡度与试验小区及室内试验所得到的结论并不相吻合。

最简单的修正办法,可以认为只有作用在土壤颗粒上且使土壤颗粒移动的

那部分剪切应力才是侵蚀力，因而假设作用在土壤颗粒上的面积为 $a(\frac{d}{d_1})^2$，作用系数为 K，由此得

$$F_e = Ka(\frac{d}{d_1})^2\tau \tag{2-21}$$

式中 a——面积系数；

d——颗粒直径；

d_1——参考粒径。

2.2 坡面流侵蚀产沙影响因素

依据上面的分析可知，除了坡面流自身的水力特征，还有其他影响坡面流侵蚀产沙因素，主要包括降雨、坡度、坡长、土壤（包括含水量、粒径大小、黏粒含量、内摩擦角等）、植被、人类活动等因素。

2.2.1 降雨因素

降雨对坡面流侵蚀产沙的影响主要表现在三个方面：一是决定坡面流径流量；二是对土粒的溅散，使坡面流更易于冲蚀地表，并为坡面流提供了输移泥沙的来源；三是雨滴的打击作用加强了坡面流的紊动能，提高了径流的输移能力。

大量的研究发现，影响径流量和击溅量的降雨因子主要是雨强。根据P·C·爱克恩的研究，坡面径流量与雨强有下述关系

$$Q \propto i^{1.1} \tag{2-22}$$

雨强不仅是决定径流量大小的主要因素，而且对坡面径流的影响也很大。试验表明，雨强与坡面流速有如下关系

$$v = \alpha J^m i^n \tag{2-23}$$

式中 J——坡度；

α——系数；

m、n——指数。

显然，雨强越大，坡面流流速越大，对地表的冲刷作用也越强。

另外，雨强越大，雨滴中值粒径越大，其具有的击溅作用也越强。雨滴的击溅作用越强，为坡面径流提供的输移物质就越多。根据埃利森的试验研究，降雨溅蚀量与雨强、雨滴的直径和终速有如下关系

$$W_{st} = f(v_m^{4.33} d^{1.07} i^{0.65}) \tag{2-24}$$

式中 W_{st}——30 min 内溅起的泥沙量；

v_m——雨滴的终速；

d——雨滴直径；

i——雨强。

刘善建对中国黄土地区的降雨与土壤侵蚀之间的关系，在进行了深入研究以后提出，坡面土壤侵蚀与雨强的2.05次方成正比。

在下垫面及雨强一定的条件下，坡面径流量的大小主要取决于降雨量，因此降雨量的大小亦可成为影响坡面径流侵蚀力的一个主导因素。根据李士文等对黑土区的观测资料分析，坡面径流侵蚀量与降雨量有着很好的对应关系（见图2-2）。

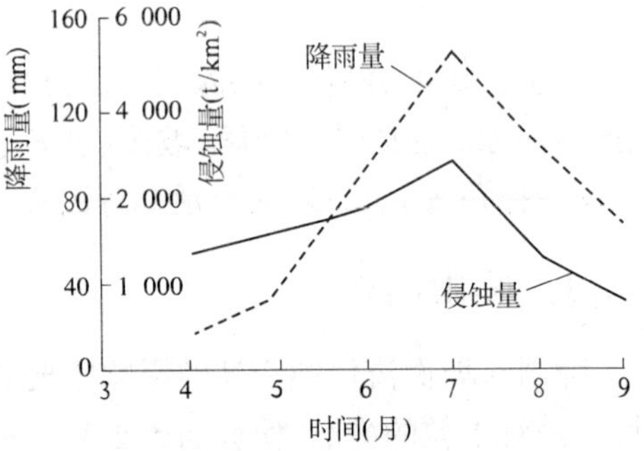

图2-2　月降雨量与土壤侵蚀量分布

雨滴溅散量与雨型也有很大关系，在其他条件一定的情况下，一场降雨中、大雨强的雨量占全部雨量的比例越大，土壤侵蚀量就越大。短阵型降雨往往比普通型降雨的侵蚀危害更大。一场降雨，其雨滴的中值粒径越大，溅散量亦越高。

雨滴的击溅作用，不仅可以直接为坡面流提供输移物质的来源，还会增加坡面径流的紊动性。雨滴的这种双重作用，可大大提高坡面径流的侵蚀能力。许多研究结果发现，有雨滴参与所造成的冲刷量，比无雨滴参与所造成的冲刷量大10～20倍，甚至50～60倍。根据吴普特的试验研究，消除雨滴打击影响后，坡面径流侵蚀量平均降低程度为63.45%，最高可达83.9%。当然，有雨滴存在时，其对坡面径流水力阻力系数f的影响是复杂的，亦即对坡面径流的紊动影响是随坡度、径流流态等而变化的。也就是说，雨滴存在对增大坡面流输移能力或侵蚀量的作用到底有多大，仍有待深入研究。

2.2.2　坡度因素

坡度是影响坡面径流侵蚀能力的动力因子，因为坡度的陡缓决定了坡面径流动力比降的大小。在一定的水深条件下，坡度越陡，其水力比降就越大，由式(2-11)和式(2-15)可知，陡坡水流对地表就具有更大的剪切应力，也就具有更大的分散能力。同时，由图2-1可知，坡度越陡，土壤颗粒在顺坡方向的分力也愈大，土粒稳定性越低，更易遭受侵蚀。因而，大多数学者都认为，在一定的范围内，坡度越大，坡面径流的冲刷量就越大。不少实测资料也说明了这一点。根据许多学者的研究，在一定的坡度范围内，土壤冲刷量 W_s 与坡度 J 呈指数关系，即

$$W_s = KJ^{\alpha} \tag{2-25}$$

式中 K——系数；

α——指数；

J——坡度。

N·W·哈德逊和 A. W. Zingg 通过研究都认为 α 约为 1.5；有人认为，在热带地区，$\alpha = 2$。另外，根据洛帕金等的研究，式(2-25)中的 α 是随坡度大小而变化的，当坡度小于 10°时，$\alpha = 1$；当坡度大于 10°时，$\alpha < 1$，约为 0.86。

不少研究者还认为，坡面径流的侵蚀量随坡度增加而增大的原因，还在于陡坡上流动的径流流速大，相对减少了径流停留和入渗时间，使稳定入渗量减小，从而增加了径流量，故此使侵蚀量有所增加。

但是，坡度对径流水力特性的影响是相当复杂的，因为在不同的坡度范围内，对于不同流态和有无降雨情况下，坡度对径流水力阻力的影响都是不同的。因此，坡度对坡面径流的流速及其对坡面径流侵蚀力的影响也就不同。通过理论分析和试验观测都可证明，在一定的坡长情况下，当坡度大于某一临界值后，坡面侵蚀量反而随坡度增大而减少。图 2-3 是根据绥德辛店沟 1957 ~ 1960 年实测资料点绘的年平均冲刷量与坡度之间的关系，可以看出，当坡度约为 28°时，径流冲刷量达到最大，超过该值后，径流冲刷量减少很快。蒋定生、黄国俊根据室内模拟试验研究认为，坡度为 0° ~ 20°，土壤冲刷量随坡度变陡而增加，每增大 1°，试验面积上的冲刷量相应增加约 0.007 kg；至 20°时，随坡度增加，其增加率减缓，每增加 1°冲刷量相应增加约 0.001 6 kg；当坡度超过 25°后，冲刷量反而减少。陈法扬的研究认为，18° ~ 25°是土壤冲刷量剧增的坡度范围，当坡度大于 25°以后，土壤冲刷量随坡度变陡而减少。

另据 R. E. Horton 的分析，当坡度达到 40°时，坡面流的侵蚀力才有最大值；其后，随坡度增大，侵蚀力反而降低。

尽管不同学者或研究者得出的临界坡度不一样，但这个临界坡度显然是存在的。临界坡度存在的原因，除与水力阻力随坡度变化的基本规律有关外，还与坡面承雨面积有关。因为

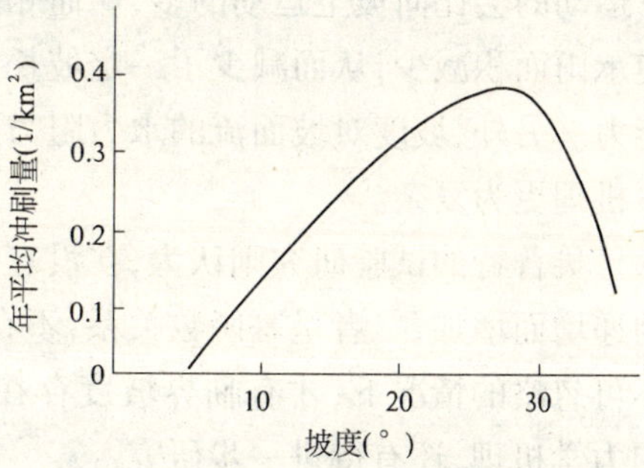

图 2-3 年平均冲刷量与坡度关系

对于一定坡长的坡面，坡度越大，其承雨面积就越小，形成的径流量就相对减少。如图 2-4 所示均一的坡面，设雨强为 i，坡角为 α，对于一定长度 L 的坡面，在单位时段内产生的单宽径流量为

$$H = if$$

式中 f——坡面单宽面积在水平方向的投影，即承雨面积，由图 2-4 可知

$$f = L\cos\alpha$$

那么，单位时段全坡面产生的平均径流深为

$$H = iL\cos\alpha \tag{2-26}$$

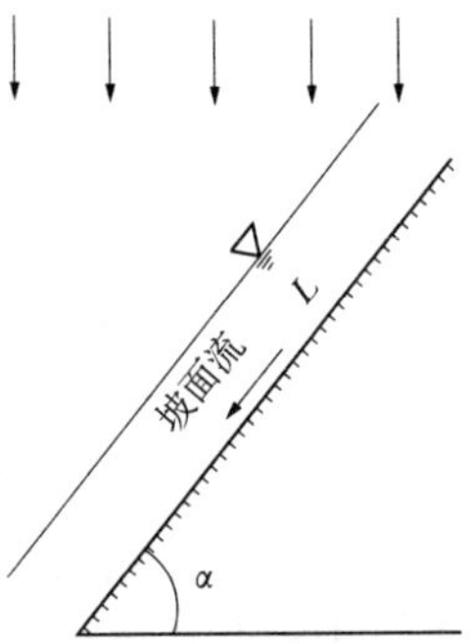

图 2-4 坡面承雨面积随坡度的变化

显而易见，坡度越陡，一定坡长上的坡面径流量就越少。由此可推知，之所以存在一个坡面流侵蚀的临界坡度，正是由于承雨面积和诸如坡面流流速、剪切应力、水力阻力等水力要素与坡面之间的关系相叠加的结果。

根据陈浩的研究，降雨溅蚀量同样存在着一个临界坡角，向下坡的溅蚀量同坡度之间具有如下关系

$$W_{sud} = 9.533\,1 + 0.867\,3J - 0.017\,5J^2 \tag{2-27}$$

对式(2-27)求导可得极点 J 为 25°，说明 25°为影响向下坡溅蚀量的临界坡角。

由上述归纳可知，在一定条件下，坡度对坡面流侵蚀产沙的影响主要表现在五个方面：①土壤颗粒的重力沿坡向的分力随坡度增加而增大，引起土壤颗粒的稳定性降低；②坡面流剪切应力随坡度增加而增大，增加了坡面径流的分离能力；③坡度增大后，增加了坡面流流速，减少了入渗量，相对增大了径流量；④随坡度增大，土壤颗粒重力沿坡向的分力增加，因而，受雨滴溅散的土壤颗粒向坡下运动的会比向坡上运动的多，从而相对增加了坡面流输移量；⑤坡度增大，反使承雨面积减少，从而减少了一定坡长上的坡面径流量，降低了坡面流侵蚀产沙能力。另外，坡度对坡面流的水力阻力影响也是显著的，从而使坡面流的侵蚀产沙机理更为复杂。

吴普特的试验研究则认为，在没有降雨击溅情况下，坡面侵蚀量随地表坡度的递增而增加，二者呈幂函数关系，不存在临界坡度问题，只有在雨滴击溅动力不可忽略的情况下，才有临界坡度存在，其值大致为 22°～30°。关于这一结论的力学机理，还有待进一步研究。

2.2.3 坡长因素

在 W. H. Wischemier 提出的通用土壤流失方程(USLE)中,将坡长与坡度归并为地形因子,并以 LS 的形式表征,给出的地形因子 LS 的计算式为

$$LS=\left(\frac{L}{22.1}\right)^{x}\frac{0.43+0.30J+0.043J^{2}}{6.574}$$

$$x=\begin{cases}0.5 & J>4\% \\ 0.4 & J=4\% \\ 0.3 & J<4\%\end{cases} \tag{2-28}$$

式中 L——坡长;

J——坡度。

从式(2-28)可以看出,坡长与坡度实际上是影响坡面侵蚀量的一对具有交互作用的组合因子。如图 2-5 所示,假定边界条件沿程不变,坡面流沿程变化率不变,当离分水岭 L 距离的径流深为 h 时,则径流深度的递增率可用下式表示

$$Z=\frac{\mathrm{d}h}{\mathrm{d}L} \tag{2-29}$$

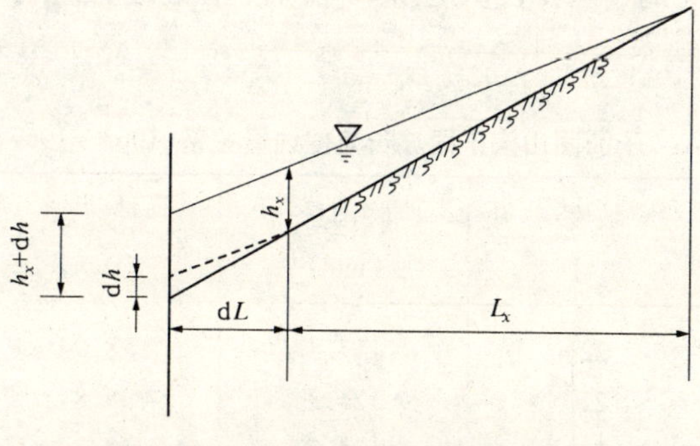

图 2-5　坡长与坡面流水深关系概化

对任何一点 x 处,坡长 L_x 的径流深度 h_x 为

$$h_x=\frac{\mathrm{d}h}{\mathrm{d}L}L_x$$

也就是说,在坡度一定的条件下,随坡长增加,径流深将不断增加,从而径流所具有的能量将随之增大,其冲刷量亦将愈大。但由式(2-26)又知,当坡长一定时,随坡度增加,径流量又将减少,从而必然使径流的冲刷能力降低。显然,在一定条件下,坡长与坡度是坡面径流侵蚀产沙过程中相互制约的主导边界条件。

小区试验资料表明,在坡度一定的条件下,单位面积上的平均土壤流失量与坡长的幂函数成正比。例如,A. W. Zingg 在关于坡长对土壤侵蚀影响的研究中

得出了这样的结论：总的土壤流失量或产沙量与坡长的1.6次方成正比；对于单位面积的土壤流失量或产沙量，则为坡长的0.6次方。由表2-1所列成果可以看出，当坡长由20 m增加到40 m时，侵蚀量增加了近35%。

表2-1 天水水保站不同坡长与径流量侵蚀量关系（1954～1957年）

坡长（m）	径流量		侵蚀量	
	m^3/hm^2	%	m^3/hm^2	%
10	220.07	100.0	0.48	100.0
20	192.85	86.8	0.51	106.3
40	163.27	73.5	0.68	141.7

由于较长坡面上的径流有较大的累积，增加了径流的侵蚀能力和输移能力。因而，在一般情况下，单位面积上的土壤流失量基本上是随坡长的增加而增加的。不过，在坡度较缓的坡面上，增加坡长，土壤流失量增加不会太大。因为增加坡长会在一定程度上影响径流速度，而径流深的较大累积反过来会对雨滴打击起缓冲作用。此时，当坡长大于某一值后，土壤侵蚀量增加并不明显（见表2-2）。

表2-2 子洲团山沟不同坡长与侵蚀量关系（1963～1967年）

坡长（m）	坡度（°）	降雨量（mm）	径流深（mm）	侵蚀量（t/km^2）
20	22	117.4	28.94	9 815.4
40	22	124.3	35.84	16 909.3
60	22	124.7	32.34	16 766.3

根据对黄土地区的观测资料研究，坡长对坡面流的侵蚀产沙作用的影响还受制于降雨条件，如在特大（或较大）暴雨，雨量在10 mm以上，雨强超过0.5 mm/min的情况下，坡长与径流量、产沙量均呈正相关；在降雨平均强度较小或强度较大而持续时间较短的情况下，坡长与径流量呈负相关；在一次降雨量很小（只有3～5 mm）、强度也很小、历时又很短的情况下，坡长与径流量、产沙量呈负相关。分析可知，形成这种现象的主要原因，应归结为土壤入渗的结果。因为在黄土地区，其下渗能力强者，在雨强不大或历时太短时，随坡长增加下渗量就相对大，尤其在超渗雨量不大时，下渗量沿程就会相对增加更多，因而产流量会

随坡长增加反而减少。

江忠善等通过试验研究认为,坡面径流量与坡度和坡长的定量关系呈幂指数形式,与降雨过程中最大 30 min 雨强的大小有着密切关系。坡度、坡长指数随着最大 30 min 雨强的增大而增大,但在雨强 $i_{30} < 0.25$ mm/min 时,与坡长呈负相关。

如果将坡度、坡长归并为地形因子,那么,除坡度、坡长外,地形因子还包括坡面形式(如直线形斜坡、凸形斜坡、凹形斜坡等)、坡向和侵蚀基准面等,这些因素都会对坡面流侵蚀产沙造成一定影响。

2.2.4 土壤因素

土壤具有可蚀性与抗蚀性二重性。土壤的可蚀性就是土壤对侵蚀的敏感性,土壤的抗蚀性是指土壤抵抗外力侵蚀的作用。两者的强弱则取决于土壤性质,主要包括土壤颗粒的组成、团粒稳定性、母岩成分、黏土含量和类型、土壤中的易溶盐含量。

(1)土壤颗粒的组成。粒径 d 的组成越均匀,其稳定性越差;d 的组成越不均匀,即均匀系数 φ 越大,则越稳定。因为小颗粒可以填充空隙,使颗粒间接触面积增大,相互结合就会紧密。根据曹银真的研究,在黄土地区,黄土的粒度组成与产沙量存在着线性关系,粒度越粗,粒间结合力越小,则单位面积单位径流深的产沙量越大。

(2)团粒稳定性。当 $\varphi > J$ 时,粒径 d 越大,土壤团粒则越稳定;反之,当 $\varphi < J$ 时,越不稳定。

(3)母岩成分。母岩的机械性质、渗透性、矿物组成和化学特性等,都会影响土壤侵蚀强度和侵蚀速率。例如,容重 γ_s 越大,其抗蚀性越强。像由不易发生水蚀的石英、长石等岩石物质构成的土壤,就具有较强的抗蚀性。根据赖叶发对广东地区土壤侵蚀与母岩关系的研究结果,母岩不同,侵蚀面积占其母岩出露面积的比例不同。或者说,不同母岩的土壤,其抗蚀能力大小是不同的。另外,母岩不同,土壤侵蚀的方式也会不同,如碳酸盐岩石区域的土壤侵蚀主要以化学侵蚀为主,而且石漠化非常严重,径流的作用主要是搬运化学侵蚀产物和风化产物。

(4)黏土含量和类型。这关系到团粒强度,也影响团粒的稳定性。土壤有机质含量高,其抗蚀性就强。特别是对于重力侵蚀发生的临界条件,主要取决于土壤黏滞力的大小。

(5)土壤中的易溶盐含量。一般来说,单位面积上的产沙量,随易溶盐含量的增加而增加。

在我国黄土高原，大部分地面为黄土覆盖。黄土的主要成分是粉砂壤土，抗蚀、抗冲性能很弱，暴雨中极易遭受侵蚀。导致强烈侵蚀的另一重要内在因素，是黄土遇水极易分散。土力学家们认为，水膜楔入作用所引起的黄土结构的物理破坏，以及黄土中黏土矿物吸水后的膨胀，是导致土体崩解分散的主要原因。所以，黄土的抗剪强度随含水量的增高而降低。黄土抗蚀力由南向北逐渐降低，这与黄土的岩石力学特征具有水平分带密切相关。

土壤的抗蚀性不仅与被覆情况、耕作方式等环境因素有关，还与土壤特性等本身属性有关。因此，虽然已有不少的研究成果，但是目前还未找出一个公认的确切函数表达式，一般仍是取用土壤的分散率、侵蚀率、分散系数、团聚度等作为表达土壤抗蚀性的指标。

土壤的分散率是取1%土壤悬浊液1 000 mL，振荡20次使其分散后，测定其中粉砂和黏粒的含量，并以其数值与用筛分法测定的土样所含粉砂和黏粒的数值之比表示。此比值绝对数字愈大，则土壤愈易流失。

土壤的分散度是以风干土壤的团粒50个，置于深1 cm的水中1 h后的水中筛分结果来决定的。但对于一些团粒甚少、极易侵蚀的土壤，在野外工作中，亦可用一定量土样置于清水中，测定其全部分散的时间来表示其分散度。如经试验证明，黄土置于静水中，经2 min即可全部分散。而抗蚀性较强的土壤则可达1 h以上。

土壤的抗蚀性也可用抗蚀力表示。霍顿将土壤的抗蚀力定义为：在一定边界条件下，土壤侵蚀出现时的侵蚀力。

土壤抗蚀力的另一种表征方法，是将土壤侵蚀量直接作为降雨侵蚀力或降雨物理特征值的系数，根据试验小区或小流域观测资料，建立它们之间的关系。吴普特所提出的土壤抗蚀性指标，基本上亦属于此类处理方法，即把单位径流深在单位面积上侵蚀掉的土壤量，作为土壤抗蚀性能的表征值。但是，这些表示都未能揭示出土壤抗蚀的力学机理。

土壤的可蚀性通常用某一标准小区在单位降雨侵蚀力作用下的土壤流失量表示，也可用土壤质地表示。一般地，粉砂含量最高的土壤被认为最易受侵蚀，黏土则不易受侵蚀。

土壤的抗蚀性是在土壤遭受坡面流冲刷时所产生的一种阻抗响应。从某种意义上来说，径流冲刷过程中所受到的阻力也正是土壤抗蚀性的一种力的表现。径流冲刷、土壤抗蚀和产沙是一个动态响应的力学过程，这个过程是以径流的冲刷作为输入或触发；而土壤抗蚀是一种阻抗，它起着对径流能量进行重新调整的作用，使得径流能量一部分作为克服阻力以热能形式耗散掉，另一部分则以机械能的形式分离和搬运侵蚀物质。过程的输出是侵蚀和产沙。显然，径流侵蚀、产沙的多少与土壤的抗蚀性有极大关系。

无论是否能够找到一个可以具体描述这个过程中土壤可蚀性的函数,土壤的抗蚀力学特性总是存在的。这也正是需要对土壤抗蚀的力学机理进行研究的自然基础。

2.2.5 植被因素

植被是影响土壤侵蚀与产沙的一个重要因素。关于植被因素对坡面流侵蚀产沙影响的研究已经颇多,并取得了不少认识,但对其影响机理的研究仍显得不够,而且在一些基本认识上,还存在一定的差异。

植被对坡面流侵蚀的主要影响,一方面可以阻截部分降雨能量,使土壤表面免于雨滴的直接击溅;另一方面增加地表糙率和下渗,从而减少径流总量和降低径流速度,并能形成低洼蓄水区使泥沙沉积,减少土壤侵蚀。

植被阻截降雨、降低径流速度的作用大小,是与植被覆盖度、植被类型等有关的。在其他条件基本一致的情况下,植被覆盖度越大,径流的侵蚀作用越小。根据绥德水土保持试验站的资料分析(见图2-6),植被覆盖度越大,截留降雨的作用越大,对减轻降雨直接打击地面的功效越显著。一般来说,茂密的成林往往可以截留50% ~75%的降雨。从图2-7中坡面径流系数和植被覆盖度的关系,可以看出,植被覆盖度越大,径流系数越小,亦即产流量越小。

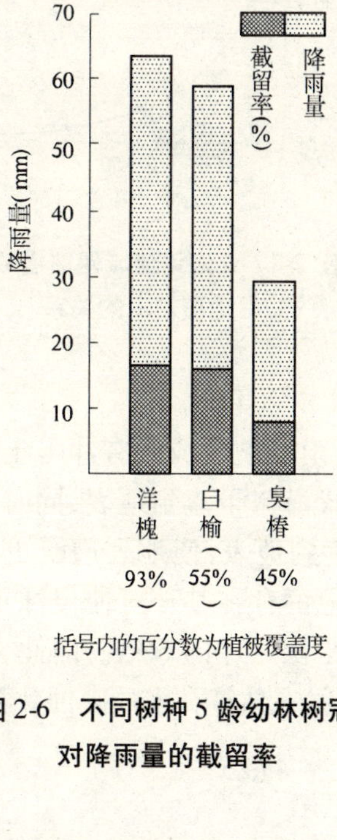

图2-6 不同树种5龄幼林树冠对降雨量的截留率

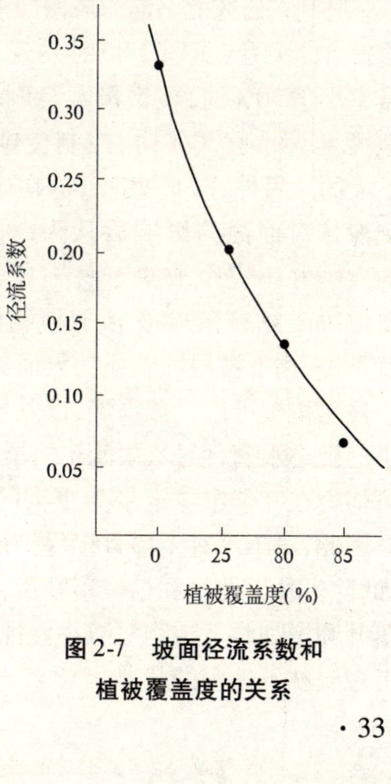

图2-7 坡面径流系数和植被覆盖度的关系

E. L. Noble(1965)在分析美国犹他州一些小流域侵蚀与植被覆盖度的关系后认为,表土侵蚀量与植被覆盖度之间呈指数关系。随着地表植被覆盖度的减小,侵蚀作用迅速增加。当植被覆盖度低于8%时,植被在控制侵蚀方面的作用不大;但当植被覆盖度超过60%以后,继续增加植被,对减少侵蚀的作用也不大。李寅生的研究也表明,中国黄土地区的土壤侵蚀量与林草地覆盖率之间也具有指数函数关系,即

$$W_e = a\mathrm{e}^{-b\alpha}$$

式中 a、b——参数;

W_e——土壤侵蚀量;

α——林草地覆盖率。

因此,在水土流失严重地区进行植被建设时,为做到经济合理,考虑植被对控制侵蚀效应的界限是必要的。R·D·罗杰斯和S·A·舒姆,通过人工降雨模拟试验,对稀疏植被覆盖度与侵蚀和产沙的关系进行的研究表明,高代价地在干旱和半干旱地区进行少量增加植被或维护小于15%的植被覆盖度,对控制侵蚀、恢复矿区土地和稳定尾矿是无效的。张胜利在研究北洛河流域侵蚀模数与林地覆盖率的关系(见图2-8)时发现,当林地覆盖率小于30%时,侵蚀模数急剧增加,即林地覆盖率低于30%时,控制侵蚀的作用是不大的。另外,K. F. Wiersum在研究了人造刺槐林对面蚀的影响后认为,林木减蚀量的大小并不完全取决于林冠覆盖度,而主要取决于枯枝落叶及林下植物的状况。也就是说,林下被侵蚀物质的界面的减蚀作用,比树冠更强。

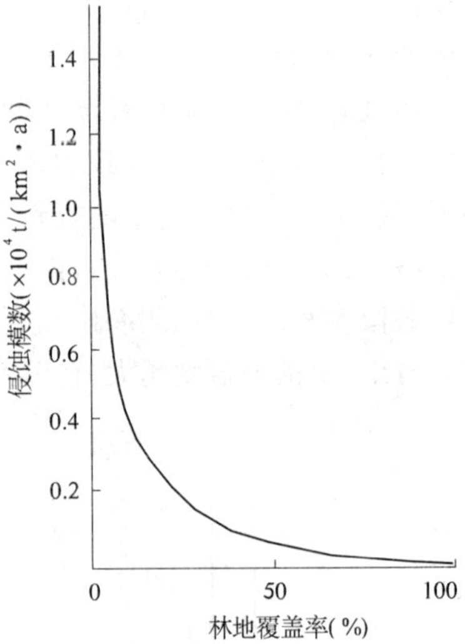

图2-8 北洛河流域侵蚀模数与林地覆盖率的关系

虽然植被可以拦截雨滴,以及使冲击植被的雨滴破裂成具有冲击土壤能量很小的极小水滴,但是,雨滴也可能以集水的形式沿树干流到地表,同时有些雨滴可能会在叶子边缘汇聚为更大的水滴,然后落到地表,使地表遭受更大的打击。因此,对于没有土壤直接保护层的情况,树冠的存在甚至可使侵蚀更强烈。例如,除去林下植物和枯枝落叶后,林地侵蚀量是裸露地的6倍。因此,保留枯枝落叶和增加林下植物对减小侵蚀是极为重要的,在估算林木的减蚀效益时,应当考虑到林下地表的状况。

地表植被还可以增加地表糙率,从而减少径流总量和降低径流速度对土壤侵蚀发生的影响。它还能形成低洼蓄水区使泥沙沉积。另外,植物枯枝落叶覆盖层还有很大的蓄水功能,积蓄部分水分使之不能形成地面径流。植物根系腐败以后,遗留的孔道也可有效地增进土壤的通透性能。

植被对坡面径流的影响,是一个比较复杂的水文水力效应,尤其对坡面径流的水力特性及其侵蚀力的影响,都有待从机理上进行深入研究。

2.2.6 人类活动因素

一般来说,在自然条件下的短期内,自然环境的演变是极其有限的,但人类环境则可以发生相当大的变化。人类对自然环境中的物质及能量的开发利用,能够引起自然环境的加速变迁。例如,对于不合理的人类活动,可以造成水土流失、资源退化等;而与自然环境相协调的人类活动则可以改善局地生态环境。人类对流域自然环境演变的参与,会改变自然条件下的流域侵蚀产沙过程,甚至可以使其基本规律发生变化。人类对流域自然环境演变的干扰程度,是与人类活动强度及其方式有关的。因而,人类活动对土壤侵蚀的作用可以是加速的,也可以是减缓的,其主要取决于人类活动的目的和方式。

土地的前期利用、耕作制度及方法,对土壤侵蚀的影响是很直接的。当土壤中或土壤表面的作物根系和残茬的数量减少时,通常土壤侵蚀就加剧;反之就减轻。收割作物留有残茬覆盖地表,可以保护土壤不受雨滴的直接冲击和降低径流速度。等高耕作和修筑梯田,可以通过改变坡长、坡度而改变地表径流条件,从而达到降低土壤侵蚀量的目的。

天然草地的无节制放牧,可引起鳞片状面蚀的严重发展。像顺坡耕作的旧耕作制度,可大大加剧坡面土壤侵蚀产沙量。封山育林育草可以增加地面植被覆盖度,提高土壤抗蚀能力。地面林草植被遭到破坏后,易引起土壤理化性状恶化,使其抗蚀性能减弱。根据查轩、唐克丽等的研究,林地耕垦10年后,其耕层土壤有机质、非毛管孔隙度、大于0.25 mm的水稳性团聚体及土壤稳渗速率较开垦前分别降低了84.2%、44.0%、56.8%和76.9%,土壤崩解率和冲刷量分别为林地的20倍和16倍。再如,美国东部马里兰州山麓平原,原来是一个森林覆盖区,流域产沙量很少,河流长期处于平衡状态。19世纪初,随着大规模地毁林开垦,流域产沙量显著增加,河床不断淤积抬高,直到19世纪末才趋于稳定。其后,该地由于准备城市建设,一部分农田被废弃,在停耕待建期间,植被得以恢复(主要是灌木杂草),产沙量又一度减少。进入城市建设施工阶段,大量植被遭到破坏,地面产沙量又急剧增加。城市化后,地面完全为街道、房屋等覆盖,才使产沙量明显降低。在我国黄土高原地区,不合理的人类活动是加剧土壤侵蚀、导致土壤退化和生态环境恶化的主要原因。因此,应制止毁林、毁草和陡坡开荒等各种破坏植被的不合理现象,恢复和重建植被,改变耕作制度和方法,减少人为增加土壤侵蚀的现象。

由于坡面径流是坡面系统中的一个水文子系统,因此在其运动过程中受到的影响因素很多。不仅有坡面边界条件,还有降雨初始条件或能量输入条件,再加上坡面流自身所具有的特殊的水力学特性,从而使得坡面流的侵蚀产沙机理相当复杂。这也正是目前仍难以从理论上对坡面流侵蚀产沙过程加以较完整地描述的根本原因。

但是,坡面水力侵蚀产沙最终是以水流作用为主的侵蚀力和下垫面抵抗侵蚀作用的抗冲蚀力相互作用的产物。因此,尽管对于坡面系统而言,影响侵蚀的降雨、地面物质组成、植被、坡度等自然因素,都可能具有不同程度的空间变化,对坡面水力侵蚀产沙过程的影响机理非常复杂,然而,坡面流侵蚀产沙过程实质上仍是一种能量传递和转化过程。降雨是能量的输入;坡形是影响坡面流水力比降和能量大小的边界因子,表征了坡面流能量的沿程积累;植被是坡面流的水力糙度因子,表征了坡面流能量的沿程耗散;土壤是坡面侵蚀的对象,表征了坡面流能量的耗散和传递;而对于人类活动,则是对坡面流能量传递和转化过程中的一种干扰。可见,这些因子的综合作用制约了坡面流能量传递过程的规律,这一规律又决定了坡面流侵蚀产沙过程的基本规律。因此,从某种意义上讲,对坡面流能量传递过程变化规律的认识,是从机理上了解或描述坡面流侵蚀产沙过程的重要基础。

2.3 坡面水力侵蚀产沙过程

对坡面水力侵蚀产沙过程的研究,是模拟流域侵蚀产沙的基础性工作,可以提供构建模拟框架的支撑条件。对坡面水力侵蚀产沙过程的研究,主要包括坡面水力侵蚀产沙的物理图形、侵蚀产沙形式及其力学描述、侵蚀产沙的定量描述等。

2.3.1 坡面水力侵蚀产沙的物理图形

对于任一完整的山坡单元,总可以分为坡顶、坡中段和坡脚三个具有明显地形特性差异的坡段(见图 2-9)。对于能量耗散表现形式的侵蚀而言,在不同坡段,因边界条件的差异,其侵蚀形式和机理都是有别的。也就是说,如果沿坡方向的降雨、入渗强度、土壤性质都变化不大,则从坡顶至坡脚的水力侵蚀过程具有明显的分带渐变规律。

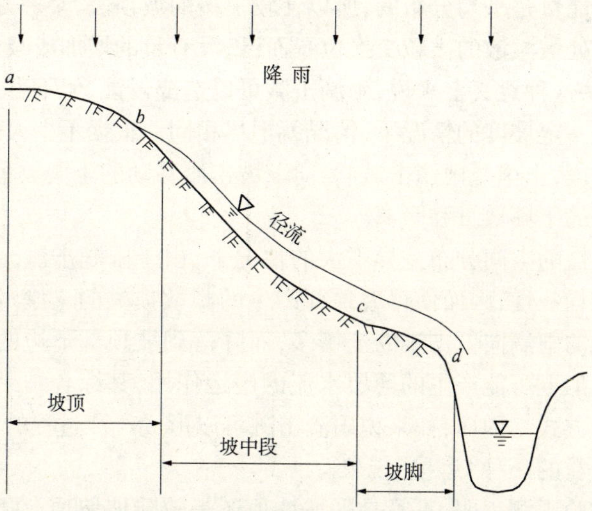

图 2-9　坡面水力侵蚀产沙物理图形

在坡顶处（*ab* 段），由于坡度较小，如黄土高原多数地区一般仅为 3°～5°，加上为坡面的起始段，上部无径流汇集，因此该区段的土壤侵蚀主要为雨滴溅蚀，土壤受到的侵蚀力主要为雨滴击溅动力。

坡顶段的雨滴击溅过程一般要经过三个阶段，即干土溅散阶段、泥浆溅散阶段和土壤板结阶段。较大的雨滴落在干燥的土壤表面，此时土粒间的空隙为气体所充填，土粒尚未吸收雨水即被溅散，此时，土粒一般可保持原来的结构，这一阶段称为干土溅散阶段。随降雨继续，表层土粒吸收水分不断增加，土粒间的空隙随之蓄满，受打击后，表层土粒被溅散，致使结构遭受破坏，呈泥浆状，再受雨滴打击，就以泥浆状溅散，这就是泥浆溅散阶段。在此阶段，前期所形成的糊状泥浆现象，又称之为结皮。在进行的人工降雨溅蚀试验过程中，亦可观察到这种现象。一旦形成结皮，下渗将明显减小，容易形成坡面流。当降雨停止后，泥浆会脱水固结，因土壤结构已遭破坏，物理性质发生变化，从而导致土壤板结。

雨强较大时，在泥浆溅散阶段，也可能会形成坡面产流，但主要是薄层水流，其冲刷能力极小，还不足以对坡面产生明显冲刷，其作用主要为搬运雨滴溅散的物质。根据黄秉维的推算，薄层水流特征流速约为 0.01 m/s，其动能仅相当于终速为 9 m/s 雨滴的百万分之一，除消耗于克服摩阻力外，约有 3% 成为侵蚀力。这种侵蚀力仅相当于雨滴侵蚀力的十万分之一，用于使土壤颗粒与土体分离的动能很少，但搬运力约为雨滴的 20 倍。

雨滴击溅可使土粒跃移脱离地表，但由于被溅起的土粒所具有的动能有限，当其跃至一定高度后，受重力作用，将以抛物运动形式返回地面。另外，由于雨滴击溅土壤的能量是平均分布的，所以在较平缓的坡顶段，某一处溅散的土粒可能只是与另一处被溅散的土粒交换位置而已，没有量的增加或减少，而不会直接流失。因此，从这种意义上来说，雨滴击溅可以造成侵蚀，但不直接产沙。但是，在坡顶段具有一定坡度的情况下，情况就不尽相同。根据不少人的研究，对于坡度较大的坡顶段，土壤受雨滴击溅后，向下坡击溅移动的土壤数量和距离大于向上坡击溅移动的土壤数量和距离。

在降雨特性的空间分布差异不大的情况下，由于雨滴击溅土壤的能量在整个斜坡上具有均一性，因而使得坡顶部产生的溅散损失的土壤量最大。这是因为降落到坡顶的雨滴向下击溅的土壤多，而降落到坡顶部下边的雨滴向坡顶击溅的土壤少。加上可能产生的薄层水流的搬运作用，其综合结果形成了坡顶区段特有的产沙方式。因而，如果说雨滴击溅可以形成产沙过程的话，那也是在特定条件下对土粒的一种“运移”现象。

但不少试验观测表明，不管是平坡坡顶还是较陡坡坡顶，在降雨过程中，都会有侵蚀发生，也都可能会有产沙过程。R. E. Horton 等曾认为的在坡顶处存在着一个“无侵蚀带”的观点，事实上是难以成立的。

当降雨满足入渗、填洼等损失后，首先在坡顶段形成薄层或片状水流，并向坡下方汇集。汇集的水流一部分仍以片状流动，另一部分可能以股状流动，尤其在坡中段细沟特别发育的区域，细沟流在该段的侵蚀产沙过程中起着重要作用。综上所述，由于薄层水流的动能小，直接冲刷地表的能力较弱，其作用主要是输移雨滴溅蚀的物质，因而薄层水流的侵蚀产沙过程与雨滴溅蚀是紧密相连的，共同构成了薄层水流或片状水流的产沙过程。事实上，溅蚀也只可能发生在未形成片状水流处及片状水流流动范围内，因为当细沟水流较深时，已完全能够抑制雨滴击溅产生的侵蚀现象。根据江忠善等对黄土丘陵区层状水流侵蚀的研究，对于土壤松散的休闲地，表土抗蚀性降低，降雨的分散作用可使地表水流含沙量很快趋于坡面流饱和挟沙力，此时侵蚀量大小主要取决于层状水流的搬运能力大小；对于地表密实的休闲地，侵蚀量大小主要取决于降雨溅散和径流冲刷共同提供的分散量的多少。

在坡中（*bc* 段），一般来说坡度较陡，由于从坡上方汇集的雨水不断补充，流量逐渐增大。当流量增大到一定值时，加上坡面地貌条件的不均匀性，成层的水流状态难以完全保持，一部分会自行汇集而成股流。股流具有较大的动能，冲刷能力强，冲刷初期先在坡面形成纹沟，纹沟进一步发展形成细沟。细沟水流的紊动性较强。根据研究，细沟弗劳德数 Fr 可达到 6 左右。因而，细沟水流不仅具有较强的冲刷侵蚀能力，还具有较高的输沙能力。

在黄土丘陵区，细沟侵蚀在坡面侵蚀过程中占有重要地位。据对暴雨细沟侵蚀进行调查，细沟侵蚀占坡面总侵蚀量的50% ~75%。可见，坡中段是冲刷强度最大、泥沙运动最强烈的区段，是坡面的主要产沙段。

只有当坡中段径流的动能达到一定值时，才有可能出现细沟。研究表明，雷诺数 $Re \geqslant 1\,486$ 为细沟出现的动力临界条件。另外，根据郑粉莉的研究，细沟的发生还具有临界边界条件，即在一定的水流条件下，只有坡长和坡度达到某一个组合值时，才有可能发生细沟；发生细沟时的临界坡长与临界坡度之间具有凹形的二次抛物线关系（见图2-10）。由图2-10分析知，最易发生细沟的临界几何边界条件是坡度为26°左右，坡长约为6 m。图2-10 中 i_{30} 为30 min 最大雨强，P 为降雨量。

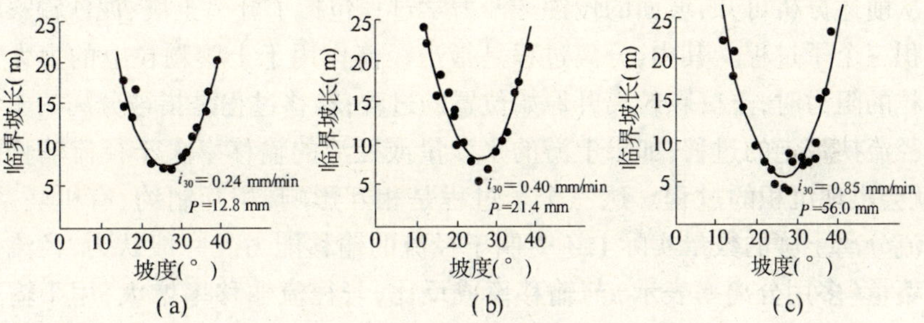

图2-10　临界坡长与坡度关系

细沟的深度和宽度一般都不超过20 cm，雨后经过耕翻又可恢复平整。细沟的不断交会发育，会进入高一级沟道发育阶段，即浅沟。细沟在发育过程中，会发生弯曲、分汊和交会现象，在整个坡面上形成细沟网状。关于细沟发育过程的数学描述，R. E. Horton、Takagama（1974）、Sprant（1972）、Howard（1970）、Kashiwaga 和 Okuda（1977）都曾作过研究。Kashiwaga 的研究表明，细沟的相对交会率 Q_K 和细沟数目 K 之间的关系是相关的，并得到如下回归方程

$$Q_K = \Delta t(0.142K + 0.539) \qquad (2\text{-}30)$$

式中　Δt——交会周期，根据试验，平均值为0.201 s。

同时，得到的分汊率 R_K 与 Δt 的关系为

$$\frac{R_K}{\Delta t} = 1.019\left(\frac{W_K^2}{W_N} - K\frac{W_K}{W_N}\right) - 0.115 \qquad (2\text{-}31)$$

式中　W_K——K 条细沟总宽度；

W_N——分汊前细沟总宽度；

其他符号含义同前。

杨郁挺曾利用耗散结构理论对坡面土壤细沟侵蚀进行了分析，认为坡面细沟侵蚀过程是坡面土壤颗粒的一种宏观、定向、有序运动，即具有自组织的性质。

在坡脚（cd 段），坡度变缓，上方来的部分侵蚀物质将因径流动能减小、紊动强度减弱而发生淤积，含沙量会有所降低。不过，对于凸形斜坡，坡脚段往往不明显，坡度和坡长同时增加，凸形斜坡下部常直接与浅沟沟坡相接。

坡面侵蚀物质在外移过程中，当坡度接近坡面侵蚀物质的自然休止角时，大颗粒一旦运动往往比细颗粒滚得更远。侵蚀物质的粒径变化，从坡顶到坡脚愈来愈粗。当坡脚比坡面侵蚀物质的自然休止角小得多时，颗粒越细，运动得越远，冲刷的结果是坡面上常常残留较粗的颗粒。

2.3.2 坡面流侵蚀产沙力学过程

从前述分析可知，坡面的侵蚀产沙力学过程包括了分离土壤、泥沙输移和泥沙沉积三个子过程。其中，分离过程是指当径流作用于土壤颗粒上的力大于土壤颗粒的阻力时，土壤颗粒离开原始位置的过程；输移过程是指被分离的土壤颗粒被径流挟带走的过程；如果上游的来沙量或径流的输移率大于径流输移能力时，就会出现沉积的过程。这三个子过程是相互影响、相互制约、有机联系的。坡面流分离土壤的数量实际上还受制于径流的输移能力。一般认为，径流分离的土壤量（多用分离率表示）与输移率成反比，若径流输移率增大，用于输移的能量增加，那么，用于分离土壤的能量就会相应减小；而输移率又取决于输移能力。所谓输移能力，是指在一定的水力条件下，坡面径流所能输移侵蚀物质的数量。输移能力越大，输移率就会越高，当来沙量或输移率小于输移能力时，就会发生土壤的分离。径流侵蚀产沙的这种过程，可由以下控制方程描述

$$D_r = D_{rc}\left(1 - \frac{G_s}{T_c}\right) \tag{2-32}$$

式中 D_r——分离率；

G_s——输移率；

T_c——输移能力；

D_{rc}——分离能力。

由式(2-32)可见，分离率 D_r 受制于输移率 G_s。在没有输移率 G_s（或来沙量），即 $G_s=0$ 时，分离率最大，分离率 D_r 与分离能力 D_{rc} 相等；当来沙量 G_s 与输移能力 T_c 相等时，即径流输移的侵蚀物质已经达到饱和时，则坡面流的分离率 $D_r=0$；当来沙量 G_s 大于径流的输移能力 T_c 时，则 D_r 为负，表明此时会发生淤积。

M. A. Nearing 曾对式(2-32)作过分析，通过试验验证，坡面侵蚀在侵蚀产沙过程中的上述现象的确是存在的，但具体的变化过程仍不清楚，式(2-32)仅是对这些现象的一种一阶线性函数的表达。

G. R. Foster 和 L. D. Meyer 等将分离直接表示为剪切应力的幂函数,即

$$D_r = a\tau^{\frac{3}{2}} \tag{2-33}$$

并与 Darcy-Weisbach 公式

$$\gamma = \left(\frac{f}{8gJ_e}\right)^{\frac{1}{3}} q^{\frac{2}{3}} \tag{2-34}$$

进行联系,得出的分离率表达式为

$$D_r = aC_\tau^{\frac{3}{2}} \gamma^{\frac{3}{2}} \left(\frac{f}{8g}\right)^{\frac{1}{2}} J_e \sigma x \tag{2-35}$$

式中 a——系数;

C_τ——随细沟密度和横断面几何尺寸而变化的系数,是土壤性质和坡面陡峻度的函数;

γ——径流相对密度;

f——Darcy-Weisbach 阻力系数;

J_e——水力坡度,假定 $J_e = J$,其中 J 为地面坡度;

σ——扣损后的净雨量;

x——坡长;

q——单宽流量。

关于分离率,除可用式(2-35)表达外,有人认为,径流的分离率是有效剪切应力 $\tau - \tau_c$ 的幂函数,即

$$D_r = K_d(\tau - \tau_c)^a \tag{2-36}$$

式中 K_d——系数;

a——幂指数。

另外,除将分离率表述为水流有效剪切应力的函数外,有人还将其表示为水流功率或单位水流功率的函数。

对于输移能力 T_c,目前大多数研究者以考虑推移能力的较多,且所选公式形式以 DuBoys 公式为多,如 G. R. Foster 等的方程式为

$$T_c = A\tau(\tau - \tau_c) \tag{2-37}$$

式中 A——参数;

τ——水流剪切应力;

τ_c——土壤颗粒分散的临界剪切应力。

而 L. D. Meyer、E. J. Minke(1965)、L. A. Kramer 等所提出的细沟水流输移能力表达式为

$$T_c \propto J(qJ)^n \tag{2-38}$$

式中 J——坡度;

q——单宽流量；

n——指数，取值范围为1.7～3.5。

其他还有选用 Meyer-Peter、Einstein、Bagnold 和 Yalin 等方程式的。

C. V. ALonso 等曾将9个河流输沙能力公式用于计算坡面流的输移能力，通过验证分析，认为 Yalin 方程较适用于描述坡面浅层水流的输移能力。Yalin 方程将输沙能力表示为水流水力参数及泥沙粒径、密度的函数。M. A. Nearing 等直接用杜博埃临界剪切应力概念表达坡面流的输移能力，认为水流的输沙能力是水流剪切应力与土壤颗粒起动临界剪切应力差值的函数，即当前者大于后者时，才有泥沙运动。J. Y. Lu 和 E. A. Cassol 通过人工降雨试验分析表明，坡面输移能力可以表示为谢尔兹无量纲剪切应力的函数，即

$$\phi = K\tau_*^a \tag{2-39}$$

式中 τ_*——无量纲剪切应力，用式(2-10)表示；

ϕ——无量纲输沙能力，表达式为

$$\phi = \frac{q_{s\omega}}{\gamma_s}\left(\frac{\gamma}{\gamma_s - \gamma}\frac{1}{gd^3}\right)^{0.5} \tag{2-40}$$

式中 γ_s——泥沙容重；

γ——水体的容重；

d——土壤颗粒粒径；

$q_{s\omega}$——单宽输沙量。

分析还表明，低雨强(约小于50 mm/h)时，雨滴的打击对输移能力影响不明显；当雨强较大(约大于50 mm/h)时，雨滴打击对水流输移能力的影响是不能忽略的。

而 Julien 和 Simons 等曾对14种泥沙输移公式进行分析后认为，大多数建立在河流条件下的输沙公式用于预测坡面流输移能力都是不恰当的，因为这两种水力条件是有很大区别的，建议用坡度、流量和剪切应力的幂函数表征坡面流的输移能力。如 Govers 所建立的细沟水流输移能力方程为

$$T_c = Aq^B J^C \tag{2-41}$$

式中 A、B、C——参数，其值随着土壤颗粒直径变化，同时与水流流态有关；

q——单宽流量；

J——坡度。

另外，需要论及的是，对于层状水流的输移能力，仅考虑水流的剪切应力等径流水力要素，显然是不恰当的。一是细沟间的分散主要是由溅蚀造成的，而层流的分散作用是很小的，其主要作用是输移雨滴溅散的侵蚀物质；二是细沟间水流的输移能力，受制于雨滴的打击作用。不少学者在模拟细沟间的水流侵蚀产

沙过程中,往往不考虑后者的分散作用,只考虑溅蚀分散率和后者的输移作用。有人将细沟间水流的输移能力 T_c 表示为

$$T_c = D_l x \tag{2-42}$$

式中 D_l——分散率,其值等于 D_r;

x——泥沙颗粒移动距离。

对于多数研究者来说,分散率常用下式表示

$$D_l \propto E(i^2)/d \tag{2-43}$$

式中 $E(i^2)$——雨强的均方值;

d——土壤颗粒粒径。

M·J·柯克比在其所建模型中得到的细沟间侵蚀物质被移动距离 x 为

$$x = \frac{E(v^2)\rho_s}{g(\rho_s - \rho)}\left[\frac{hJ/\Delta d + J}{\tan^2\varphi - (hJ/\Delta d + J)^2}\right] \tag{2-44}$$

式中 $E(v^2)$——径流速度 v 的均方值;

ρ、ρ_s——径流和泥沙的密度;

φ——土壤颗粒和地表之间的摩擦角;

J——坡度;

$\Delta = (\rho_s - \rho)/\rho$;

d——土壤颗粒粒径;

h——径流深。

无论是对坡面细沟流还是对细沟间层状流,关于它们的分散能力及输移能力的研究都还远远不够,很难说哪一种表达式能够比较准确地预测坡面流的侵蚀产沙过程。另外,不同研究者所取用的公式结构形式,以及所考虑的参数、自变量都不尽相同,甚至相差很远,这就无疑限制了公式的应用范围,也为使用者带来了不确定性的问题。实际上,包括预测的结果也有不确定性的问题。这些问题说明人们对坡面流的输移机理、分散机理,以及包括坡面流(细沟流、细沟间水流)的运动机理、力学机理都还了解得不深,有很多问题需要进一步研究。例如:①坡面流的分离能力与输移能力在侵蚀产沙过程中的变化机理及其过程;②坡面径流的输沙能力是否类似于河道水流的水力参数,二者在机理上有何差别;③由②进而推断的是,哪些是影响坡面流输移能力(包括分离能力)的约束参数和最敏感的变量,其间具有何种控制结构。另外,试验研究的手段也应进一步加强和改进。目前,以定床试验的较多,以不考虑降雨影响的坡面流试验较多。同时,试验的水力边界条件过于简单,测验手段很难满足坡面流尤其是降雨影响下的坡面流的水力要素及侵蚀产沙因子的量测需要,其精度较低等。

2.3.3 坡面流侵蚀产沙规律

无论是层状片流(薄层水流)还是细沟流,对土壤是否造成侵蚀,归根结底取决于径流侵蚀力与土壤抗蚀力之间的组合。如果以 W_s 表示径流侵蚀量,F_e 表示径流侵蚀力,R 表示土壤的抗蚀力,则有下列函数式

$$W_s = f(F_e, R) \tag{2-45}$$

由上述分析知,当 $F_e < R$ 时,坡面无土壤侵蚀发生;当 $F_e > R$ 时,将会出现土壤侵蚀,其差值越大,侵蚀量越多;当 $F_e = R$ 时,则也可能无侵蚀发生,即

$$f(F_e, R) = 0 \tag{2-46}$$

由于薄层水流与细沟水流的侵蚀产沙力学过程的差异,使得式(2-46)具有不同的描述形式。

2.3.3.1 **片流侵蚀产沙关系**

假设土壤性质和地表植被覆盖状况沿坡方向无变化,土壤抗蚀力可视为常数,则式(2-45)可写为

$$W_s = f(F_e) \tag{2-47}$$

假定冲刷量 W_s 与侵蚀力 F_e 的 n 次方之间存在着线性关系,即

$$W_s = K_e F_e^n \tag{2-48}$$

式中 K_e——比例系数;

n——正指数。

按前述,我们定义径流侵蚀力是指直接作用在土壤表面并使土壤颗粒运动的剪切应力,即

$$F_e = Ka\left(\frac{d}{d_1}\right)^2 \tau \tag{2-49}$$

式中 τ——径流剪切应力;

d——土壤粒径;

d_1——参考粒径;

a——面积系数;

K——侵蚀力作用系数。

那么,可将式(2-49)写为

$$F_e = Ka\left(\frac{d}{d_1}\right)^2 \left(\frac{f}{8}\rho\right)^{\frac{1}{3}} \left[\gamma J_0 (q_0 + ix)\right]^{\frac{2}{3}} \tag{2-50}$$

式中 q_0——上方的径流率;

i——雨强;

x——距离;

γ——水的容重；

f——Darcy-Weisbach 系数；

J_0——坡度，当坡度较大时，$J_0=\sin\theta$，θ 为坡角。

将式(2-50)代入式(2-48)得

$$W_s=K_eK^na^n(\frac{d}{d_1})^{2n}(\frac{f}{8}\rho)^{\frac{n}{3}}[\gamma J_0(q_0+ix)]^{\frac{2n}{3}} \tag{2-51}$$

如果雨强是均匀的，坡度及土壤颗粒几何特性沿程不变，并设从坡顶（分水岭或小区上端）L_0 处才出现坡面径流，则由式(2-51)积分可得在坡长为 L 范围内的单宽侵蚀量为

$$W_s=\frac{3}{(3+2n)i}[(q_0+iL)^{\frac{3+2n}{3}}-(q_0+iL_0)^{\frac{3+2n}{3}}] \tag{2-52}$$

$$\begin{aligned}W_s&=\frac{3(q_{0*}+1)^{\frac{3+2n}{3}}}{(3+2n)i}\left[(\frac{q_{0*}+L_*}{q_{0*}+1})^{\frac{3+2n}{3}}-1\right]\\&=\frac{(q_0+iL_0)^{\xi}}{\xi i}\left[(\frac{q_{0*}+L_*}{q_{0*}+1})^{\xi}-1\right]\end{aligned} \tag{2-53}$$

$$\xi=\frac{3+2n}{3} \tag{2-54}$$

$$q_{0*}=\frac{q_0}{iL_0} \tag{2-55}$$

$$L_*=\frac{L}{L_0} \tag{2-56}$$

根据前述分析，影响坡面流的自然因子有降雨、坡度、坡长等。就是说，坡面流的侵蚀产沙量是这些因子按某种结构组成的因变量的函数，因而式(2-45)又可写做

$$W_s=f(x_1,x_2,\cdots,x_n) \tag{2-57}$$

式中 $x_1,x_2,\cdots,x_n$——n 个因子。

Julien 在分析了坡面片流中泥沙运动的 23 个变量后认为，坡面片流输移泥沙的数量主要取决于以下参数

$$q_s=f(l,J,i,q,\tau_0,\tau_c,\rho,\nu) \tag{2-58}$$

式中 q_s——输沙率；

l——坡长；

J——坡度；

i——雨强；

q——径流量；

τ_0——床面剪切应力；

τ_c——泥沙起动时的水流剪切应力(临界剪切应力);

ρ——水的密度;

ν——水的黏滞系数。

采用因次分析方法得无因次指数关系为

$$q_s = \alpha J^{\beta} q^{\gamma} i^{\delta} (1 - \frac{\tau_c}{\tau_0})^{\varepsilon} \tag{2-59}$$

其中 α、β、γ、δ、ε 均为常数。

当 $\tau_0 \gg \tau_c$ 时,输沙率公式为

$$q_s = \alpha J^{\beta} q^{\gamma} i^{\delta} \tag{2-60}$$

一次暴雨裸土的可能流失量为

$$W_s = B\int_0^{t_{r0}} q_s \mathrm{d}t \tag{2-61}$$

式中 B——坡面的计算宽度;

t——降雨历时;

t_{r0}——径流历时。

将式(2-60)代入式(2-61),可得片流的次暴雨产沙量表达式为

$$W_s = B\int_0^{t_{r0}} \alpha J^{\beta} q^{\gamma} i^{\delta} \mathrm{d}t \tag{2-62}$$

设 i = 常数,可得 q 的解析解,将 q 的解代入式(2-62)可得次暴雨土壤流失量计算公式为

$$W_s = A_e \alpha J^{\beta} L^{r-1} cpi^{r+\delta} t_r \tag{2-63}$$

式中 A_e——地块面积;

L——坡长;

J——坡度;

t_r——降雨历时;

c——作物因子;

p——水保因子。

坡面流的输沙条件与河流的输沙条件也有许多不同之处。首先,坡面流输移的土壤颗粒细,黏性大,组成很不均匀,当存在团粒结构时容重较低。据实际资料的统计,被坡面流输移的土壤粒径可小于 2 μm,属于黏土的范围,易形成絮凝结构,容重可减小到 1.6 ~ 2.0。其次,坡面流的输沙能力既有水流的作用,也有雨滴的影响。一些试验表明(Guy 等,1987),对于薄层水流,在受降雨扰动的水流中,85% 的输沙能力是雨滴影响造成的。Guy 等的研究认为,当 d/h = 0.145 ~ 0.389 时,雨滴对薄层水流的输沙能力影响较大。Kilinc、Young 等根据实测资料,推得片流情况下,式(2-62)中的 β = 1.2 ~ 1.9,γ = 1.4 ~ 2.4,δ = 0,并

认为,因雨滴打击使薄层水流输移侵蚀物质的能力增加的多少,取决于雨强和底坡。根据试验资料,可求得均匀和有降雨扰动的水流条件下的输沙能力关系式。薄层水流的输沙能力为

$$q_{sf}=1.113\times10^{15}q^{3.986}J^{8.835+0.767\ln q} \tag{2-64}$$

雨滴打击增加的输沙能力为

$$q_{sr}=8.893\times10^{6}i^{2.075}J^{0.922}$$

或

$$q_{sr}=9.926\times10^{-2}M^{1.742}J^{0.091}$$

$$q_{sr}=1.564\times10^{-2}K^{1.498}J^{0.903}$$

式中 M——降雨动量通量;

K——降雨动能通量;

i——雨强。

受降雨扰动水流的总输沙能力为

$$\begin{aligned}q_s&=q_{sf}+q_{sr}\\&=1.113\times10^{15}q^{3.986}J^{8.835+0.767\ln q}+1.564\times10^{-2}K^{1.498}J^{0.903}\end{aligned}$$

简化方程($q=ix$,x 为片流流程)得

$$q_s=1.13\times10^{15}(ix)^{3.986}J^{8.835+0.767\ln(ix)}+8.893\times10^{6}i^{2.075}J^{0.922} \tag{2-65}$$

式(2-65)的适用范围为 $L=0.20\sim0.75$ m($i=18$ cm/h),$0.75\sim3.0$ m($i=4.5$ cm/h)。

应当指出的是,在坡面流中很难区分出推移质和悬移质。因此,严格说来,不宜将河流中的输沙能力公式直接引用到坡面流中来,而应当根据坡面流的输沙特点,建立适用于坡面流的输沙能力公式。遗憾的是,目前对于坡面流输沙规律的研究还很少,因此在解决生产实际问题时还不得不直接使用河流的输沙能力公式,或对这类公式进行一定的修正。

2.3.3.2 细沟流侵蚀产沙关系

由前述知,关于细沟流分散土壤的作用,至今仍有不同看法。有人认为,细沟径流的作用主要是输移从沟间地来的泥沙和被雨滴从其底部溅起的固体物质,而不能独立破坏土壤和冲动土壤颗粒。还有人认为,细沟水流的分散能力远比细沟间水流大。实际上,根据理论分析和试验研究,可以认为细沟的侵蚀产沙是几种作用的综合,其一是溯源冲刷,其二是水流的剪切作用对土壤的分散,其三是水流淘刷引起的坍塌。基于这一概念,L. D. Meyer 将细沟冲刷表示为

$$A_R=A_s+A_m \tag{2-66}$$

式中 A_s——细沟溯源冲刷量;

A_m——由各种因素产生的溯源冲刷量。

A_s 通常与流量呈线性关系，而 A_m 则可能随流量的1.0～1.5次方而变化。

将式(2-65)、式(2-66)联解，可得到细沟冲刷表达式为

$$A_R = a_1(Q - Q_K)^{a_2} + a_3(Q - Q_P)^{a_4}$$

式中 Q_K、Q_P——临界流量；

a_1, a_2, a_3, a_4——常数。

G. R. Foster 提出的细沟冲刷方程为

$$D_r = K_r(\tau_0 - \tau_{cr})C_r \tag{2-67}$$

式中 D_r——单位面积上的土壤流失量；

K_r——细沟土壤的可蚀性系数；

τ_0——水流作用于土壤表面的有效剪切应力；

τ_{cr}——临界剪切应力；

C_r——土壤管理措施因子。

当土壤颗粒极易遭受侵蚀时，可得 $\tau_{cr} = 0$，则式(2-67)化简为

$$D_r = K_r\tau_0 C_r \tag{2-68}$$

当 τ_{cr} 不为零时，式(2-67)也可修改为

$$D_r = K_r\tau_0^{\frac{3}{2}} C_r \tag{2-69}$$

G. R. Foster 等还建议利用修正的 USLE 方程来估算细沟的冲刷量，即

$$D_r = 6.86 \times 10^6 \eta W_u Q_m^{\frac{1}{3}} \left(\frac{x}{22.1}\right)^{\eta - 1} KCP$$

式中 W_u——径流量；

Q_m——洪峰流量；

η——坡面长度系数；

K——USLE 中的土壤侵蚀因子；

C——USLE 中的植被覆盖因子；

P——管理措施因子；

x——距离。

细沟水流可将大部分被分散的土壤颗粒输向下游，水流中的输沙量取决于可供输移的沙量和水流的输移能力。如输沙量大于输移能力则产生淤积，反之则发生冲刷。淤积使水流变得宽、浅，冲刷则使河槽下切，淤积多发生在凹形坡的坡脚处。细沟中的泥沙运动，有推移质和悬移质两种形式。推移质沿床底运动，当输沙能力小于输沙量时极易沉积；悬移质沿水深分布较均匀且不易沉积（特别是很细的颗粒），因此在沉积之前的运动距离较长。很细的黏土颗粒沉积得非常缓慢，在某些情况下只有在形成絮团后才能沉积，此时水流和泥沙的化学特性有重要作用。输沙能力是水流的作用力与泥沙可动性的函数，G. R. Foster

(1982)等认为,许多明渠流的输沙关系式可用来描述细沟流的输移能力,如Young 和 Muchler, G. R. Foster 和 Huggins, Li 和 Barfield, Smith, G. R. Foster 和 L. D. Meyer 等分别认为,DuBoys 公式、Meyer Petter 和 Muller 公式、Yang 公式和 Yalin 公式可用来描述细沟流的输移能力。对于众多的公式,很难说哪一个比其余的好,但有一点是肯定的,那就是说所有公式都需要率定。L. D. Meyer 和 W. H. Wischemier 于 1969 年曾提出一个简化公式

$$T_c = as^{\frac{5}{3}} q^{\frac{5}{3}} \tag{2-70}$$

式中 T_c——输移能力;

s——坡角的正弦值;

q——单宽流量;

a——系数,取决于土壤可动性、土壤糙度及植被对水流输沙力的影响。

李占斌根据能量的观点,通过坡面冲刷试验和运用能量守恒原理,对坡面细沟流的产沙关系进行研究和分析后认为,坡面细沟流侵蚀的发生具有一个事实上的临界能量条件,当径流能耗大于 7. 873 J 时,坡面开始有侵蚀发生。由于细沟流在流动过程中要克服沟槽边壁及水土界面的摩擦力而做功,其具有的能量将因此而损失掉一部分。设单宽径流在形成细流处所具有的势能为

$$E_p = \rho qgL\sin\theta \tag{2-71}$$

式中 E_p——动能;

θ——坡角;

L——坡长;

其他符号含义同前。

动能为

$$E_m = \frac{1}{2}\rho qv^2 \tag{2-72}$$

式中 E_m——动能;

v——流速。

在理想情况下,水流到达坡面任意断面时的总能量为

$$E = \rho qgL\sin\theta + \frac{1}{2}\rho qv^2$$

但由于能量耗损,坡面上任意断面处水流的实际总能量与理想情况下有很大差别,可根据实测得到的任意断面处水流的实际总能量来计算水流流动过程中的能量耗损,即

$$E_x = \frac{1}{2}q'\rho v_x^2 + q'\rho g(L-x)\sin\theta \tag{2-73}$$

式中 E_x——坡面上任意一点的能量；

x——自细沟流形成处向坡下方的任一距离；

v_x——x 处的流速；

q'——x 处的单宽流量。

那么，坡面任意断面处径流所损失的能量 ΔE 为

$$\Delta E = E_p + E_m - E_x$$

依据试验，得到的单位时间内产沙量关系式为

$$W_s = 0.002\,6(\ln\Delta E - 2) \tag{2-74}$$

第3章　沟道侵蚀与输沙过程

沟道是一种地貌侵蚀形态。在沟道侵蚀过程中,水力作用往往是诱发因子,而重力作用多是主导因子,因而沟道侵蚀(又称沟蚀)的力学机理同样是比较复杂的,它往往是水流动力和重力联合作用形成的一种动力、静力相耦合的现代加速侵蚀过程。影响沟道侵蚀的自然环境因子很多,如径流、地质、地貌、植被、沟道比降、沟网密度和沟壑密度、坡面能量及物质输送状况等。沟道处于不同的发育阶段,具有不同的几何形态,其发育规律也有差异。正是由于内外营力的共同作用,使得沟道侵蚀的侵蚀形式是多样的。

沟道侵蚀发生一般要具备两个条件:一是风化或沟岸的崩坍,二是径流量超过输送物质的临界值。由坡面汇集到沟道内的水流具有较大的动能,其作用是使沟道边壁受力,淘刷沟岸;下切沟底,使沟头跌水高度变大,并溅蚀和淘刷跌水面,使沟岸及沟头跌水面底部失去支撑,上部悬空,从而引起重力侵蚀,造成沟岸扩张、沟头前进及沟底下切的沟道侵蚀现象;输送被侵蚀的物质。由于沟道是流域系统输送能量和物质的直接通道,因而在输送侵蚀物质过程中,沟道往往表现出与河道干流具有不同的特性和规律。

3.1　沟道类型及侵蚀形式

根据沟道发育的不同阶段,可将沟道分为浅沟、切沟、冲沟和干沟等类型,一般又将各种类型的沟道统称为侵蚀沟。任何一个侵蚀沟都不是孤立存在的,它总是与一定的水文网系统相联系,或者与其他侵蚀沟呈有规律性的联系。同一流域内,不同类型的沟道共同组成了侵蚀沟系统。侵蚀沟系统中的主干称为干沟或主沟,由主沟上产生的分支称为支沟或一级支沟,与一级支沟相联系的支沟称为二级支沟,依次类推。

侵蚀沟作为现代加速侵蚀的形成物,除其形成原因外,在外形上很容易与古代侵蚀形成的水文网的各个环节相区别。其不同点是:第一,水文网的两岸相对水文网的中轴具有一定的倾斜,其倾斜呈圆滑曲线形式,而侵蚀沟两岸的斜坡则多呈陡峭的立土面,即使在胶结物质较少的风化产物上,其斜坡也经常呈折线形式;第二,水文网两岸斜坡及沟底部多生长有植物,侵蚀沟则只是在停止冲刷的侵蚀沟底才生长有植物。

不同类型的侵蚀沟,具有不同的主要侵蚀形式。由于沟道侵蚀往往是水力作用和重力作用共同造成的,加上沟坡远较坡面陡,因而其侵蚀形式是多样的,但以崩塌、滑坡、泻溜及径流冲刷下切为多。沟道形态的发展具有三维性,即沟头的溯源前进、沟岸扩张和沟底下切。

3.1.1 沟道类型

3.1.1.1 **浅沟**

在土层深厚的坡面上,如黄土高原的梁峁坡面,随着各种面蚀的发展,从坡上方汇合的地表径流进一步有规律地集中,由小股流兼并为大股流,冲刷力增大,沿细沟下切,形成横断面为宽浅形的浅沟,这就是浅沟侵蚀。浅沟初期的下切深度在0.5 m以下,逐步加深到1 m左右,沟宽一般超过沟深的1.5倍左右,并持续加宽加深,如图3-1(a)所示。由于不断耕锄,沟壁倾斜,与坡面无明显界限,一面坡上可能有几条到十几条浅沟,浅沟在凸形坡上呈扇形分散排列,在凹形坡呈扇形集中排列,而在直线形斜坡上则呈平行排列。

大量的研究表明,对流域地貌系统而言,坡面的边界条件可以直接影响沟蚀的发展,反过来,沟蚀的发展对坡面侵蚀过程可以产生强烈的反馈作用。例如,浅沟形成后,改变了坡面形态,破坏了地表的平整性,使径流更易于集中,同时可增大雨滴击溅侵蚀作用面积,从而能够加剧坡面的侵蚀产沙作用过程,使侵蚀产沙量增加。根据张科利的研究,在相同降雨条件下,浅沟发育的坡面土壤入渗强度会迅速达到稳定阶段,降雨初始时的径流强度和土壤入渗强度的变化梯度很大,而未发育浅沟的坡面却较为缓和(见图3-2)。在同一降雨过程中,发育浅沟的坡面产沙率比未形成浅沟的坡面产沙率要大,最大时可超出3倍多。浅沟形成后,雨滴溅蚀量也将发生变化,发育浅沟的坡面雨滴溅蚀量较原始坡面增加1.2倍。另外,对于沟间地坡面的侵蚀量,也相应增加1/4左右。因此,在研究坡面侵蚀产沙过程中,常常把沟壑作为一项变量要素考虑是有道理的。

3.1.1.2 **切沟**

浅沟进一步发展,较小浅沟的径流流入较大的浅沟,下切力量增大,当沟床切入母质(黄土区)或风化基岩(红壤区)时,开始有明显沟头,这就叫切沟侵蚀。初期阶段的切沟深度至少有1 m以上,因而横坡耕作已不可能。切沟进一步扩大后,在疏松的黄土地区,沟深在20 m上下,深的可达50 m以上,横断面初期呈V形,后期呈U形,见图3-1(b)。沿古代水文网形成的切沟有可能发展成冲沟而成为沟谷的分支。

3.1.1.3 **冲沟**

大型切沟进一步发展,水流更加集中,下切深度越来越大,沟岸向两侧扩张,横断面呈凹形,见图 3-1(c),床面有碎屑沉积物。沟底纵剖面与原坡面有显著不同,上段较陡,下段逐渐趋近平衡剖面,这种侵蚀称为冲沟侵蚀。在黄土区,冲沟深度可达数十米至百米之间,宽度从几十米到一百多米。它是侵蚀沟发育的后期,但尚未达到相对稳定阶段,这时沟底下切虽已缓和,但沟头的溯源侵蚀和沟岸扩张作用仍较活跃。

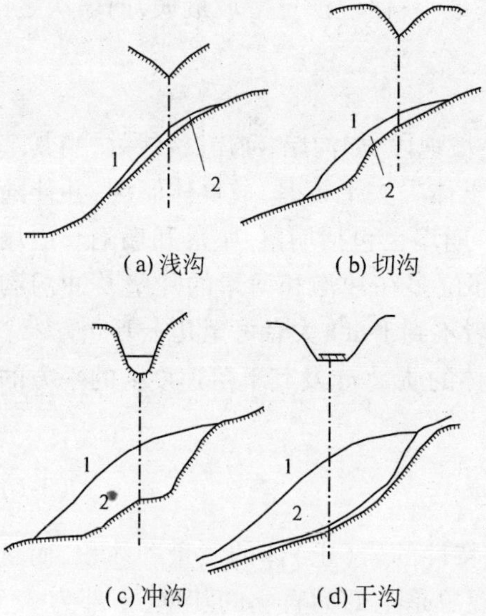

1—坡面地形;2—沟底地形

图 3-1 侵蚀沟类型

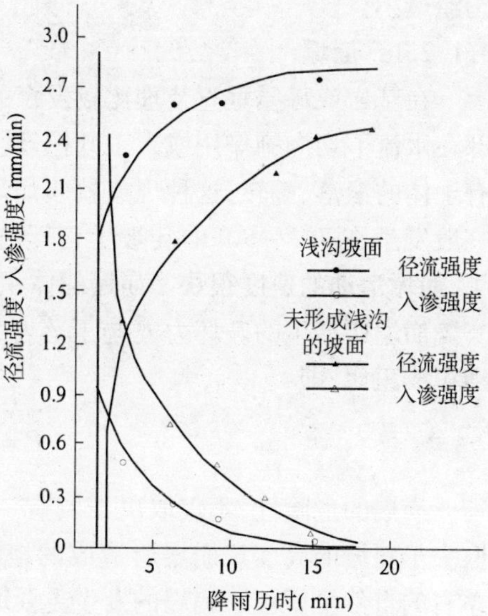

图 3-2 不同坡面形态的径流强度和入渗强度曲线

3.1.1.4 干沟

冲沟形成后,水流进一步塑造河床,使沟头溯源侵蚀接近分水岭,纵坡变缓,沟底下切到侵蚀基准面所控制的沟道自然比降的程度,侧蚀作用引起的沟坡扩张趋于停止,冲沟发育进入相对稳定阶段,即干沟侵蚀阶段。干沟横断面宽而相对浅,底部呈平缓的 U 形;纵剖面呈下凹曲线形,见图 3-1(d)。当干沟下切到潜水层,得到地下水的补给,沟中具有常流水时,这种侵蚀沟又称为河沟、河谷或溪。

在土石山区,土层薄,基岩露头高,集中的股流虽然有很大的冲刷力,但遇到坚硬岩层的抵制,沟底下切停止,形成宽而浅的侵蚀沟,沟底纵剖面与坡面近乎平行,这种沟称为荒山溪,又称荒沟。

3.1.2 沟道侵蚀形式

在自然界，由土体组成的斜坡，其稳定是由内摩擦力、颗粒间的黏聚力和其上生长的植物的固土作用来维持的。在黄土地区，沟道侵蚀形式主要有崩塌、滑坡和泻溜、错落等类型。根据刘秉正等对渭北高原沟蚀的调查分析，重力侵蚀发生的频率以泻溜为最大，其次为崩塌，滑坡最小；而侵蚀量滑坡最大，崩塌次之，泻溜最小。

3.1.2.1 崩塌

在基岩或母质垂直节理比较发育的陡坡地段，如沟岸、河岸、沟缘处，当其基部在水流下切淘刷作用或人工开挖、陡壁土体失去平衡时，成块体倾倒，并伴随有土体的滚落、翻转，这种现象就叫崩塌。崩塌也包括崩落、坠落和塌陷。崩塌一般发生在70°～90°的陡坡上，其发生部位多在冲沟和河岸的陡壁及冲沟沟头，崩塌运动的速度很快。崩塌的体积小者不到1 m^3，大者可至几十万立方米。

崩塌所产生的破坏力 P 与下落岩、土体的质量 m 及其下落速度 v 的平方的乘积成正比，即

$$P = \frac{1}{2}mv^2 \tag{3-1}$$

崩塌的危险性，不仅取决于具有一定特性的岩（土）体的质量和体积，而且取决于斜坡的高度。崩塌所造成的地貌现象是上部为直立的陡壁，下部为35°左右的自然堆积坡。崩塌的发生主要取决于沟道的下切深度和谷坡上部张裂隙的发育深度。在理论上，当张裂隙发育深度达到沟道下切深度的一半时，谷坡即会发生破裂崩塌。

3.1.2.2 滑坡

滑坡是陡坡上岩石土体沿某滑动面向下运动的过程，其最突出的特点是具有一定的滑动面和滑塌体。滑坡多发生在沟坡相对高差较大的地方，主要分布于冲沟的中下游和河道两岸。从动力条件看，滑坡主要是受沟水的下切作用和土体中地下水的下渗，使沟坡变陡，黏滞力降低，重力作用相对增大，以致失去平衡，使整块土体突然滑动，但一般滑坡体仍可保持其原来的相对位置。无论从平面还是剖面上看，其滑动面均呈弧形，在纵剖面上多呈叠瓦状。

斜坡坡度陡、斜坡岩（土）体具有软弱结构或潜在的滑动面、地表水和地下水等，是引起滑坡发生的主要因素。特别是在连续降雨后，有大量雨水下渗时，滑坡极易发生。当上部为透水层、下部为隔水层时，则在隔水层顶面易于蓄水，造成上部岩层的下滑。断层面、节理面、岩层面是天然的软弱面，当中央夹有黏土层时，更易引发滑坡。在20°～30°的斜坡上即会有滑坡发生。

3.1.2.3 泻溜

泻溜是陡坡上的土层受干湿、寒热和冻融作用所引起的膨胀和收缩作用，使土体表层发生鳞片状剥落，在重力作用下沿坡向下流动的侵蚀过程。泻溜形成的过程可分为裂隙的形成—疏松层的形成—泻溜发生三个阶段。泻溜的结果，往往在沟底或坡面形成陡峭的泻溜堆积体。

在黄土地区，当坡面坡度超过35°时，就有可能发生泻溜。泻溜是黄土地区主要的侵蚀产沙方式。一般说来，红土坡比黄土坡泻溜更严重。

在黄土地区，泻溜侵蚀的主要特点表现为连续而持久的循环作用，自然逆转比较困难，影响因素复杂多样，常与其他侵蚀方式相叠加，加剧侵蚀程度。也就是说，泻溜是一种比较连续而持久的侵蚀形式，在发生时间上无明显间断，空间分布也不明显；泻溜发生部位很难形成和保持疏松通透的表土层，对植被生长极为不利；泻溜侵蚀受重力、水力、风力、地形、土质、植被、温差和水热变化过程的影响，常与面蚀叠加在一起，往复不断，相互加剧侵蚀。

3.1.2.4 错落

在沟道水流下切淘刷作用下，土体沿垂直节理整体下挫位移，垂直位移量大于水平位移量。错落多发生在冲沟和较大沟道下部及坡沟和遗坝中。错落是崩塌与滑坡之间的一种过渡类型。它是沿一定滑动面作整体下挫的，错落后的壁面几乎是垂直的，一般大于70°。另外，虽然错落与滑坡都有滑动面，但错落比滑坡更加依赖于重力作用，这是区别错落和滑坡的根据。

3.2 沟道侵蚀的影响因素

沟道侵蚀产沙过程，是流域系统内能量集中释放的一种表现形式。其能量主要有径流动能和重力势能，当然，广泛来说，还有输入至流域系统内的地震能量。因而，影响沟道侵蚀产沙的自然因素包括了降雨径流、地质地貌两大类。另外，流域系统的社会环境中最活跃的因素——人类活动对沟道的侵蚀产沙过程也往往具有极大的影响。

3.2.1 降雨径流因素

降雨径流是伴随沟道侵蚀发育全过程的主要因素。几乎所有自然形成的侵蚀沟，都是由径流冲刷最先塑造出初始沟槽的。例如，首先因降雨径流形成细沟，细沟进一步汇集，并开始伴随重力作用形成浅沟，再进一步发育为切沟、冲沟等。对于黄土地区，降雨量越大且在时空上越集中的降雨，对沟道侵蚀发育所起的作用越大，如表3-1所示。黄河中游黄土丘陵沟壑区和黄土高原沟壑区的年均降水量分别为400～700 mm和200～650 mm，沟壑密度则相应分别为1.8～7.0 km/km^{2}和1.3～2.7 km/km^2。最大强度的降雨所形成的径流，多为具有动能很大的洪水，对地表的冲刷作用及挟带泥沙的能力往往都很强，因而对沟道侵蚀的作用特别大。在黄土地区，由于降雨多以暴雨形式出现，因此往往出现大雨大滑塌、小雨小滑塌、无雨不滑塌的现象。暴雨所形成的径流，一方面加强了沟道的下切作用，减弱了沟坡侧向压力；另一方面，地表水沿垂直节理入渗不断溶蚀黄土中的钙、镁等离子，减小了黄土的黏滞力，软化和润滑了土层中的软弱结构面，并造成土层塑性流动，因而会大大促进沟坡的变形破坏过程。

表3-1　黄土丘陵沟壑区部分区域降雨、沟壑密度关系

类型区	黄土平岗丘陵沟壑区	黄土峁状丘陵沟壑区	黄土梁状丘陵沟壑区	黄土山麓丘陵沟壑区	干旱黄土丘陵沟壑区	风沙黄土丘陵沟壑区
沟壑密度（km/km^2）	1.5～3.0	3.0～7.0	3.0～5.0	2.0～4.0	1.0～4.0	2.3～3.0
年侵蚀模数（$\times10^4$ t/km^2）	0.10～1.00	0.10～3.00	0.10～1.00	0.10～1.00	0.30～1.00	0.10～0.50
年平均降水量(mm)	400左右	400左右	500～600	500～600	300～400	200～400

降雨形成山洪后，对沟道的侵蚀产沙作用将更大。因为山洪往往可挟带大量坡面固体物质泄入沟道，使沟道水流骤增，水头可高达数米，汹涌奔流，具有很大的冲击力和负荷，能将沿途崩落、滑塌下来的物质挟带起来，输出沟口。若设山洪的平均速度为v，单位水体中的泥沙体积为V_s，水的体积为V_r，泥沙的密度为ρ_s，水的密度为ρ，则体积为V的洪水所具有的动能E_m为

$$E_m = \frac{1}{2}(\rho_s V_s + \rho V_r)v^2 \tag{3-2}$$

而对于不含泥沙、流速相同的同体积的径流，其动能E_0为

$$E_0 = \frac{1}{2}\rho V v^2 \tag{3-3}$$

那么

$$\frac{E_m}{E_0} = \frac{\rho_s V_s + \rho V_r}{\rho V} \tag{3-4}$$

整理得

$$\frac{E_m}{E_0}=\frac{\rho_s-\rho}{\rho}\frac{V_s}{V}+1 \tag{3-5}$$

设 S_V 为体积含沙量，则

$$S_V=\frac{V_s}{V} \tag{3-6}$$

故

$$\frac{E_m}{E_0}=\frac{\rho_s-\rho}{\rho}S_V+1 \tag{3-7}$$

因为 $\rho_s>\rho$，显然有

$$E_m>E_0 \tag{3-8}$$

即进入沟道内挟带有大量固体物质的山洪的动能，要比径流量和流速相同的清水径流的动能为大，而且由式(3-6)可看出，S_V 越大，挟带有大量固体物质的山洪的动能越大，其冲击力必然越大，即对沟道的冲刷和破坏作用越大。

根据子午岭林区的径流小区观测研究，沟坡在接受坡面来水来沙情况下的侵蚀量是不接受坡面来水来沙情况下侵蚀量的 1.5 倍以上(见表 3-2)；全沟坡的侵蚀产沙量，在坡面来水来沙影响下增加 10% ~35%；沟坡侵蚀产沙量占总侵蚀产沙量的 53% 左右，但其中有 20% 的侵蚀产沙量是由于坡面径流下切造成的。另外，根据黄土丘陵沟壑区 19 次实测暴雨径流资料统计，受上部坡面径流影响的沟道径流、泥沙，分别为不受坡面径流影响的 2.4 倍和 4.5 倍，即在相同的边界条件下，当坡面径流控制后，沟道不受上部来水来沙影响，其径流、泥沙可分别减少 58.9% 和 77.7%。

表 3-2　沟坡上方来水来沙对沟坡侵蚀产沙的影响

径流条件	1990 年		1991 年		1992 年		平均	
	侵蚀模数 (t/km²)	比值	侵蚀模数 (t/km²)	比值	侵蚀模数 (t/km²)	比值	侵蚀模数 (t/km²)	比值
沟坡不接受上方来水来沙	24 483.6	1.00	19 064.4	1.00	10 907.4	1.00	18 151.8	1.00
沟坡接受上方来水来沙	47 782.2	1.95	41 269.1	2.16	42 586.9	3.90	43 879.4	2.42

E. L. Beer 和 H. P. Johnson 通过对美国依阿华州西部严重沟蚀的黄土地区沟蚀面积增长的观测资料分析，沟蚀面积与地表径流深的一次方成正比。

在沟道发育的不同阶段,径流对沟道的侵蚀作用是不同的。在沟道形成初期,由于汇集到沟槽内的股状水流的水平分力大于土壤的抵抗侵蚀力,因此水流主要是促使侵蚀沟在长度方向上发展。在沟头处,坡度有时局部变陡,水流冲刷能力增大,使沟头逐渐成跌水状,跌水一旦形成,可促使沟顶溯源前进的速度明显加快。随着沟道的进一步发育,因水流冲刷,沟头土体直接遭受破坏,同时,由于水流经过跌水下落形成旋涡后有力地冲淘沟头基部,从而引起沟头土体的崩塌,促使沟顶溯源侵蚀加速进行。

沟头跌水形成之后,由于此时进入沟内的水流集中、充沛,沟底与侵蚀基底之间的高差较大,纵坡较陡,因而侵蚀沟内水流对沟底的下切作用也较显著。总之,在侵蚀沟发展初期,水流对沟道侵蚀的作用以促使沟头的溯源前进为主。

随着沟头迅速伸展,更多的水流进入沟内,沟底母质不断遭受破坏,往往在沟底纵断面某些转折点上形成新的甚至是多个跌水。在此情况下,不仅沟头以较快的速度向前进展,而且水流对沟底的下切作用,也在多数地点因其力量减缓,而沟底与侵蚀基底之间的高差进一步加强。在沟底下切的过程中,水流冲刷沟底,使两侧沟坡迅速形成并扩大。沟岸的扩张速度,取决于组成沟岸的母质的性质和沟底下切作用的进展情况。当母质为疏松的砂质黄土时,因其崩塌作用较活跃而使沟岸扩张较快;而当母质为黏质土壤时,其扩张就慢。

当沟底下切和沟头前进最活跃的时候,也正是沟岸全线剧烈扩张的时期。此时水流的作用主要是迅速将沟岸扩张所形成的堆积物输运至下游,从而又为新的沟岸扩张创造了条件。

在沟头前进及其分支的形成过程中,随着侵蚀沟下游沟底纵坡的减缓,进入沟头的水流流速也减缓,侵蚀沟的侵蚀曲线逐渐形成下凹的弧形状。最后,侵蚀沟的沟头溯源前进逐渐停止,沟底下切亦基本停止,沟口附近出现淤积,在沟口以外多形成冲积扇。至此,水流对沟道的侵蚀作用相对减弱,侵蚀沟的纵剖面达到相对平衡状态。

3.2.2 地质地貌因素

地质地貌因素包括岩性、构造、沟坡结构及地貌条件、人为因素等。

3.2.2.1 岩性与构造

水分下渗所造成的土体体积膨胀,是引起沟道边坡变形破坏发生块体运动的最主要原因。所以,沟坡岩(土)体的岩性组成、节理发育状况、亲水性能等都对沟道的侵蚀有很大影响。如在黄土地区,地面组成物质主要是黄土,质地疏松,垂直节理发育,多孔隙,湿陷性很强,且土中易溶盐含量较高,普遍含量达10% ~15.5%,遇水很容易溶解,地表水易于入渗。黄土中黏土矿物含量较高,特别是蒙脱石、伊利石和高岭石等矿物,晶形非常扁平,加上它们的亲水性特别强,内摩擦角值小,很不稳定,常引起滑动。同时,由于这些黏土矿物的亲水性强,吸水后体积膨胀,失水后体积收缩,这样常使土体破裂松散,最易发生泻溜侵蚀。

从构造上看,黄土高原位于鄂尔多斯地台南部,新生代以来曾多次间歇性地抬升,使局部基准面下沉,各级沟道下切很深,沟坡多呈55°以上的陡壁,给发生重力侵蚀提供了先决条件。

3.2.2.2　**沟坡结构**

沟坡的结构特征,对重力作用的形成起着巨大的控制作用。各种块体运动的发生,往往与不同方位的结构面有关。以黄土地区为例,在黄土地区不同时代的黄土中,或多或少地都存在着古土壤层,而且离石黄土当中及与马兰黄土、午城黄土之间,午城黄土与三趾马红土之间及黄土与基岩之间,都存在着不同时期的剥蚀面,即使在基岩中也往往有泥岩、泥页岩及煤系夹层,破坏了土、岩体的连续完整性。这些软弱结构面往往构成滑坡床和破裂面。

对于坡度在55°以上的陡峻沟坡,不同时代地层之间的剥蚀面比较平缓,大致成平行状态,在黄土地区多分布在源区和地形相对比较平缓的地区。这类谷坡常形成崩塌。

对于坡度为55°~35°相对较缓的沟坡,剥蚀面以大致与地面平行的方式倾向沟道。这类谷坡常形成滑坡。

对于主要由黄土和红土组成、下部为45°左右的红土坡,其上部往往为直立的陡壁。这类谷坡的泻溜作用最为活跃。

对于坡度为50°~70°的沟坡,主要由基岩组成,黄土仅在半坡上有零星分布,在西北部的迎风坡上较为普遍。这类谷坡由于黄土厚度不大,在剥蚀面上,物质特性发生突变,常使地下水聚集,形成穿洞。在坡度较陡的地方,常形成小型错落。

对于主要由基岩组成的沟坡,一般比较稳定。但黄土高原的基岩大都是泥质砂岩、泥质灰岩与泥岩、页岩等,由于抗风化性能不同,在陡壁上常形成基岩泻溜和崩塌,在黄土与基岩接触带上常使地下水富集,在露头点形成泉水,有利于形成泥流。

3.2.2.3　**地貌条件**

影响重力侵蚀的地貌条件主要是坡度、坡形、植被状况及沟道下切特征。重力作用发生的前提是要有一定的临空面或一定的地形高差。一般来说,沟道下切越深,沟坡越陡,块体运动发生的概率越高。黄土地区地面破碎,沟道下切很深,沟坡坡度多在45°以上,这给发生重力侵蚀提供了先决条件。

植被在沟道侵蚀中的影响作用是不可忽视的,即使在同一流域,因植被条件不同,其沟道侵蚀程度也具有明显的差别。例如,根据考查,在伏尔加河流域的中上游,由于雨水丰沛,森林茂盛,植被覆盖率高,其侵蚀强度很弱,沟道侵蚀现象很少;而在流域下游,由于属干旱半干旱地区,植被由上中游的乔木林逐渐变为灌木丛和草类,且覆盖度相对较低,因此土壤侵蚀比较明显,沟蚀现象很普遍,切沟、冲沟均有发生。另外,在沟床生长有茂盛的乔木或灌木的冲沟,沟床下切明显较轻,但沟岸仍有崩塌现象,沟道发育主要以扩张为主。

植被可以减缓沟蚀发展的作用,主要表现在可以对坡面暴雨径流过程进行调平,减小洪峰流量,从而降低径流的冲刷能力;可以增加沟道床面的阻力,降低沟道水流流速,减小径流的拖曳力;植被根系可以固结沟道边坡,减少沟坡重力侵蚀的发生概率。如在对黄土高原砂岩沟道侵蚀调查中发现,在种植有沙棘的沟道中,通过繁衍,种植在沟床上的沙棘可以逐渐衍生到沟坡上。与类型相同的无植被的沟道相比,在同一时期内,前者均无明显的沟岸扩张现象,而后者则有新的沟岸重力侵蚀剖面。在沟床上种植乔灌林后,还可以起到滞流拦沙作用,形成“柔性坝”。抬升床面,使侵蚀基准面相应抬高,从而可以减缓沟头的溯源前进速度。

3.2.2.4 人为因素

在黄土地区人为加速沟道侵蚀的现象是很严重的,主要表现在开挖矿藏、筑路、建窑等。特别是不合理的开荒耕种,不仅大大增加了坡面径流侵蚀作用,而且由于植被的破坏促使径流进一步集中进入沟道,从而加剧了沟道侵蚀。

在侵蚀地区开山填沟造田等人类活动,往往使大面积的斜坡坡脚遭受开挖,破坏了山体的自然平衡条件;人为倾入沟道内的土体矿渣等会影响沟道的排水能力,抬高水位,由此可以严重降低斜坡的稳定性,给滑坡的发生、发展提供了条件。

随着社会经济的发展,人类活动将不断加剧。因此,如何减轻人类活动对流域侵蚀的加速作用,将是一个极为重要的问题。

3.3 沟道侵蚀机理

3.3.1 沟道的发育阶段

沟道的发生、发育和衰退一般分为四个阶段,各阶段具有不同的特征。

3.3.1.1 沟道发育的第一阶段

该阶段尚未形成明显的沟头跌水,沟底的纵剖面线与当地地面斜坡的纵剖面线基本相似。沟道横断面多呈三角形，当沟底由坚硬母质构成时，这一阶段可保持很长时间，但当沟底为疏松母质时即很快转入第二阶段。

3.3.1.2 沟道发育的第二阶段

沟道发育至第二阶段时，已形成明显的沟头跌水，沟头前进、沟底下切与沟岸扩张，均甚为激烈。沟底的纵剖面线显著与当地地面斜坡纵剖面线不相一致，沟底纵坡甚陡且不光滑。沟道的横断面呈狭U形。

3.3.1.3 沟道发育的第三阶段

在沟道发育的第三阶段，已进入中期，沟道上游的沟头基本停止前进或进展微弱，水路弯曲，沟岸迎流段局部崩塌较严重，沟底下切减弱，横断面呈U形。沟道下游，沟宽增加，沟岸由于流水蛇曲冲淘，有局部崩塌或滑坡现象；沟底纵坡很缓，沟底和水路已可明显分开；沟口开始有泥沙沉积，形成冲积扇；横断面多呈U形，个别侵蚀沟呈宽U形。

该阶段的发育，主要以沟岸局部扩张为主，沟头前进和沟底下切均处于次要地位。

3.3.1.4 沟道发育的第四阶段

沟道发育的第四阶段，沟头接近分水线，沟底纵坡接近或相当于临界侵蚀曲线。沟岸大致接近于自然倾斜角或呈稳定的立壁（为黄土状母质时）。沟道横断面呈宽U形。在无人类活动的情况下，加速侵蚀停止，侵蚀作用表现为正常侵蚀。

在自然界中，由于沟道所处位置不同，母质不同，以及其他条件上的差异，其外部形态往往也是千差万别的，因而上述沟道侵蚀发育的四个阶段不足以代表所有侵蚀沟道的发育过程，只是概括了比较典型的而且未采取防治措施的底部侵蚀沟的发育状况。

3.3.2 沟道形成的条件

关于沟道的形成条件，早期的研究一般认为，是被覆与气候的叠加结果。如有人曾提出过沟道发生的两个假设条件，即：①因过度放牧植被的减少；②气候变化。1973年Schum还提出了“门槛”的概念，说明沟道的成因。他测量了有冲沟和无冲沟段的谷底坡度与集水面积，并点绘它们的关系，通过对有冲沟的点据的下限画一条直线，从而得到了在一定集水面积发生冲沟的临界值，即当坡面坡度到达此线以上点据时，则会发生沟蚀。Begin和Schum于1979年进一步发展了这一概念，他们利用流域面积、流量和水深的关系，建立了一个指标，可用来确定发生沟蚀的可能性。

关于冲沟的发展过程，已进行过许多野外观测和研究。但是，大多数研究仍停留在区域性定性描述和经验关系阶段，冲沟形成的因果关系仍不清楚。沟道中的水流运动，是沟道侵蚀和泥沙输移的主要动力因素。沟道水流是具有固定河槽的集中性的水流，其水力和输沙特性与一般明渠水流特征相似，可以使用明渠流的理论和方法来进行描述。但是，沟道水流与河流中的水流运动仍有一些差别，如坡陡流急，纵剖面很不均匀，在落差集中处伴有急流甚至跌水，横断面沿程变化很大，易受人类活动干扰，在一些地区常形成高含沙水流或泥石流等。

如前所述，沟道径流的侵蚀作用包括：①淘刷沟岸，引起沟岸坍塌，使沟道不断展宽；②冲刷沟床，引起沟床下切，使沟道不断加深；③沟头溯源冲刷，使沟头不断前进，在适宜条件下能发生冲沟的袭夺，产生冲沟的合并；④输送被侵蚀的物质。

根据 Piest 等在美国 IoiwA 的 Treyner 附近流域进行了 7 年沟蚀观测后得出的结论，在沟蚀发生前，必须具备两个条件：①土壤风化或河岸的崩坍；②有超过输送物质临界值的径流。

第4章 坡面径流水动力学特性及输沙能力研究

以开展人工坡面冲刷下的室内模型试验为研究手段,开展以下内容的研究:①坡面产生细沟、浅沟侵蚀时的径流临界剪切应力;②坡面流阻力变化特征与过程及径流动能消耗途径及径流动能与沟蚀剥蚀率的定量关系,最终为水蚀预报模型提供依据。

4.1 坡面模拟与试验测量方法

4.1.1 模型设计

利用黄河水利科学研究院沙门试验基地两个钢结构土槽模型(填供试土)进行坡面小区设计。土槽长6 m(有效槽长为5 m)、宽3 m、高0.8 m,并用不透水PVC板隔成3个小区,每个小区宽1 m。为使试验土的透水性及下渗接近天然坡面,土槽底部的钢板设有透水孔,且底部钢板人为增加了粗糙度,以降低填土和钢板之间的边界差别。土槽变坡装置通过液压装置将土槽升至一定的坡度后,锁定液压锁,同时在土槽的下方用一定高度的柱子支撑作为二次保护,可调坡度为5°~45°。本次试验模拟10°、20°、30°三种坡度坡面。

试验用土为郑州邙山表层黄土,填土前先在冲刷槽下部铺填10 cm厚的天然沙以保持试验土壤的透水状况接近天然坡面,然后在其上铺填过完筛(5 mm)的邙山黄土20 cm厚,用木板轻拍土壤,使其容重达到1.2 g/cm^3,铺15 cm厚的处理过的土样,容重仍然控制在1.2 g/cm^3,最后再铺15 cm厚的处理过的土样,容重也控制在1.2 g/cm^3,之所以分三次进行是为了避免填土的容重不均。土壤干容重控制在1.2 g/cm^3,其各级粒径组成如表4-1所示。试验模拟均质裸坡坡面。

模拟径流冲刷的坡面上方来水系统由水箱、阀门和坡面上部稳流槽等几部分组成。通过水泵将水抽到水箱里,水箱设有溢流孔,使水箱水位、水压保持稳定,将水箱里的水通过带阀门的水管供给坡面稳流槽,流量通过开关阀门进行率定;坡面上部稳流槽深50 cm,供水水管达稳流槽底部,在设计流量条件下保证水面平稳和坡面小区上方来水均匀，为减少稳流池与坡面顶部接合处因边壁作用导致的土壤下陷，顶部断面铺设 20 cm 长的塑料薄膜从而保证稳流池的水流能够均匀地流到坡面上。试验开始前将土槽洒水至饱和含水量，放置一夜后第二天开始试验。

表 4-1　供试土样各级粒径组成

粒径(mm)	>1.0	1.0～0.25	0.25～0.05	0.05～0.01	0.01～0.005	0.005～0.001	<0.001
百分比(%)	0	1.05	35.45	43.4	3.2	6.4	10.5

流量级的选择在查阅有关模拟冲刷流量的基础上确定，根据坡面小区面积及冲刷历时，共模拟了 7 种冲刷强度，即 Q = 1 L/min、2 L/min、3 L/min、4 L/min、5 L/min、7.5 L/min 和 10 L/min，相当于雨强 i = 0.2 mm/min、0.4 mm/min、0.6 mm/min、0.8 mm/min、1.0 mm/min、1.5 mm/min 和 2 mm/min。

冲刷试验土槽见图 4-1。

图 4-1　冲刷试验土槽

4.1.2　试验测量方法

将 5 m 长坡面从上至下每隔 1 m 划分 5 个断面(见图 4-2)，试验观测分断面进行。量测时，从每个断面的开始至结束 1 m 长的距离内测定流速等水力学参数。坡面试验产流后，每隔 2 min 用集流桶接一个径流全样，同时以 2 min 为步长测定每个断面内坡面流的水动力学参数，如流速、流宽及流深等，观察坡面侵蚀形态演变过程，并即时记录坡面产生细沟和浅沟的时间。试验完毕后，测量每个集流桶内的径流质量(g)和体积(mL)，用置换法计算该时间段内的侵蚀量和输沙率等。

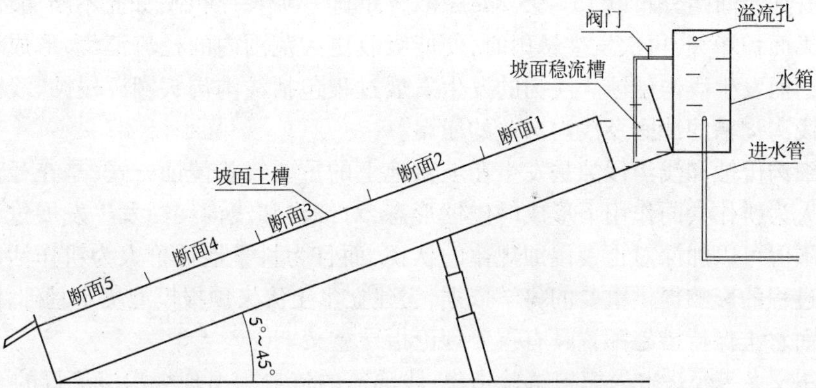

图 4-2　冲刷试验土槽分断面概化模型

试验设计从放水即开始坡面流速、坡面流宽及坡面流深测量，等径流到达小区出口再开始接泥沙样，与接泥沙样同步进行坡面流速、坡面流宽及坡面流深测量，每隔 2 min 测量一组数据；测量数据包括坡面流速及其形态、坡面产水产沙量、坡面径流沿程含沙量和试验结束后的坡面侵蚀沟测量等。从接泥沙样开始径流冲刷时间再延续 30 min。

研究期间开展了 3 个坡度（10°、20°和 30°）7 个流量级（1 L/min、2 L/min、3 L/min、4 L/min、5 L/min、7.5 L/min、10 L/min）的坡面径流冲刷试验，每场试验做 3 个重复，共完成试验 93 场。

4.2　坡面产生细沟、浅沟侵蚀时的径流临界剪切应力

细沟侵蚀和浅沟侵蚀均是黄土坡面侵蚀的主要方式。地貌学上细沟又称犁沟，是线状流水作用在松散土层构成的平坦地面上形成的沟谷，其规模小、深度浅、形态不稳定；浅沟是集中径流冲刷坡面的结果，在径流冲刷和耕作活动的反复作用下而形成的瓦背状起伏的地形，是黄土高原地区特有的瓦背状地貌，主要发生在大于 15°的陡坡耕地上，不影响耕作，但可以发展演化成切沟。

据郑粉莉、武敏和张科利的研究，坡面形成细沟后，径流相对集中于细沟槽，冲刷动能增大，促使细沟进一步发展。随着侵蚀过程的继续，上下不同部位的细沟发生合并，形成了更大的细沟，称之为主细沟。耕作之后，细沟形态消失了，但细沟发生的部位表面形态已有改变，在下一次暴雨时，在主细沟发生的地方，便可汇集较上一次更多的径流，冲走更多的土壤，使细沟间的差异更大。细沟横断

面为槽形，一般宽 5 ~ 30 cm，最宽不超过 50 cm，细沟深 5 ~ 15 cm，最深不超过 30 cm；细沟间距分布以 15 ~95 cm 居多。冲刷—耕作—冲刷，如此不断循环，径流汇集面积增大，再次发生暴雨时，便能吸收更大范围内的径流汇集，形成浅沟股流继而发生浅沟侵蚀。浅沟的发生发展过程包括浅沟沟头溯源侵蚀、浅沟水流对浅沟沟槽的冲刷及浅沟沟壁的崩塌。

细沟侵蚀和浅沟侵蚀是发生在坡耕地上的重要线状侵蚀方式，是在径流冲刷和人为耕作共同作用下形成的侵蚀形态，对细沟和浅沟侵蚀发生发展过程的研究不但可以加深对土壤侵蚀规律的认识，而且为科学地评价人为耕作活动对侵蚀过程的影响提供重要的科学依据，为建立水土流失预报模型奠定基础，同时对坡面水土保持措施配置具有重要理论指导意义。

王文龙等经过室内模拟试验指出：浅沟流的流量为出现细沟流流量的 5 ~6 倍，流速为细沟流的 2 ~3 倍，$Re \geqslant 7\ 000$，为细沟流的 5 倍左右，弗劳德数为细沟流的 1 ~2 倍，离散性较大，但其值大于 1，阻力系数反而变化很小，在流量相同的情况下，浅沟流动能的增量为细沟流的 1.57 倍。浅沟流属于急紊流，比细沟具有更大的水流能量、更强的紊动性，因而侵蚀强度也更大，浅沟流单位流量的平均含沙量为细沟流的 1.5 倍。近期郑粉莉等的研究表明，浅沟水流的剥离率是片蚀的 3 ~4倍，是细沟侵蚀的 1.5 ~3 倍；浅沟水流是紊流范围，其流态为急流。

李鹏根据径流能耗理论的计算结果表明，径流单宽输沙率和单宽径流能耗之间具有如下的线性关系式：$D_r = 14.61(\Delta E - 0.37)$，表明试验的土壤可蚀性参数为 14.61 g/J，临界单宽径流能耗为 0.37 J/(min · cm)；根据径流功率理论的计算结果，坡面径流功率与径流平均输沙率之间存在比较明显的线性关系，随着径流功率的增加，坡面径流平均输沙率明显增加，二者的线性关系为：$y = 8\ 942.2x - 68.676$，得出的土壤抗蚀性参数为 178.59 kg/(Pa · m · min)，径流临界剪切应力为 0.54 Pa。

肖培青等的坡沟人工模拟降雨试验得出了以下关系 $D_r = 5.096(\tau - 0.12)$，这表明，试验条件下土壤抗蚀性参数为 5.096 kg/(Pa · m · min)，径流临界剪切应力为 0.12 Pa。

丁文峰通过径流冲刷试验，运用能量守恒原理，分析了坡面土壤侵蚀率 D_r 与径流能耗 ΔE 之间的关系，建立了给定土壤条件下坡面土壤侵蚀率估算模型。结果表明：坡面土壤侵蚀的发生具有一定的临界能量条件，以径流能耗作为土壤侵蚀形成的临界参数具有明确的物理意义，当径流能耗大于 7.387 J 时坡面开始有侵蚀发生。

由于产生细沟和浅沟时坡面已有侵蚀产生，所以通过建立剪切应力和输沙率关系式或剪切应力和能耗的关系式仅能得出坡面发生侵蚀时的临界剪切应力值，并不能代表坡面发生细沟或浅沟时的临界剪切应力；同时，由于坡面产生细沟、浅沟在时间和空间上的随机性，加上坡面水流的瞬时叠加流动特点，坡面产生细沟和浅沟的时间、部位具有一定的随机性，同时研究坡面产生细沟、浅沟时的临界剪切应力值，也给观测提出了很高的要求。

4.2.1 剪切应力、临界剪切应力计算方法

无论是蓄满产流还是超渗产流，降水经微地形再分配后形成集中的径流，径流在沿坡面流动过程中，沿坡面梯度方向产生一种作用力，即径流剪切应力，该力即是导致坡面侵蚀的作用力，在径流沿坡面向下流动过程中径流剪切应力要克服其与坡面间的摩擦阻力和土壤颗粒间的黏结力，使坡面土壤颗粒被分散、剥离和输移搬运，从而造成坡面土壤流失。

径流剪切应力可以用下式计算

$$\tau = \gamma RJ = \rho gR\sin\theta \tag{4-1}$$

$$R = \frac{2b + h}{bh} \tag{4-2}$$

式中 τ——径流剪切应力；
γ——水体容重；
R——水力半径；
J——径流能坡；
ρ——水体密度；
g——重力加速度，取 $g = 9.8\ \text{m/s}^2$；
b——径流宽；
h——径流深；
θ——地面坡度。

坡面水流为薄层水流，径流能坡可以简化为地面坡度的正弦值，即 $J = \sin\theta$。

临界剪切应力分别指坡面产生细沟或浅沟时的瞬时剪切应力，结合试验观测和坡面流形态观测可以计算求得，同时建立输沙率和剪切应力的线性关系，当输沙率等于0时，即得坡面发生侵蚀时的临界剪切应力。

冲刷试验中径流的特征表现为坡面股流逐渐集中从而发育成细沟流，不同断面径流冲刷发育成细沟流的时间不同，各断面细沟贯通时间迟缓不同。

4.2.2 冲刷试验条件下坡面径流临界剪切应力分析

4.2.2.1 同一流量条件下不同坡度剪切应力分析

图4-3为10°、20°和30°裸坡坡面在5 L/min流量级径流冲刷试验条件下坡

面径流平均剪切应力和坡面输沙率的散点分布图。由图4-3可见，三种坡度坡面径流剪切应力随输沙率增加总体上均呈现增加趋势，其中10°坡面的数据点大部分位于中下部，其剪切应力和输沙率较小，20°和30°坡面的数据点分布混在一起，坡度影响不明显。

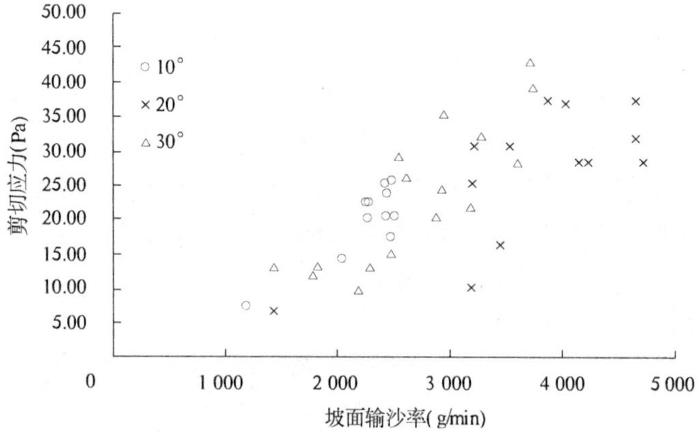

图4-3　不同坡度坡面径流平均剪切应力和坡面输沙率的散点分布图

根据图4-3分析，得出5 L/min径流冲刷条件下，不同坡度坡面平均剪切应力和输沙率线性关系为$y=0.008\ 1x+0.486\ 6$($R^2=0.711\ 1$)，相关关系较好。由线性关系式可知，当输沙率为0($x=0$)时，坡面径流剪切应力y为0.486 6 Pa。

将实测的输沙率代入公式，得对应的剪切应力值(计算值)，将剪切应力实测值和计算值分别进行平均，并计算计算值相对于实测值的误差(见表4-2)。从表4-2可以看出，平均值误差均不大，最大不到13%。

表4-2　不同坡度坡面平均剪切应力实测值和计算值拟合误差检验

裸坡	实测(平均)值(Pa)	计算(平均)值(Pa)	误差(%)
10°	20.63	18.91	-8.34
20°	26.93	30.41	12.92
30°	21.23	21.71	2.26

图4-4为5 L/min径流冲刷条件下3种坡度坡面径流平均剪切应力试验历时变化过程。

从图4-4中可以看出，径流平均剪切应力随时间总体呈上升—平缓—上升或陡升—缓升—陡升过程，结合试验过程中各断面细沟、浅沟发生时间记录(见表4-3)，各坡度坡面径流剪切应力第一个上升阶段为细沟产生和发育阶段。

由表4-3可知，坡面各断面产生细沟时间多在径流产生后11 min之前，当细沟发育到一定程度后呈现较为稳定状态(缓升),而后在径流的持续冲刷下,径流深度迅速增加,对应剪切应力呈现陡增趋势,进入浅沟发生、发育阶段。

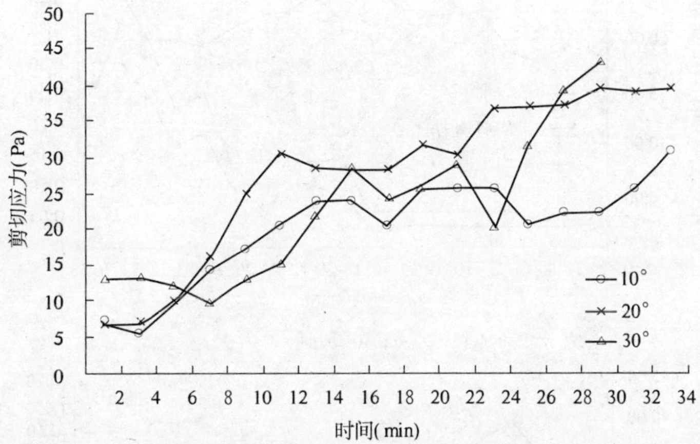

图4-4　不同坡度坡面径流平均剪切应力试验历时变化过程

表4-3　细沟、浅沟产生时间及即时剪切应力统计计算表

模拟条件	类别	项目	断面1	断面2	断面3	断面4	断面5
10°	细沟	产生时间	2′25″	6′	5′03″	5′41″	7′17″
		剪切应力(Pa)	6.70	16.47	8.37	16.51	11.62
20°	细沟	产生时间	1′42″	4′42″	9′27″	10′46″	10′30″
		剪切应力(Pa)	9.94	8.74	9.94	9.94	9.94
	浅沟	产生时间	22′55″	39′25″	35′20″	35′23″	—
		剪切应力(Pa)	28.73	38.67	38.67	38.67	—
30°	细沟	产生时间	2′24″	2′50″	6′16″	6′29″	6′44″
		剪切应力(Pa)	13.13	14.57	20.42	19.60	23.71
	浅沟	产生时间	31′05″	—	—	—	28′56″
		剪切应力(Pa)	24.69	—	—	—	23.21

图4-5为10°、20°和30°坡面在5 L/min流量级冲刷下坡面径流剪切应力、流速和水深过程线。由图4-5可以看出,各坡度坡面径流深和径流剪切应力均呈现阶梯式上升趋势,而坡面平均流速10°至20°呈现出初始波动上升而后又下降的趋势,30°坡面平均流速呈现波动下降趋势。

结合表4-3和图4-5可以看出:

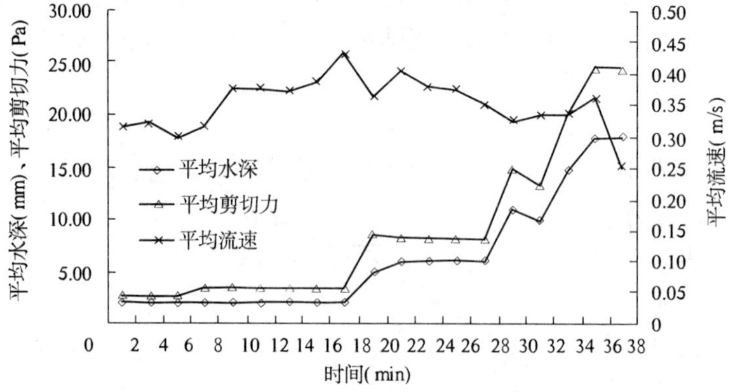

(a) 10° 坡面

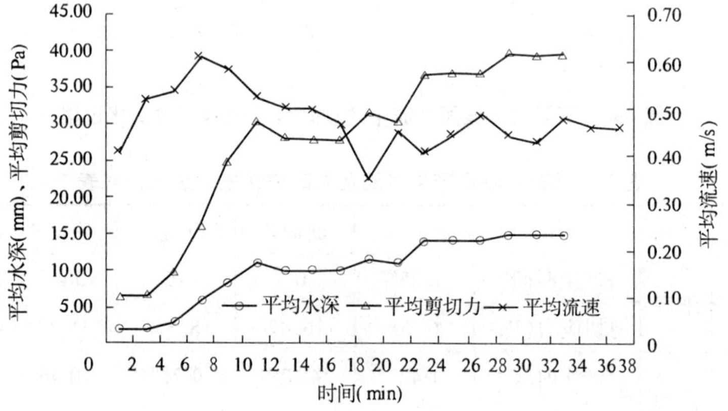

(b) 20° 坡面

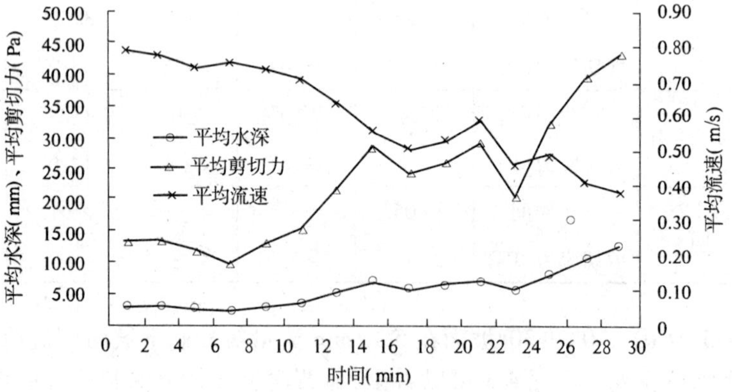

(c) 30° 坡面

图 4-5　10°、20°和 30°坡面径流剪切应力、流速和水深过程线

(1)10°坡面临界剪切应力发生在试验历时6~8 min时间段,剪切应力临界值为5.00 Pa以下,在以后的细沟发育过程中,流深坡面径流剪切应力阶梯式增加,剪切应力最大达到25.00 Pa,但试验历时内并未产生浅沟。

(2)由表4-3可见,20°坡面各断面发生细沟时对应临界剪切应力差别较10°坡面明显,但对应图4-5中剪切应力过程线变化趋势,发生在试验历时4~6 min时间段,剪切应力临界值为5.00~10.00 Pa,在22 min前后剪切应力呈现陡增趋势,结合表4-3,该时刻以后开始产生浅沟,剪切应力临界值介于30.00~35.00 Pa。

(3)由图4-5剪切应力过程线变化趋势可见,30°坡面细沟发生在试验历时4~8 min时间段,剪切应力临界值为10.00~15.00 Pa,在26 min之后浅沟产生,其临界剪切应力为30.00 Pa左右。结合表4-3,该坡面细沟发生时间和剪切应力与统计表基本相符,而浅沟发生时间和剪切应力图4-5和表4-3则有误差。

综上分析,坡面产生细沟、浅沟时的径流临界剪切应力大小确定方法选择根据试验观测值进行取得,在试验过程中,坡面各断面陆续产生细沟和浅沟,各断面产生细沟或浅沟的时间及其对应剪切应力的大小存在差异,本书在对各断面观测统计数据进行分析的基础上,对坡面各断面发生细沟或浅沟时的临界剪切应力、该时刻的水深、流速进行全坡面平均,同时统计出试验全过程的平均含沙量、平均输沙率和产沙总量,详见表4-4。

表4-4　坡面发育程度及对应径流及坡面侵蚀特征

模拟条件	发育程度	剪切应力(Pa)	含沙量(g/mL)	侵蚀率(kg/min)	产沙量(kg)	径流深(mm)	流速(m/s)
10°裸坡	细沟产生	6.70	0.42	2.2	66.49	4	0.29
20°裸坡	细沟产生	9.94	0.28	3.05	93.16	3	0.30
	浅沟产生	30.3*				11	0.52
30°裸坡	细沟产生	14.13	0.58	5.55	166.54	4	0.58
	浅沟产生	23.95				5.9	0.59

注:标有*为经检查另两场重复试验时,浅沟发生的剪切应力也较大。

由表4-4可见,发生细沟或浅沟时的临界剪切应力大小和坡面径流深呈正相关关系。不同坡度坡面产生细沟时的临界剪切应力随坡度增加而增加,由于10°坡面没有产生浅沟,20°坡面产生浅沟时的临界剪切应力经对重复试验复核后仍小于30°坡面浅沟产生时的临界剪切应力;坡面平均含沙量、平均输沙率及坡面产沙量和坡度、细沟临界剪切应力呈正相关关系，坡度越陡，坡面径流平均含沙量、平均输沙率和总产沙量增大。同 10°坡面相比，20°坡面细沟产生时的临界剪切应力、坡面径流平均含沙量、径流平均输沙率和坡面产沙总量分别为 10°坡面对应参数的 2.53 倍、1.4 倍、1.63 倍和 1.58 倍，30°坡面细沟产生时的临界剪切应力、坡面径流平均含沙量、径流平均输沙率和坡面产沙总量分别为 10°坡面对应参数的 3.39 倍、1.60 倍、2.07 倍和 2.17 倍。

4.2.2.2 同一坡度不同流量条件下剪切应力分析

图 4-6 为不同流量级冲刷试验条件下坡面径流剪切应力和输沙率散点图，由图 4-6 可以看出，不同流量级条件下径流剪切应力和输沙率散点分布呈现以下特征，分别是小流量（1 L/min、2 L/min、3 L/min）的数据点集中分布在图的左端，较大流量（4 L/min 和 5 L/min）的数据点集中分布在图的中部下端，大流量（7.5 L/min 和 10 L/min）的数据点则从左下角到右上角均有分布，整个图表上数据点整体分布较分散，但仔细观察发现以上所说的较大流量和大流量处在一个线性分布上。因此，将小流量和较大流量、大流量分开进行剪切应力和输沙率相关关系分析，见图 4-7 和图 4-8。

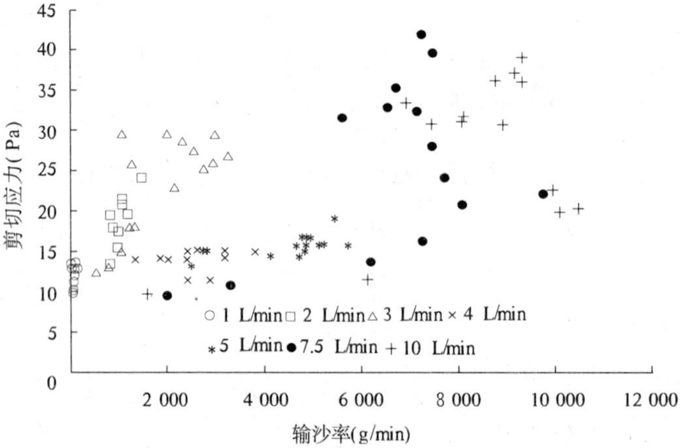

图 4-6 不同流量级冲刷试验条件下坡面径流剪切应力和输沙率散点图

由图 4-7 和图 4-8 可见，3 L/min 以下小流量剪切应力和输沙率线性关系满足 $y=0.006x+11.371$（$R^2=0.8375$），4 L/min 以上大流量剪切应力和输沙率线性关系满足 $y=0.0029x+5.095$（$R^2=0.6096$），由其剪切应力和输沙率相关关系可以求得各流量级冲刷条件下径流临界剪切应力，3 L/min 以下和 4 L/min 以上坡面产生侵蚀时的临界剪切应力为 11.371 Pa 和 5.095 Pa，小流量级时坡面产生侵蚀的临界剪切应力大于大流量级坡面产生侵蚀时的临界剪切应力（11.371 Pa > 5.095 Pa），这种现象同时说明了流量级较小时不容易产生侵蚀。

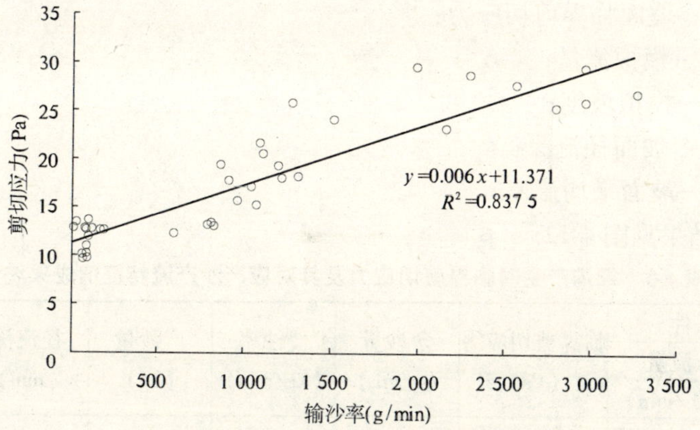

图 4-7　3 L/min 以下流量级冲刷试验坡面径流剪切应力和输沙率关系

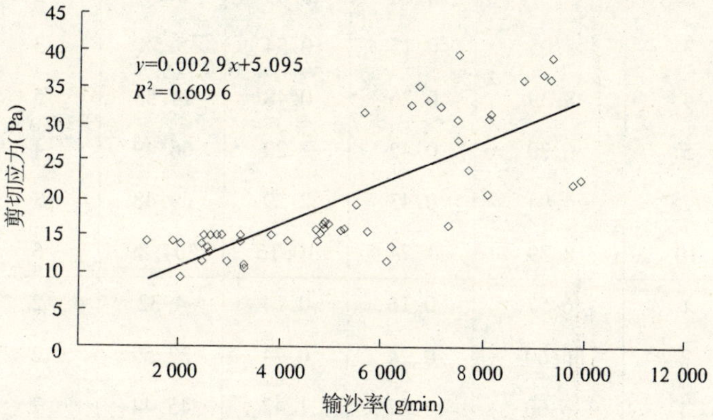

图 4-8　4 L/min 以上流量级冲刷试验坡面径流剪切应力和输沙率关系

4.2.3　临界剪切应力与侵蚀产沙参数及坡面流的关系

将模拟试验条件下坡面产生细沟时的临界剪切应力进行统计，见表 4-5，并对应找出产生细沟时的坡面流速、坡面流深，并对该场试验的产沙总量、坡面平均输沙率和平均含沙量等进行统计。

图 4-9 ~ 图 4-11 分别为 10°、20°和 30°坡面不同流量级模拟条件下，坡面产生细沟时的临界剪切应力及产生细沟时刻的径流深、坡面流速和坡面平均含沙量、平均侵蚀率等参数随流量变化趋势。

4.2.3.1　临界剪切应力与径流参数关系

坡面产生细沟时的临界剪切应力与流量、坡度、流速和径流深等水力参数有关。通过多元回归得出坡面产生细沟时的临界剪切应力满足以下公式

$$\tau = -0.1Q + 0.376S + 1.52H + 3.77v - 4.96 \tag{4-3}$$

式中　τ——坡面临界剪切应力；

Q——模拟流量；

S——模拟坡度；

H——坡面径流深；

v——坡面平均流速。

拟合结果见图 4-12。

表 4-5　细沟产生时临界剪切应力及其对应产沙产流特征值成果统计

模拟条件		临界剪切应力	含沙量	侵蚀率	产沙量	径流深	流速
坡度（°）	流量（L/min）	（Pa）	（g/mL）	（kg/min）	（kg）	（mm）	（m/s）
10	1	1.67	0.07	0.01	0.32	1	0.25
	2	5.01	0.10	0.03	0.85	3	0.31
	3	5.05	0.15	0.34	5.58	3	0.25
	4	8.39	0.26	0.48	14.53	5	0.29
	5	6.70	0.42	2.20	66.49	4	0.29
	7.5	4.94	0.43	2.29	69.48	3	0.45
	10	8.39	1.74	10.16	304.89	5	0.39
20	1	6.57	0.16	0.14	4.32	2	0.22
	2	6.60	0.24	0.74	22.59	2	0.37
	3	6.60	0.27	1.42	45.44	2	0.40
	4	9.76	0.27	2.48	75.13	3	0.67
	5	9.94	0.28	3.05	93.16	3	0.30
	7.5	9.96	0.45	4.45	139.15	3	0.51
	10	9.94	1.11	17.43	527.03	3	0.57
30	1	9.48	0.23	0.18	5.56	3	0.27
	2	14.05	0.26	0.79	24.35	3	0.48
	3	14.34	0.26	1.51	45.80	3	0.51
	4	14.36	0.30	2.48	75.77	3	0.71
	5	14.13	0.58	5.55	166.54	4	0.58
	7.5	14.55	0.66	9.00	274.78	3	0.43
	10	14.17	0.63	8.54	239.21	3	0.67

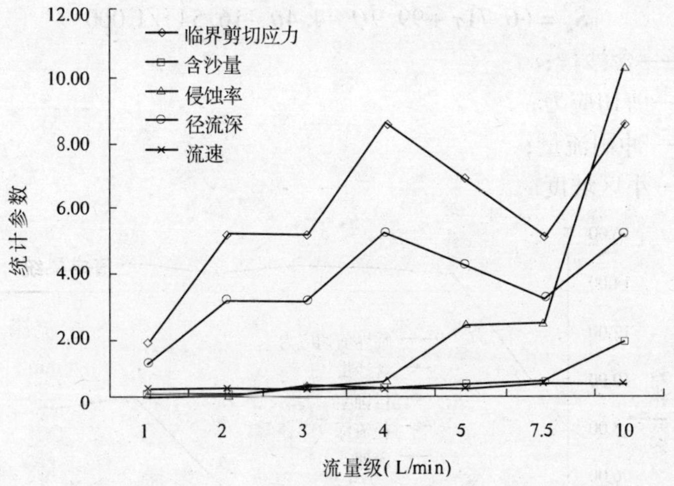

图 4-9　10°坡面细沟产生时临界剪切应力和相关参数随流量变化趋势

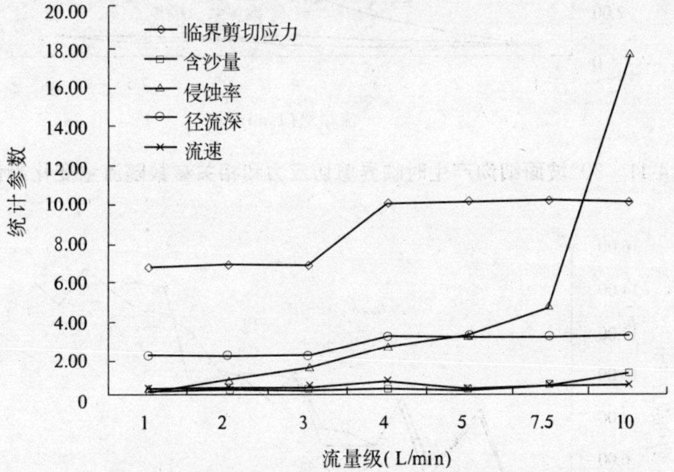

图 4-10　20°坡面细沟产生时临界剪切应力和相关参数随流量变化趋势

图 4-12 为不同流量和坡度条件下坡面产生细沟时的临界剪切应力实测值和计算值的拟合情况。由图 4-12 可见，在 10°和 20°坡面情况下，各流量级冲刷试验坡面细沟产生时临界剪切应力计算值和实测值拟合情况较好；在 30°坡面情况下，剪切应力的计算值和实测值拟合情况欠佳。

4.2.3.2　侵蚀产沙参数与临界剪切应力的关系

1）含沙量和剪切应力的关系

将含沙量与剪切应力 τ 观测值、模拟坡度和流量等因子进行多元回归分析，得出

$$S_w = (6.71\tau + 99.9Q - 4.4\theta - 16.54)/1\,000 \tag{4-4}$$

式中 S_w——含沙量；

τ——剪切应力；

Q——冲刷流量；

θ——小区坡度。

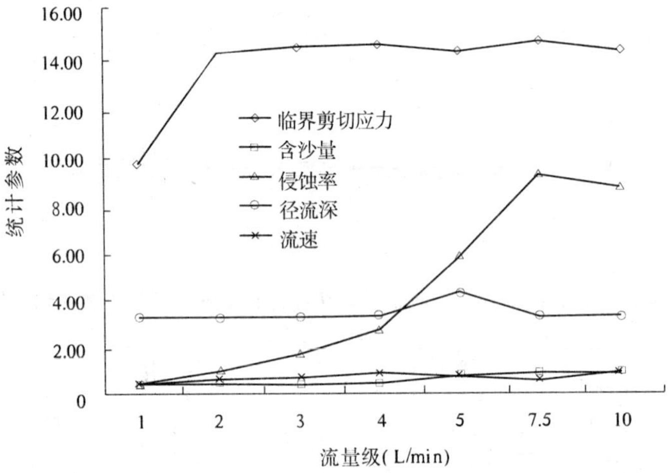

图 4-11　30°坡面细沟产生时临界剪切应力和相关参数随流量变化趋势

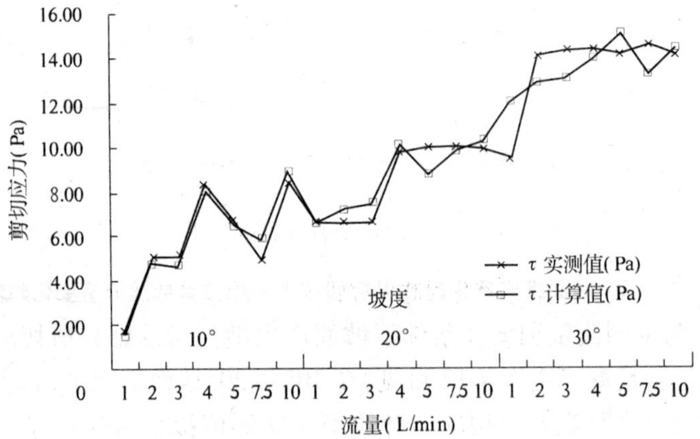

图 4-12　临界剪切应力计算值和实测值拟合情况

将坡度、流量和剪切应力实测值代入式(4-4)，得出含沙量 S_w 的计算值，见表 4-6。将计算值和实测值进行比较与相关度分析，见图 4-13。图 4-13 反映了含沙量的计算值和实测值拟合情况良好。

表4-6　含沙量计算值和实测值对照表

坡度 θ(°)	流量 Q(L/min)	含沙量 S_w(g/mL)	
		实测值	计算值
10	1	0.07	0.09
	2	0.10	0.22
	3	0.15	0.32
	4	0.26	0.44
	5	0.42	0.53
	7.5	0.43	0.76
	10	1.74	1.03
20	1	0.16	0.13
	2	0.24	0.23
	3	0.27	0.33
	4	0.27	0.45
	5	0.28	0.55
	7.5	0.45	0.80
	10	1.11	1.04
30	1	0.23	0.15
	2	0.26	0.28
	3	0.26	0.38
	4	0.30	0.48
	5	0.58	0.58
	7.5	0.66	0.83
	10	0.63	1.07

2)侵蚀率和剪切应力的关系

将侵蚀率与剪切应力 τ 观测值、模拟坡度和流量等因子进行多元回归分析，得出

$$Q_s = 1.113Q + 0.046S - 0.232\tau \tag{4-5}$$

式中　Q_s——侵蚀率，kg/min；

其他符号含义同前。

将计算值和实测值进行比较和相关度分析,结果如图4-14所示。图4-14反映出侵蚀率的计算值和实测值拟合情况良好。

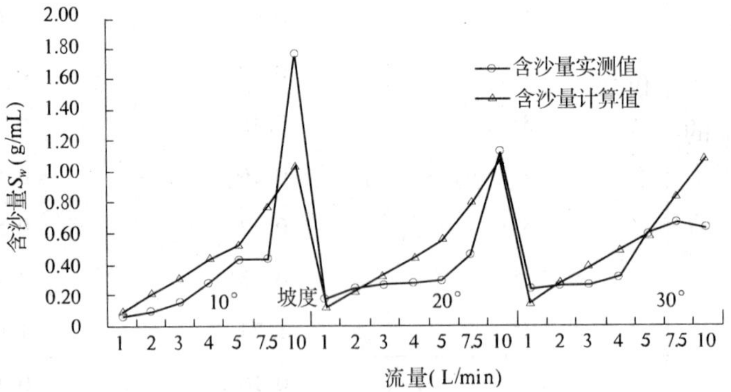

图4-13 含沙量计算值和实测值拟合情况

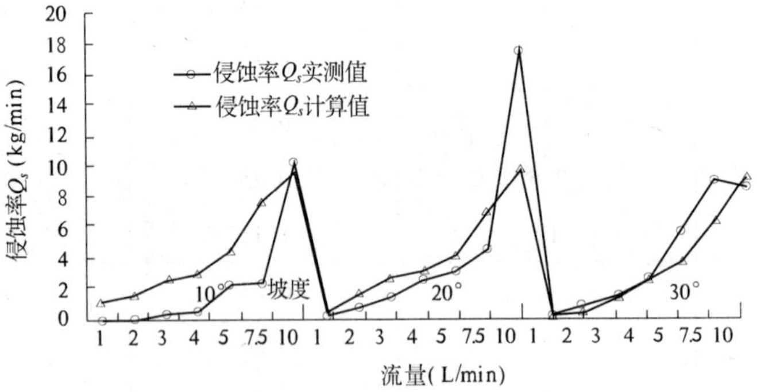

图4-14 侵蚀率计算值和实测值拟合情况

4.3 坡面流阻力变化特征

4.3.1 坡面径流阻力系数f随坡度和流量的变化

坡面径流阻力是指径流在向下流动的过程中所受到的来自水土界面的阻滞水流的摩擦力及水流内部质点混掺和挟带泥沙产生的阻滞水流运动力的总称。坡面径流流速的变化其实正是体现了径流所受到的阻力变化,由于所测得的流速是流段内的平均值,所以阻力也是一样,是水流阻力的综合结果。目前,常采用Darcy-Weisbach阻力系数f来表示,其表达式为

$$f = \frac{8gR}{v^2}J \tag{4-6}$$

式中 v——流段水流平均流速；

R——平均水力半径；

J——水流能坡。

阻力系数不仅与颗粒大小和土壤的性质有关，而且在很大程度上受坡面侵蚀形态特征的影响。形态特征影响作用在不同的水流条件下变化很大，因此从各条件下阻力系数平均值的变化、阻力系数随试验历时的变化及阻力系数沿坡面的变化等方面分析试验条件（坡度和流量）对阻力系数的影响特征。

4.3.1.1 阻力系数统计特征

将各组次试验中试验历时内观测或计算到的流速、水力半径的平均值代入式(4-6)，计算各试验组次径流平均阻力系数，计算结果列于表4-7。对各坡度和流量条件下的平均阻力系数进行分析，见图4-15和图4-16。

从表4-7和图4-15、图4-16中可以看出，不同坡度和流量组合下坡面径流的阻力系数变化较为复杂。

表4-7 不同坡度和流量下坡面流阻力系数的变化

坡度	重复	各流量级的阻力系数 f						
		1 L/min	2 L/min	3 L/min	4 L/min	5 L/min	7.5 L/min	10 L/min
10°	1	0.60	0.24	0.25	0.44	0.46	1.05	0.903
	2	0.83	—	0.38	0.37	1.15	0.63	0.50
	3	0.62	0.24	—	0.55	0.97	1.17	—
	平均	0.68	0.24	0.32	0.45	0.86	0.95	0.70
20°	1	0.87	1.77	2.08	0.93	1.05	2.16	0.95
	2	0.71	1.63	0.69	1.76	1.25	0.92	1.05
	3	0.59	0.72	1.52	0.87	2.20	1.61	1.47
	平均	0.72	1.37	1.43	1.19	1.50	1.56	1.16
30°	1	0.67	0.93	0.86	0.43	0.69	—	1.38
	2	0.77	0.58	0.51	0.93	0.73	1.84	0.96
	3	0.56	0.11	0.69	1.08	0.84	1.24	1.51
	4	0.48	—	—	—	—	—	—
	平均	0.62	0.54	0.69	0.82	0.75	1.54	1.28

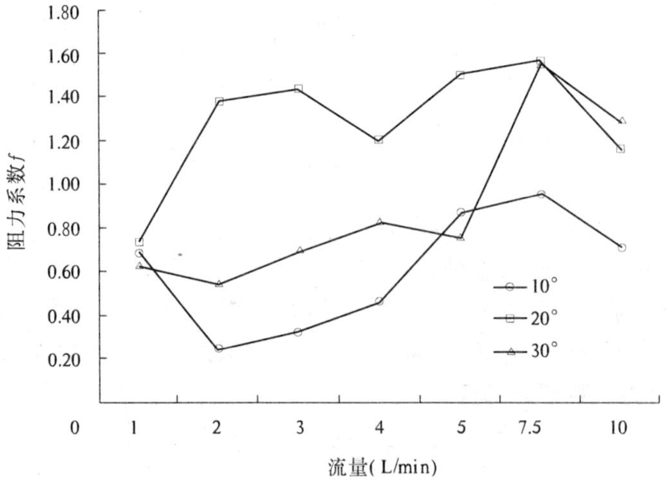

图 4-15　平均阻力系数随流量变化特征

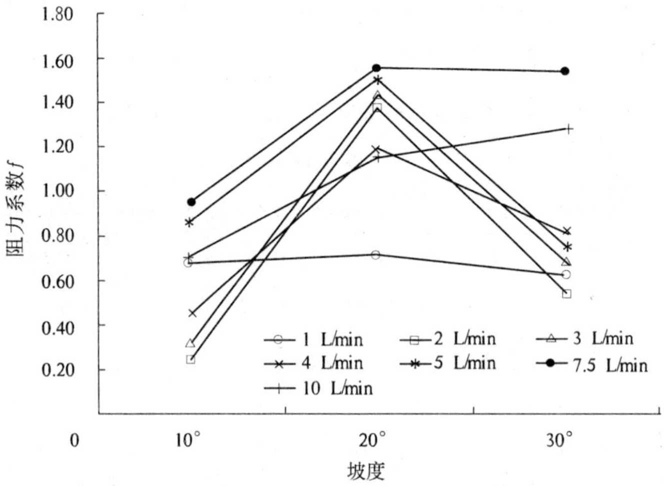

图 4-16　平均阻力系数随坡度变化特征

4.3.1.2　坡面径流阻力系数随时间变化过程

各坡度条件下不同流量级阻力系数随试验历时变化过程见图 4-17、图 4-18 和图 4-19。

图 4-17 显示，10°坡面条件下，1 L/min 流量级坡面流阻力系数前 12 min 呈现波动上升趋势，而后呈现波动下降趋势，2 L/min 和 3 L/min 流量级放水流量下，坡面流阻力系数呈现前 10～12 min 波动下降，而后略呈波动上浮趋势，而从 4～10 L/min 流量级径流冲刷试验中，坡面径流阻力系数则均呈波动上升趋势，其中 4 L/min放水流量条件下的坡面流阻力系数过程线分布最靠下，其次为 10 L/min

流量级的坡面流过程线,而 5 L/min 和 7.5 L/min 放水流量条件下坡面流的过程线则在放水开始后 16 min 左右出现交叉,之前 5 L/min 流量级坡面流的阻力系数位于 7.5 L/min 流量级阻力系数过程线上部,之后则出现相反情况,即放水约 16 min 之后,7.5 L/min 坡面流阻力系数过程线位于 5 L/min 坡面流阻力系数过程线之上。根据观测,以上现象反映了试验过程中坡面侵蚀形态的变化过程,阻力系数随着细沟发育程度的变化而变化,因此在一定的流量和坡度条件下,坡面流阻力系数的变化受坡面侵蚀形态发育影响,其过程存在随机性和复杂性。

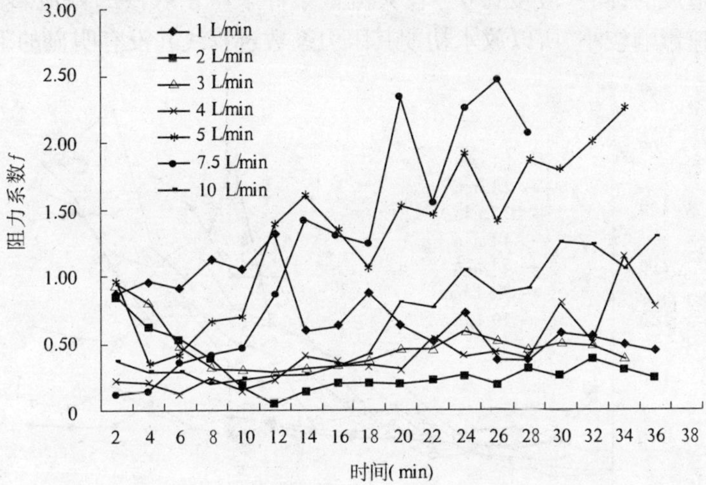

图 4-17 10°坡面径流冲刷平均阻力系数过程线

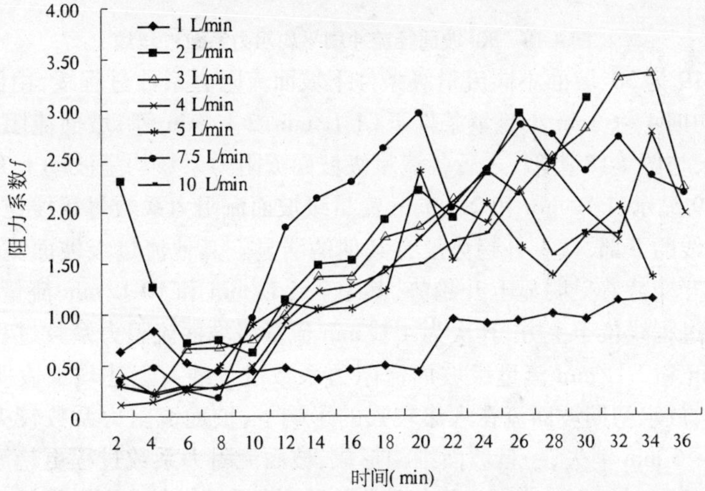

图 4-18 20°坡面径流冲刷平均阻力系数过程线

图 4-18 为 20°坡面不同流量级条件下坡面流阻力系数过程线，由图 4-18 可见，20°坡面各流量级阻力系数过程线均呈波动上升趋势，其中 1 L/min 流量级条件下坡面流阻力过程线明显低于其他流量级阻力系数过程线，而 2 L/min、3 L/min和 4 L/min 流量级阻力系数过程线介于 7.5 L/min 和 5 L/min、10 L/min 过程线之间，这是流量和冲刷造成的坡面侵蚀形态发育演变过程及因此而导致的流态变化共同作用的结果；放水开始初期（前 8 min 左右）的 1 L/min 和 2 L/min流量级坡面流阻力系数呈现降低趋势的原因是放水初期入渗强导致坡面流速小造成的，同一坡度（20°）较大流量条件下由于入渗的截流影响对坡面流表层流速影响较小，所以放水初期其阻力系数过程线并没有明显的下降趋势。

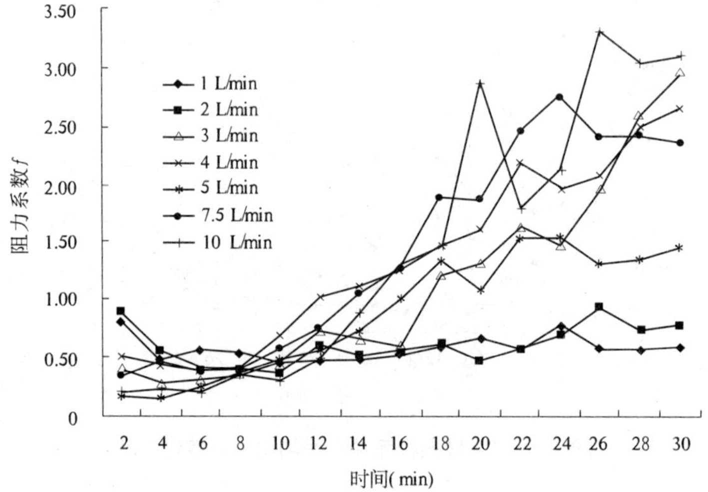

图 4-19　30°坡面径流冲刷平均阻力系数过程线

图 4-19 为 30°坡面不同流量级条件下坡面流阻力系数过程线，由图 4-19 可见，放水初期 4 ~6 min 小流量条件下（1 L/min、2 L/min 等）坡面流阻力系数呈减小趋势，与图 4-18 类似，之后各流量级坡面流阻力系数均呈波动上升趋势；同时，图 4-19 显示，1 L/min 和 2 L/min 流量级坡面流阻力系数过程线位于其他流量级过程线的下部，且上升趋势没有其他的明显。其他流量级坡面流阻力系数过程线相互交替着呈明显上升趋势，其中 7.5 L/min 和 10 L/min 流量级坡面流阻力系数过程线位于上方，其次为 4 L/min 流量级坡面流阻力系数过程线，而后是 5 L/min 和 3 L/min 流量级坡面流阻力系数过程线。上述现象表明，随着坡度的增加，放水初期坡面流在入渗较强的影响下，坡面流阻力系数较大，但该影响会在 4 ~6 min 消失，一旦坡面细沟形成，坡面流阻力系数过程更趋波动性，在大流量条件下（如 10 L/min），阻力系数的瞬时性（波动性）特征明显，这同样反

应了坡面流阻力系数是放水流量、坡面侵蚀形态和坡面流态等因素共同作用的结果。

综上分析，从阻力系数过程看，10°、20°和30°坡面放水初期全坡面径流形成之前（放水到出口径流产生）阻力系数呈下降趋势，之后呈波动上升趋势；小流量对坡面流阻力系数的影响过程较为简单，上升趋势弱且波动强度小，大流量对坡面流阻力系数的影响大且复杂，受坡面侵蚀形态发育和坡面流态的瞬时变化影响大，阻力系数过程线波动强度较大。

4.3.1.3 不同流量级条件下坡面流阻力空间变化过程

各流量级坡面流阻力系数沿坡位分布情况见图4-20、图4-21和图4-22。

图4-20、图4-21和图4-22分别为10°、20°和30°坡面径流阻力系数在坡面各断面的分布情况，由三图可见，阻力系数随坡面从上至下基本呈减小趋势，但具体到一定坡度和一定的流量条件，其阻力系数随坡面断面的分布特征又有差别。

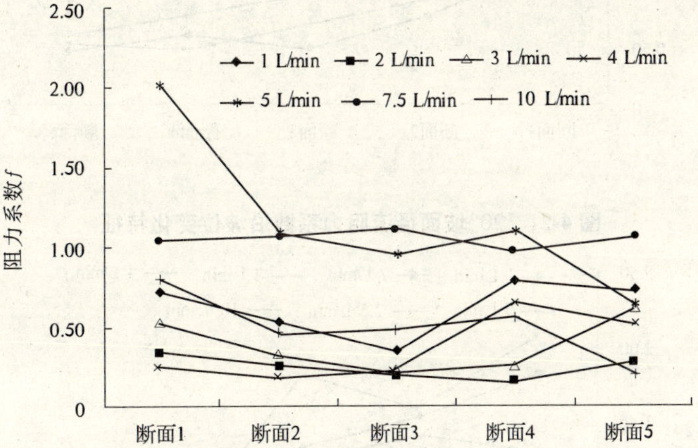

图4-20 10°坡面径流阻力系数沿坡位变化特征

图4-20为10°坡面各流量级径流阻力系数各断面分布情况，由图中可见，除5 L/min流量级断面1的数据点外，图中的数据线点在1.2以下的水平带内，且各断面波动下降或上升变化总体不大。2 L/min和3 L/min流量级条件下坡面径流阻力系数均呈现进口断面较大，随后波动下降，且在坡面中下部4断面达到最低，随后转而呈现上升趋势，而1 L/min、4 L/min和5 L/min流量条件下，坡面径流阻力系数则呈现下降—上升—下降的波动变化趋势，5 L/min和10 L/min流量级的径流阻力系数出现进口处较大—中间平缓—出口处较小的特征。以上现象表明阻力系数沿坡面从上至下是波动变化的，一般是降低—升高—降低趋

势,这种现象除受坡面流水力半径的影响外,还与坡面上部和中下部一般侵蚀沟出现较早且分布较多有关。

图4-21和图4-22显示的各流量级径流阻力系数,具有明显的沿坡面下降趋势。其中20°断面条件下(见图4-21),除3 L/min坡面上部径流阻力系数减小趋势较陡外,其余流量级均呈现坡面中上部下降、坡中部断面波动减少—增加,而后在坡面下部又呈现减小趋势。

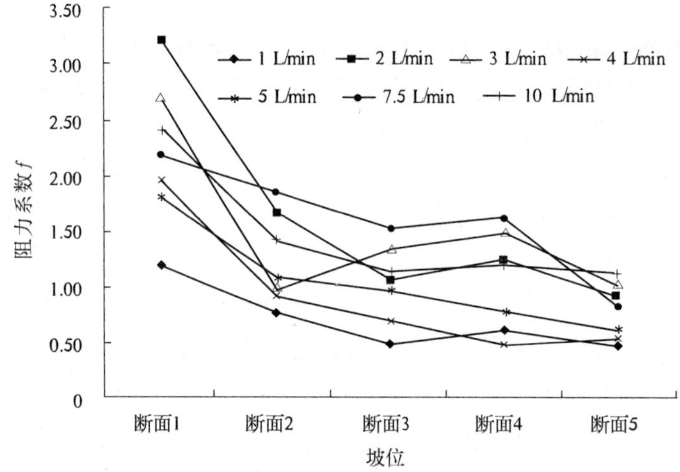

图4-21　20°坡面径流阻力系数沿坡位变化特征

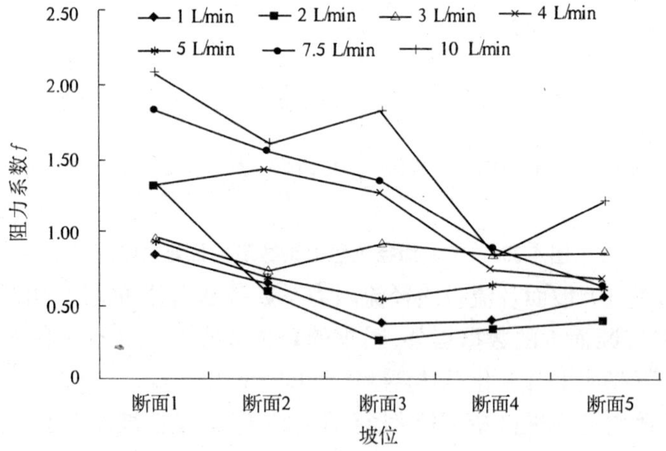

图4-22　30°坡面径流阻力系数沿坡位变化特征

图4-22为30°坡面各流量级坡面流阻力系数随断面变化情况。从全坡面整体情况看,依然是从上至下呈现波动下降趋势,其中1 L/min、2 L/min、3 L/min和5

L/min 流量级阻力系数在坡面中上部呈现下降趋势,而在中下部则表现得比较稳定,4 L/min 和 7.5 L/min 流量级坡面阻力系数全坡面从上至下几乎呈直线下降趋势,而 10 L/min 流量级的坡面流阻力系数则沿坡面从上至下震荡减小。

20°和 30°坡面这种现象同图 4-21 一样,同样反映了坡面阻力系数沿程波动变化的特征,不同的是 10°坡面阻力系数沿断面波动幅度较小,下降趋势不甚明显,而 20°坡面各流量级沿程呈现较为规律的波动下降趋势、30°坡面各流量级阻力系数变化在坡面断面分布上有差异,且大流量冲刷条件下坡面阻力系数减小幅度较大。

对各坡度、各流量级试验统计的坡面平均阻力系数进行回归分析,得出

$$f = 0.080\,033Q + 0.025\,67\theta \tag{4-7}$$

式中 f——阻力系数;

Q——冲刷流量;

θ——模型小区坡度。

将冲刷流量和模型小区坡度参数代入式(4-7),计算得阻力系数 f 的计算值,见表 4-8。

表 4-8 阻力系数实测值和计算值

试验条件		阻力系数 f		试验条件		阻力系数 f	
冲刷流量 Q(L/min)	坡度 θ(°)	实测值	计算值	冲刷流量 Q(L/min)	坡度 θ(°)	实测值	计算值
1	10	0.68	0.34	4	30	0.82	1.09
1	20	0.72	0.59	5	10	0.86	0.66
1	30	0.62	0.85	5	20	1.50	0.91
2	10	0.24	0.42	5	30	0.75	1.17
2	20	1.37	0.67	7.5	10	0.95	0.86
2	30	0.54	0.93	7.5	20	1.56	1.11
3	10	0.32	0.50	7.5	30	1.54	1.37
3	20	1.43	0.75	10	10	0.70	1.06
3	30	0.69	1.01	10	20	1.16	1.31
4	10	0.45	0.58	10	30	1.28	1.57
4	20	1.19	0.83				

试验时,将坡面从上到下分成了 5 个断面分别进行观测,且观测部位多位于

各个断面的中间位置,因此可将坡面各断面对阻力系数的变化概化为坡长对阻力系数的变化,从断面 1 至断面 5 坡长分别对应为 0.5 m、1.5 m、2.5 m、3.5 m 和 4.5 m,同时分析坡度、流量等因素对坡面流平均阻力系数的影响。经多元回归分析,得

$$f = 0.100\,91Q + 0.006\,65\theta - 0.194\,3L + 0.983\,56 \tag{4-8}$$

式中 Q——冲刷流量;

L——坡长;

θ——坡度。

4.3.2 径流动能消耗途径及径流动能变化

关于坡面流能量问题,国内外许多研究者都开展过相关研究。R. E. Horton 从摩阻力概念出发,提出在稳定流条件下,水流流过 1 m 长、1 m 宽的坡面时,单位时间内克服摩阻力所做的功 W 等于水流重量和流速的乘积

$$W = G_0 \frac{h_x}{1\,000} v\sin\theta \tag{4-9}$$

式中 G_0——含沙水流的重量;

h_x——距分水岭 x 处的径流深;

v——x 处的流速;

θ——坡度。

因为单位时间内所做的功等于作用力与速度的乘积,所以消耗在单位面积上与坡面平行的作用力 F_1 为

$$F_1 = \frac{W}{v} = G_0 \frac{h_x}{1\,000}\sin\theta \tag{4-10}$$

式(4-10)表明,冲刷力的大小主要受径流量(或径流深)、坡度、坡长的影响。雨滴的侵蚀能量来自于地球引力的重力势能;随着雨滴下降到地表,势能转化为动能。据研究,降雨动能要比径流动能大得多,前者为后者的 256 倍,而综合分析表明,径流势能对坡面细沟侵蚀的影响远大于降雨动能的作用。周佩华、江忠善、李占斌、W. H. Wischeimer 和 D. D. Smith 等都在雨滴动能方面做了大量的研究和统计工作。丁文峰、李勉等还通过放水冲刷试验方法研究了坡面流的能耗问题。

设单宽径流在坡面顶端所具有的势能为

$$E_p = \rho qgL\sin\theta \tag{4-11}$$

式中 ρ——水的密度;

q——坡面试验的放水流量;

g——重力加速度；

L——试验土槽的坡长；

θ——试验土槽的坡面坡度。

动能为

$$E_m = \frac{1}{2}\rho q v_1^2 \tag{4-12}$$

式中 v_1——坡顶水流流速。

在理想情况下，单宽水流到达坡面任意断面时的总能量应表示为

$$E_T = \rho q g L \sin\theta + \frac{1}{2}\rho q v_1^2 \tag{4-13}$$

由于沿程水流的能量损耗，坡面上任意断面处水流的实际总能量与理想情况下会有很大差别，可根据实测的任意断面处水流的平均流速、径流量来计算该断面的实际总能量，即

$$E_{xT} = \rho q' g(L - x)\sin\theta + \frac{1}{2}\rho q' v_x^2 \tag{4-14}$$

式中 q'——到坡顶距离为 x 的断面处的径流量；

v_x——到坡顶距离为 x 的断面处的含沙水流平均流速。

因此，坡面上径流从坡顶到坡面上任意断面处的能量耗损为

$$E_c = E_T - E_{xT} \tag{4-15}$$

对式(4-15)进行时间和长度上的积分

$$\sum E_c = \int_0^T \int_0^L (E_T - E_{xT})\,\mathrm{d}l\,\mathrm{d}t \tag{4-16}$$

式中 T——试验所持续的时间；

$\sum E_c$——坡面径流出口处在整个试验过程中消耗的总能量。

把式(4-13)、式(4-14)代入式(4-16)得

$$\sum E_c = \int_0^T \int_0^L \left(\rho q g L \sin\theta + \frac{1}{2}\rho q v_1^2 - \rho q' g(L - x)\sin\theta - \frac{1}{2}\rho q' v_x^2\right)\mathrm{d}l\,\mathrm{d}t \tag{4-17}$$

根据试验资料，分析了不同流量不同坡度下坡面径流能耗随时间的变化。

分析表明，10°坡面在不同放水流量下坡面径流能耗相差很大，1 L/min 流量下径流能耗只有 9 J/min 左右，约是 2 L/min 的 1/2，约是 3 L/min 的 1/3，约是 4 L/min 的 1/4，约是 5 L/min 的 1/5，约是 7.5 L/min 的 1/7，约是 10 L/min 的 1/9。

分析 20°坡面在不同放水流量下径流能耗随时间变化情况可知，不同放水流量下坡面径流能耗相差很大，1 L/min 流量下径流能耗只有 16.5 J/min 左右，约是 2 L/min 的 1/2，约是 3 L/min 的 1/3，约是 4 L/min 的 1/4，约是 5 L/min 的

1/5，约是 7.5 L/min 的 1/7.5，约是 10 L/min 的 1/10。同时，可以看到各个流量下的径流能耗都处于波动稳定的状态，随着试验的进行并无太大的波动和变化。

分析 30°坡面在不同放水流量下径流能耗随时间变化情况可知，不同放水流量下坡面径流能耗相差很大，1 L/min 流量下径流能耗只有 24.5 J/min 左右，约是 2 L/min 的 1/2，约是 3 L/min 的 1/3，约是 4 L/min 的 1/4，约是 5 L/min 的 1/5，约是 7.5 L/min 的 1/7.5，约是 10 L/min 的 1/10。同时，可以看到各个流量下的径流能耗都处于波动稳定的状态，随着试验的进行并无太大的波动和变化。

分析 3 L/min 放水流量下不同坡度坡面的径流能耗随时间变化情况可见，不同坡度下坡面径流能耗相差很大，10°坡面径流能耗只有 25.3 J/min 左右，约是 20°坡面的 51%，约是 30°坡面的 35%。同时，可以看到各个流量下的径流能耗都处于波动稳定的状态，随着试验的进行并无太大的波动和变化。

分析 5 L/min 放水流量下不同坡度坡面的径流能耗随时间变化情况可见，不同坡度下坡面径流能耗相差很大，10°坡面径流能耗只有 42 J/min 左右，约是 20°坡面的 51%，约是 30°坡面的 34%。同时可以看到各个流量下的径流能耗都处于波动稳定的状态，随着试验的进行并无太大的波动和变化。

分析 10 L/min 放水流量下不同坡度坡面的径流能耗随时间变化情况可见，不同坡度下坡面径流能耗相差很大，10°坡面径流能耗只有 63.4 J/min 左右，约是 20°坡面的 51%，约是 30°坡面的 35%。同时，可以看到各个流量下的径流能耗都处于波动稳定的状态，随着试验的进行并无太大的波动和变化。

分析放水流量和坡度对坡面径流能耗的影响后发现该两个因素对径流能耗的影响非常明显并且有规律。在相同坡度时，径流能耗基本上随着放水流量的增加倍数成倍增加；而在相同流量时，10°坡面径流能耗约是 20°坡面的 51%，约是 30°坡面的 35%。同时可以看到各个流量下的径流能耗都处于波动稳定的状态，随着试验的进行并无太大的波动和变化。

利用多元统计回归分析方法，对坡面径流能耗与坡面放水流量及坡面坡度进行多元统计回归，其结果为

$$E_c = -73.85 + 16.35q + 3.71\theta (R = 0.95, n = 17) \tag{4-18}$$

检验表明，回归方程在 0.01 水平上高度显著（$F = 78.19$，$F_{0.01} = 0.001$）。从回归方程可以看出，坡面径流能耗与放水流量和坡度都呈正相关，与前述单因子分析的结果类似。

4.3.3 径流动能与沟蚀剥蚀率的定量关系

管新建利用模糊贴近度计算分析了不同坡度（3°～30°）、5 种流量（2.5～6.5 L/min）放水冲刷试验下，水蚀动力参数与土壤剥蚀率的贴近程度，对于坡度

为3°、6°的缓坡和27°、30°较陡坡，土壤剥蚀率与单宽能耗和水流功率的相关关系不明显；坡度为9°～24°，在流量相同的情况下，单宽能耗对土壤剥蚀率的影响最大，其次是水流功率、剪切应力和单位水流功率，单宽能耗和水流功率之间具有很好的线性相关关系，说明可以用单宽能耗和水流功率分别来建立土壤剥蚀率的预测关系式。

分析20°坡面不同放水流量下坡面剥蚀率与径流能耗的关系（见图4-23），由图4-23可知，随着径流能耗的增加，剥蚀率呈非常明显的线性增加。通过回归分析后发现，两者具有良好的线性关系，相关系数为0.987 3，即

$$D_r = 12.57E_c - 288.56 \tag{4-19}$$

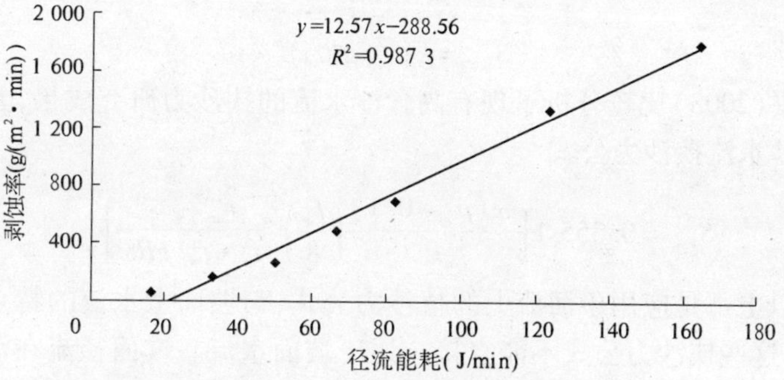

图4-23　20°坡面剥蚀率与径流能耗的关系

接下来分析20°坡面不同放水流量下坡面剥蚀率与坡面模型出口处的径流动能的关系（见图4-24），由图4-24可知，随着坡脚出口处径流动能的增加，剥蚀率也是呈线性增加的。通过回归分析后发现，两者具有较好的线性关系，相关系数为0.78，即

$$D_r = 707.64E_v + 41.724 \tag{4-20}$$

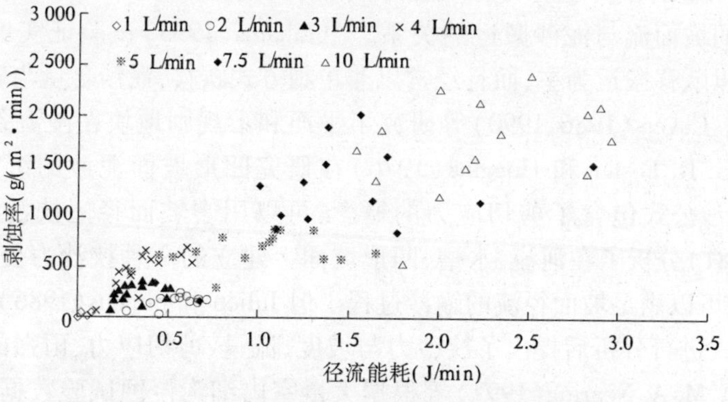

图4-24　20°坡面剥蚀率与坡脚径流动能的关系

4.4 坡面径流挟沙力

4.4.1 研究现状

在河流泥沙动力学中水流挟沙力的确切定义是:在一定的水流和泥沙综合条件(这些条件包括水流总流的平均流速 v、过水断面面积 A、水力半径 R、清水水流的比降 J、浑水水流的比降 J_s、泥沙沉速 ω、水的密度 ρ、泥沙的密度 ρ_s 和床面组成等边界条件)下,水流能够挟带的悬移质中的床沙质的临界含量,可用公式表示为

$$S_{V*} = k(v^3/gR\omega)^m \tag{4-21}$$

舒安平(2008)比较分析了现有高含沙水流的挟沙力研究成果,并建立了自己的高含沙水流挟沙力公式

$$S_{V*} = 0.355\ 1\left[\frac{\lg(\mu_r + 0.1)}{k^2}\left(\frac{f_m}{8}\right)^{\frac{3}{2}}\frac{r_m}{r_s - r_m}\frac{v^3}{gR\omega}\right]^{0.72} \tag{4-22}$$

但是以上都是应用于河流上的挟沙力公式,与坡面上水流的特点有较大不同。因此,这些挟沙力公式不能直接应用于坡面水流。坡面径流在沿坡面汇集进入沟道的过程中,对坡面进行侵蚀,形成挟带一定泥沙的地表径流叫做挟沙水流。在某一特定水动力条件下,挟沙水流中挟带泥沙的最大数量叫做挟沙力,挟沙力通常以单位体积浑水中泥沙的数量(即含沙量)表示,是径流侵蚀、泥沙输移的控制性参数之一,也是判别地表径流对坡面冲刷或淤积的重要依据。

国内外学者或从理论,或根据小区野外实测资料和实验室测定资料出发,对水流挟沙力进行过大量研究,提出了不少半理论半经验或经验性的公式。Julien(1986)运用量纲分析建立了坡面流挟沙力的无量纲关系式。Grosh(1994)研究了陡坡地的坡面流与泥沙搬运的关系。Abrahams(1993)试验证实坡面流中细沙颗粒常以跃移搬运为主,而且经常以非单独方式跃移,泥沙含量与颗粒运动速度成反比。Covers(1986、1990)等研究了平面和不规则地块在漫流条件下的输沙能力。G. R. Foster 和 Huggins(1976)在研究凹形坡面泥沙的沉积时指出,DuBoys 输沙公式包含了剪切应力的概念,可以用于坡面径流挟沙力的计算。Alonso(1981)分析了在河流、水槽、凹形坡面上建立的 9 种挟沙力公式后指出,Yalin 公式可以满足坡面径流的输沙过程。但 Julien 和 Simons(1986)对 14 种泥沙输移公式进行分析后提出了挟沙力与坡度、流量、剪切应力、雨强的幂函数关系表达式。M. A. Nearing(1997)等根据大量室内细沟侵蚀试验数据,提出了侵蚀产沙与溪流动力间的关系表达式,这一表达式为雷廷武(1998)等证实可以作

为水流输沙能力方程使用,但实际使用中仍然需要根据不同土壤类型进行标定。张科利、唐克丽(2000)研究了黄土坡面细沟侵蚀发生的水动力学机理及其输沙特征,提出了估算侵蚀力的方法。费祥俊(2004)提出了黄土沟道输沙能力的计算方法。目前,大多数研究提出的挟沙力公式是通过对天然河道实测资料的分析和大量室内试验研究得到的半理论半经验的公式,直接用于坡面地表径流挟沙力的计算时将会产生很大的误差。国内外学者根据各自的试验得到的计算坡面流挟沙力的公式虽然存在各种问题,但影响输沙能力的两个重要因素是坡度和流速这一结论得到了多数学者的认同。雷廷武(2002)、张光辉、张建军等在研究土壤侵蚀的动力过程和土壤侵蚀模型时指出:尽管挟沙力在土壤侵蚀研究中具有十分重要的作用,但目前尚无可用的计算方法。可见,地表径流挟沙力的计算问题是土壤侵蚀模型中相对薄弱的环节,属亟待解决的科学问题。

4.4.2 含沙量过程分析

图 4-25 是 10°坡面在不同流量条件下坡面出口径流含沙量随时间变化过程。由图 4-25 可知,随着流量的增加,坡面出口处的径流含沙量基本上是增加的,在试验进行到 15 min 左右时基本上达到波动稳定状态。1 L/min、2 L/min、3 L/min 的放水流量时坡面的出口径流含沙量较接近,4 L/min、5 L/min、7.5 L/min、10 L/min 的放水流量时坡面的出口径流含沙量较接近。

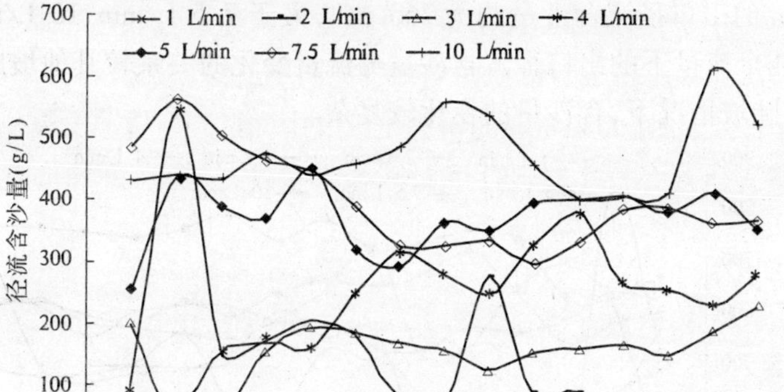

图 4-25　10°坡面在不同流量条件下坡面出口径流含沙量随时间变化过程

图 4-26 是 20°坡面在不同流量条件下坡面出口径流含沙量随时间变化过程。由图 4-26 可知,坡面出口处的径流含沙量基本上是随着流量的增加而增加的,除个别点外,各流量下的径流含沙量在试验进行到 16 min 左右时基本上达到波动稳

定状态。1 L/min、2 L/min 的放水流量时坡面的出口径流含沙量较接近，3 L/min、4 L/min、5 L/min、7.5 L/min、10 L/min 的放水流量时坡面的出口径流含沙量较接近，并且可以看到达到波动稳定时，5 L/min 的含沙量最大，约为 600 g/L。

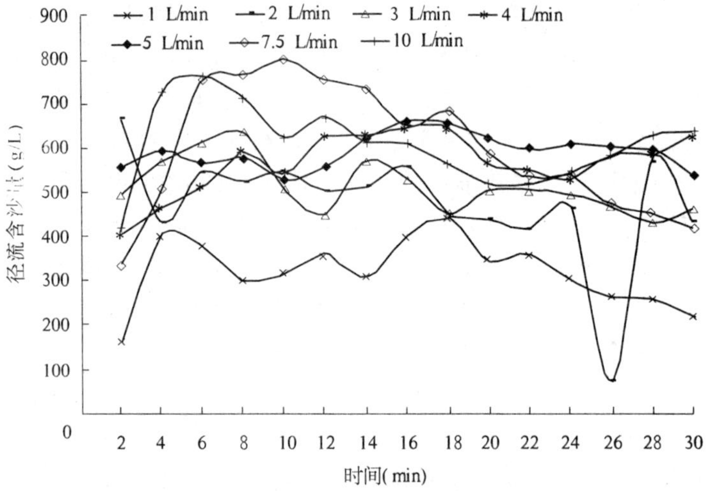

图 4-26　20°坡面在不同流量条件下坡面出口径流含沙量随时间变化过程

图 4-27 是 30°坡面在不同流量条件下坡面出口径流含沙量随时间变化过程。由图 4-27 可知，坡面出口处的径流量含沙量与前两个坡度情况下并不完全一致，5 L/min 的出口径流含沙量约为 760 g/L，大于 7.5 L/min、10 L/min 的含沙量。其他几个流量下的出口径流含沙量随流量变化的关系较其他坡度的相对为弱，可知在陡坡情况下，含沙量的变化较复杂。

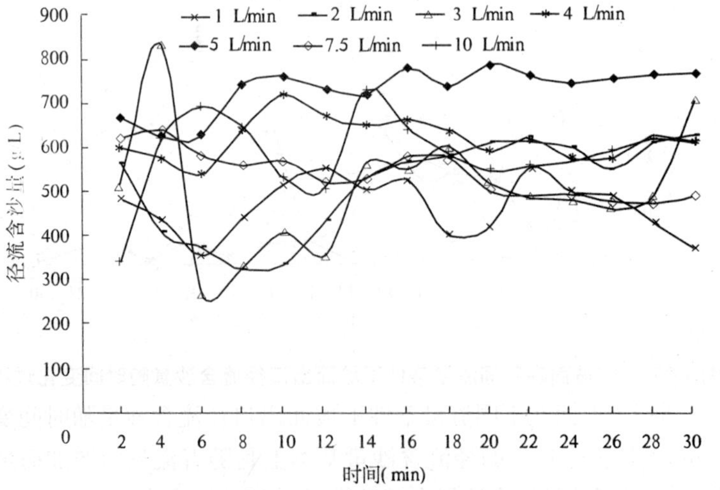

图 4-27　30°坡面在不同流量条件下坡面出口径流含沙量随时间变化过程

4.4.3 挟沙力公式建立

在坡面流条件下，坡面的径流挟沙力就是一定条件下的坡面水流的临界含沙量。因此，我们对坡面在不同条件下的坡面水流达到基本波动稳定时的径流含沙量进行平均，然后利用多元统计回归的方法进行分析。不同坡度不同流量条件下坡面径流的临界含沙量如表 4-9 所示。

表 4-9　不同坡度不同流量条件下坡面径流的临界含沙量　（单位：g/L）

坡度	放水流量						
	1 L/min	2 L/min	3 L/min	4 L/min	5 L/min	7.5 L/min	10 L/min
10°	22	52	174	289	390	354	467
20°	294	399	480	576	594	500	574
30°	458	599	523	599	759	486	581

利用多元统计回归分析方法，对坡面径流挟沙力与坡面放水流量及坡面坡度进行多元统计回归，当置信水平为 95% 时，其回归方程式为

$$S_{V*} = 25.78Q + 16.13\theta - 5.55 \tag{4-23}$$

从回归方程可以看出，坡面径流挟沙力与放水流量 Q 和坡度 θ 都呈正相关，与前述单因子分析的结果类似。

经统计分析，坡面径流挟沙力符合下述函数形式

$$S_{V*} = kv^3/(gR\omega) \tag{4-24}$$

由表 4-9、表 4-10、表 4-11 资料回归后得到

$$S_{V*} = -(98.96q + 1.36s + 318)\frac{v^3}{gR\omega} \tag{4-25}$$

表 4-10　不同坡度不同流量条件下坡面径流的平均流速　（单位：m/s）

坡度	放水流量						
	1 L/min	2 L/min	3 L/min	4 L/min	5 L/min	7.5 L/min	10 L/min
10°	0.20	0.39	0.34	0.41	0.31	0.34	0.44
20°	0.32	0.50	0.40	0.45	0.46	0.45	0.50
30°	0.35	0.53	0.39	0.38	0.40	0.39	0.39

表 4-11 不同坡度不同流量条件下坡面径流的水力半径 （单位：m）

坡度	放水流量						
	1 L/min	2 L/min	3 L/min	4 L/min	5 L/min	7.5 L/min	10 L/min
10°	0.002	0.003	0.003	0.005	0.008	0.012	0.005
20°	0.004	0.007	0.012	0.008	0.012	0.017	0.017
30°	0.002	0.002	0.002	0.005	0.007	0.006	0.007

采用其他试验数据对式(4-25)进行了验证。验证采用的实测资料基本情况见表4-12。

表 4-12 验证采用的实测资料基本情况

坡度	放水流量(L/min)	平均流速(m/s)	水力半径(m)	挟沙力计算值(g/L)	挟沙力实测值(g/L)
15°	5	0.23	0.005 90	104.84	112.60
20°	1	0.28	0.003 54	168.29	136.05
20°	2	0.28	0.003 86	188.73	166.85
20°	3	0.29	0.004 83	198.10	234.54
20°	4	0.32	0.005 70	260.30	314.20
20°	5	0.34	0.006 30	320.21	416.25
20°	7.5	0.35	0.007 63	373.36	445.17
20°	10	0.34	0.008 40	381.62	395.62
25°	5	0.37	0.006 44	406.59	387.30
30°	5	0.36	0.005 83	417.37	389.40

由图4-28可以看出，无论含沙量的高低，验证点据均紧密分布在斜线的两侧，而且计算值与实测值的拟合相关系数 R 达到0.94。以上采用实测资料验证结果表明，采用式(4-25)计算得出的挟沙力与实测值相符合的程度令人满意。

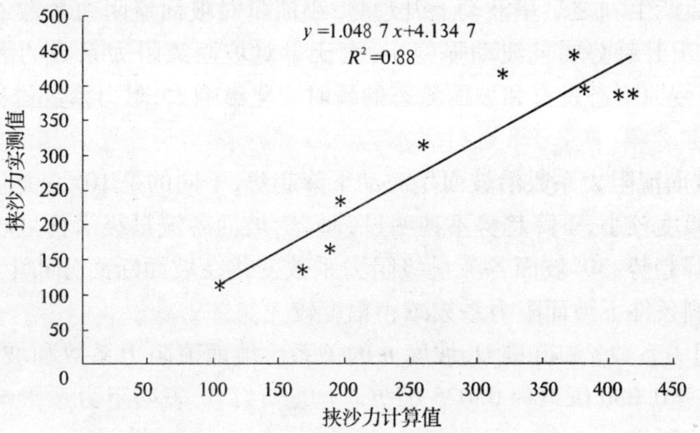

图 4-28 挟沙力计算值与实测值比较

4.5 小 结

4.5.1 临界剪切应力

(1)通过对坡面产生细沟时刻坡面流宽深、流速的观测计算得出坡面产生细沟时的临界剪切应力,并说明了坡面细沟产生时的临界剪切应力值大于坡面发生侵蚀时的临界剪切应力值。

试验观测表明,坡面上细沟的发生存在时间和空间上的差异,即坡面 5 个断面上出现细沟的时间早晚不同,因此坡面上产生细沟时的临界剪切应力取坡面上首次出现细沟时的临界剪切应力值。

(2)坡面产生细沟时的临界剪切应力与径流参数关系。研究表明,坡面产生细沟时的临界剪切应力和模拟流量、坡度、坡面流的流速及流深等满足公式 $\tau = -0.1Q + 0.376S + 1.52H + 3.77U - 4.96(R = 0.97)$,表明坡面产生细沟时的临界剪切应力和流量、坡度、坡面流深、坡面流速等参数的大小成正比。

(3)侵蚀产沙参数与坡面产生细沟时临界剪切应力的关系。含沙量和坡面产生细沟时的临界剪切应力的大小成正比,和冲刷流量的大小成正比,和坡度成反比;侵蚀率的大小和流量及坡度成正比,和坡面产生细沟时的临界剪切应力的大小成反比。

4.5.2 阻力变化、径流动能与沟蚀剥蚀率的关系

(1)不同坡度和流量模拟条件下,坡面流阻力系数过程先呈下降趋势(放水

到出口径流产生)，之后呈波动上升趋势；小流量对坡面流阻力系数的影响过程较为简单，上升趋势弱且波动强度小，大流量对坡面流阻力系数的影响大且复杂，受坡面侵蚀形态发育和坡面流态的瞬时变化影响大，阻力系数过程线波动强度较大。

(2)坡面流阻力系数沿坡面呈波动下降趋势，不同的是10°坡面阻力系数沿断面波动幅度较小，下降趋势不甚明显，而20°坡面各流量级沿程呈现较为规律的波动下降趋势、30°坡面各流量级阻力系数变化在坡面断面分布上有差异，且大流量冲刷条件下坡面阻力系数减小幅度较大。

(3)阻力系数f和流量Q、坡度θ的关系。坡面流阻力系数和坡度、流量等参数满足$f=0.080\ 033Q+0.025\ 67\theta$($R=0.934\ 2$)，表明阻力系数与流量和坡度的大小成正比。

(4)阻力系数和流量、坡度、坡长的关系。坡面流阻力系数和流量、坡度的大小成正比，但和坡长的长短成反比。

(5)径流动能与沟蚀剥蚀率的关系。径流沿坡面向下流动过程中存在能量耗损，这部分能量消耗于剥蚀并挟带泥沙，即侵蚀耗费的能量；研究表明，坡面流总进口到出口各个流量各个坡度下的径流能耗都处于波动稳定的状态，随着试验的进行并无太大的波动和变化。

随着径流能耗的增加，剥蚀率呈非常明显的线性增加。

4.5.3 挟沙规律及挟沙力公式

在模拟试验条件下，放水冲刷15 min左右时坡面径流含沙量基本上达到波动稳定状态，认为该相对稳定状态时间段内的平均含沙量即为该时段的径流挟沙力。经多元统计回归分析，得出坡面径流挟沙力与坡面放水流量、坡面坡度满足$S_{V*}=25.78Q+16.13\theta-5.55$关系($R=0.83$)，说明坡面径流挟沙力大小与放水流量、地面坡度等成正比。坡面径流挟沙力公式还可写为

$$S_{V*}=-(98.96Q+1.36S+318)\left(\frac{v^3}{gR\omega}\right)$$

第5章　坡沟耦合侵蚀关系及其产沙机理

本章以实体模型试验为主要手段，并结合野外坡沟系统观测资料分析，研究了流域坡沟地貌形态演变过程，以及坡沟侵蚀产沙的关系。

5.1　坡沟耦合下的流域地貌形态发育过程

流域地貌形态特征可以利用分形理论进行量化描述。分形理论是由法裔美国科学家曼德尔布罗特(B. B. Mandelbort)于1967年创立的一门新兴学科。分形理论旨在探索自然界中常见的、变幻莫测的、不稳定的、非常无规则的体系、现象和过程，试图找到介于有序与无序、宏观与微观、整体与局部之间的新秩序。利用简单的分形函数可描绘出能达到以假乱真的曼德尔布罗特景观，它们像真实的自然景观一样，没有特征长度，这是任何数学 - 物理模型都难以实现的。分形理论和分形方法的形成与发展为地貌的非线性研究开辟了一个新思路，成为处理复杂性的、特别是涉及空间现象的地貌系统的有力工具。本节主要介绍分形理论的基本概念、分形维数测定原理和流域地貌形态特征分形维数测定方法。

5.1.1　分形理论的基本概念

5.1.1.1　分形

分形(Fractal)一词是由曼德尔布罗特提出的，按照他的说法是源于“描述碎石的拉丁文 fractus”，它与英文 fracture(断裂、破碎)及 fraction(碎片、小块、分数)是同源词，因而分形一词本意就是不规则的、破碎的。现代分形的概念起源于曼德尔布罗特(1967)的著名论文“英国的海岸线有多长”。该文通过对世界几个海岸线的测量长度分析，认为地理界线(如海岸线)是不确定的，其长度与测量精度(测量单元，即测长度时所用两脚规的长度)相关，即随着两脚规的尺度变小，其测量的长度值将变大，从而导出了分形的重要特性——自相似性的概念，即每一部分可考虑成其整体的缩影。曼德尔布罗特将这种自相似性与其分数维相联系，给出了分形的原始数学定义，即分形是豪斯道夫维数 D_f 严格大于拓朴维数 D_t 的集，即 $D_f > D_t$，而豪斯道夫维数 D_f 也是分形描述的基本指标。后来经众多研究者的修正,给出了分形较为全面而恰当的定义,该定义认为分形具有精细结构,即在任意小的比例尺下,都可呈现出更加精致的细节:

(1)具有某种自相似的形式,但不是完全数学意义上的自相似性,而是统计的自相似性,或是近似的自相似性;

(2)一般有 $D_f > D_t$,即豪斯道夫维数严格大于拓朴维数;

(3)该集常可由极简单的方法定义,可由迭代产生;

(4)其大小不能用通常的测度(如面积、长度、体积等)来量度。

由此可见,分形结构一般具有如下两个明显的特征:第一个特征是自相似性(self-similarity),即重复放大分形的细部可看到与本身相似结构的再度出现,并且这种出现过程具有随机性,换句话说,分形结构具有尺度不变性,只有大小的区别,而没有形状上的不同;第二个特征是缺乏平滑性(no-smoothing),分形总是凹凹凸凸,变变曲曲,到处不连续,具有不可微分的性质。

近年来,我国不少人对分形理论及其在地学等学科中的应用开展了不少研究,取得了一些成果。

5.1.1.2 分维

分维也叫分形维数,是分形理论中对非光滑、非规则、破碎的极其复杂的分形客体进行定量刻画的重要参数。它表征了分形体的复杂程度、粗糙程度。分维越大,客体就越复杂、越粗糙,反之亦然。分维的定义,随生成集的构造不同有不同形式。常见的有如下几种形式。

1)豪斯道夫维数 D_f

设求一个分形客体某测量值(如长度、面积、体积等)时所用的标准测量体(单位体)的半径(如单位直线的半段长、单位圆半径、单位球半径)为 r,则以该单位体量度的测量值结果 $N(r)$ 满足下式

$$N(r) \propto r^{-D_f} \tag{5-1}$$

其中,D_f 即为豪斯道夫维数。

对于分形而言,D_f 即是分维。由此,豪斯道夫维数 D_f 被定义为

$$D_f = \lim_{r \to 0} \ln N(r) / \ln(1/r) \tag{5-2}$$

2)信息维数 D_i

信息维数 D_i 也被称为信息量维数。在豪斯道夫维数 D_f 的定义中,只考虑了所需 r 覆盖的个数 $N(r)$,而不考虑每个覆盖 U_i 中所含分形集元素的多少,设 P_i 表示分形集的元素属于覆盖 U_i 中的概率,则信息维数为

$$D_i = \lim_{r \to 0} \frac{\sum_{i=1}^{N} P_i \ln P_i}{\ln r} \tag{5-3}$$

在等概率 $P_i = 1/N(r)$ 的情况下，信息维数等于豪斯道夫维数 D_f，即 $D_i = D_f$。

3）关联维数 D_g

由于信息维数的计算中涉及概率，有些情况下运用不方便，于是 P. Grassberger 和 I. Procaccia 在 1983 年提出了关联维数。若分形中某两点之间的距离为 r，其关联函数为 $C(r)$，则关联维数为

$$D_g = \lim_{r \to 0} \frac{\ln C(r)}{\ln(1/r)} \tag{5-4}$$

$$C(r) = \frac{1}{N^2} \sum_{i,j=1}^{N} H(r - |x_i - x_j|) = \sum_{i=1}^{N} P_i^2 \tag{5-5}$$

关联维数便于从试验中直接测定，应用很方便。

4）相似维数 D_s

设分形整体 S 是由 n 个非重叠的部分 $S_1, S_2, S_3, \cdots, S_n$ 组成，如果每一个部分 S_i 经过放大 $1/r_i$ 倍后可与 S 全等（$0 < r_i < 1, r_i = 1, 2, \cdots, n$），并且 $r_i = r$，则相似维数为

$$D_s = \ln n / \ln(1/r) \tag{5-6}$$

如果 r_i 不全等，则定义

$$\sum_{i=1}^{n} r_i^{D_s} = 1 \tag{5-7}$$

分维的形式不同，反映分形客体自相似的层次不同，这一性质使分形理论的应用远远超过了纯几何态的范围。分维从形式上属传统欧氏几何维数的一个推广，即由整数扩展到非整数，从数学上实现了由欧氏测度空间向豪斯道夫测度空间的转变，产生了一门新几何学——分形几何学。可见，分维概念的提出是人类对维数概念认识的重大突破。

5.1.1.3 自相似性和标度不变性

自相似性是指某种结构或过程从不同的空间尺度或时间尺度来看都是相似的，或者某系统或结构的局域性质或局域结构与整体类似。另外，在整体与整体之间或部分与部分之间，也会存在自相似性。一般情况下，自相似性有比较复杂的表现形式，而不是局域放大一定倍数以后简单地和整体完全重合。但表征自相似系统或结构的定量性质，如分形维数并不因放大或缩小的操作而变化，所改变的只是其外部的表现形式。自相似可分为遵循一定数学法则的严格自相似性（如瑞典数学家 H. von Koch 于 1904 年首次提出的 Koch 曲线等）和具有统计意义的自相似性（如自然界中的云、河流、海岸线、山脉等）。

标度不变性又称伸缩对称性，指在分形物体（系统）上任选一局部区域，对它进行放大或缩小，其形态、复杂度、不规则性等各种特性均不会发生变化。对

于实际的分形体来说，这种标度不变性只在一定的范围内适用，通常把标度不变性适用的范围称为分形体的无标度区。超过了这个范围，分形就失去了意义。

自相似性与标度不变性是密切相关的，具有自相似性结构（或图形），一定会满足标度不变性。自相似性和标度不变性是分形客体的两个重要特性。

由于分形理论在描述地貌形态中具有突出的优势，因而分形理论在区域水土流失预报中将会得到愈来愈广泛的应用。

例如，坡度和坡长一直被作为坡面水土流失预报模型中地形因子的量化参数。像通用流失方程 ULSE 是将坡长和坡度因子合并为单一的地形因子 *LS*，并把计算结果绘制成图，应用时直接从图上查取 *LS* 值。WEEP 模型对地貌形态的量化采用坡度调整因子。我国许多学者（如江忠善、刘宝元等）在借鉴国外研究成果的基础上，结合黄土高原实际，在所建立的坡面水土流失预报模型中仍然采用了坡度和坡长对地形因子的量化参数。从实际应用效果来看，坡度、坡长作为坡面水土流失预报模型中地形因子的量化参数是可行的。但是，对于流域甚至区域水土流失预报模型中地形因子的量化参数如何选取，一直没有定论。国外的水土流失预报模型服务对象特别明确，即农地水土流失预报，坡度和坡长因子满足需求，在流域乃至区域水土流失预报模型中地形因子的量化研究中可供借鉴的东西很少。国内诸多学者（如尹国康、李矩章、景可、卢金发、刘黎明等）则将流域高差比、沟壑密度、流域形状参数、平均坡度、平均长度及沟谷切割深度等作为流域水土流失预报模型中地貌因子的量化参数，这些量化参数分别表征了流域地貌某一方面的特征，缺乏整体性和综合性，对于复杂纷呈的流域地貌显然未能反映其本质特性。实际上，流域乃至区域地貌具有明显统计自相似性，这一点已被国内外众多学者所证实（如 Goodchild、Mark、Andrle、Brown、艾南山、李后强等）。因此，运用分形理论来研究流域地貌的分形特征，以分维数作为看似复杂的流域地貌量化参数从理论上讲是可行的，是符合流域地貌的本质特征的，可实现流域下垫面地貌形态量化的线面转换。

5.1.2 分形维数的测定方法

在分形研究中，对分形维数有不少定义，要找到一个对任何事物都适用的定义并不容易。由于测定维数的对象不同，就某一分形维数定义而言，对有些对象可以适用，而对另一些就可能完全不适用。在实际应用中，分形维数的测定方法大致可分为如下五类：①改变观察尺度求维数；②根据测度关系求维数；③根据相关函数求维数；④根据分布函数求维数；⑤根据频谱求维数。与流域地貌形态特征分形维数测定密切相关的方法主要包括分形曲线维数测定方法和盒维数测定方法两种。

5.1.2.1 分形曲线维数测定方法

本方法是用特征长度基本图形——线段去近似分形曲线,即先把曲线的一端作为起点,然后以此点为中心画一个半径为 r 的圆,把此圆与曲线最初相交的点和起点用直线连接起来,再把此交点重新看做起点,以后反复进行同样的操作,总数记为 $N(r)$。当改变基准长度 r 时,则 $N(r)$ 也要改变。如果该曲线具有式(5-8)关系,即

$$N(r) \propto r^{-D} \tag{5-8}$$

则可称 D 为这一曲线维数。这个方法不仅适用于海岸线、等高线等曲线的分形维数测定,也适用于像河流这样有大量分岔的图形,是一个很有用的方法。

5.1.2.2 盒维数测定方法

盒维数又称计盒维数,是应用最广的维数之一。盒维数的普遍应用主要是由于这种维数的数学计算及经验估计相对容易一些。该方法的具体计算过程是取边长为 r 的小盒子(可以理解为拓朴维为 d 的小盒子),把分形覆盖起来。由于分形内部有各种层次的空洞和缝隙,有些小盒子是空的,有些小盒子覆盖了分形的一部分。数出非空小盒子的数目,记为 $N(r)$。然后缩小盒子的尺寸 r,所得 $N(r)$ 自然要增大。当 $r \to 0$ 时,得到数盒子法定义的分维

$$D_0 = -\lim_{r \to 0} \frac{\lg N(r)}{\lg r} \tag{5-9}$$

在实际应用中只能取有限的 r。通常的做法是求一系列的 r 和 $N(r)$,然后由双对数坐标中 $1gN \sim \lg r$ 的直线的斜率求 D_0,这里要强调的是,式(5-9)必须存在标度关系

$$N(r) \propto r^{-D_0} \tag{5-10}$$

如果不存在这种标度关系,就根本不能使用分维的概念。这样求出的 D_0 称为容量维数。

表示由数盒子方法求分维的式(5-9)的主要缺点是没有反映几何对象的不均匀性,即含有 1 个点和许多点的盒子在式(5-9)具有同样的权重。为此可修改分维的定义,并相应修改数盒子的方法。即把小盒子编号,如果第 1 个盒子落入 $N_i(r)$ 个点,则可知道分形中的点落入第 i 个盒子的概率为

$$P_i = N_i(r)/N(r) \tag{5-11}$$

这里 $N(r)$ 是总的点数。然后利用信息量的公式

$$I(r) = -\sum_{i=1}^{N(r)} P_i(i) \log_2 P_i(r) \tag{5-12}$$

定义信息维数

$$D_i = -\lim_{r \to 0} \frac{I(r)}{\log_2 r} \tag{5-13}$$

不难看出，当各个盒子具有同等权重，即 $P_i(r)=1/N(r)=\log_2 N(r)$ 时，信息维数 D_i 等于容量维 D_0。

值得一提的是，数盒子方法的实质是改变粗视化程度，在分形维数测定时，一般先从大盒子开始，依次减小盒子的尺度，只计算那些“非空”盒子数。计算分形图形分维的数盒子方法又称覆盖法，它既适用于简单分形，也适用于复杂分形。

5.1.2.3 流域地貌形态特征分形维数的测定方法

流域地貌形态分形维数的测定方法是基于分形维数测定的基本原理和方法，结合以等高线表征流域地貌形态特征的具体特点，采用盒维数法计算确定的。为了充分反映表征流域地貌形态特征的等高线的复杂程度和疏密状况，精确测定流域地貌形态特征分形维数，针对数盒子法所计算出各维数（如容量维数、信息维数、关联维数等）的基本特点，提出了流域地貌形态特征信息维数的测定模型，即

$$D_i=\lim_{r\to 0}\frac{\lg\sum_{m=1}^{N}(1/m)P(m,r)}{\lg r} \tag{5-14}$$

式中 D_i——流域地貌形态特征的信息维数；

r——盒子的长度；

N——一个盒子中最大可能的非零分形集元素（等高线）数目；

$P(m,r)$——有 m 个非零分形集元素（等高线）的盒子所出现的概率。

$P(m,r)$ 的计算公式为

$$P(m,r)=N_m(r)/N(r) \tag{5-15}$$

式中 $N_m(r)$——含有 m 个非零分形集元素（等高线）的盒子数目；

$N(r)$——盒子总数。

流域地貌形态特征分形维数测定的具体步骤是：

(1) 选择盒子的尺度规格。采用的盒子尺度规格长度（图上距离）r 分别为 2 mm、4 mm、6 mm、8 mm、10 mm、12 mm、14 mm、16 mm、20 mm、24 mm、28 mm 和 32 mm 共计 12 种。

(2) 用这些不同尺度规格的盒子依次去测度流域地貌形态的等高线图，统计出流域范围内各尺度规格盒子的非空分形集元素（等高线）的盒子总数 $N(r)$ 及含有 m 个非零分形集元素（等高线数目）的盒子数目 $N_m(r)$。

(3) 利用式(5-15)和式(5-14)分别计算出 $P(m,r)$、$\lg\sum_{m=1}^{N}(1/m)P(m,r)$ 和 $\lg(r)$，以 $\lg\sum_{m=1}^{N}(1/m)P(m,r)$ 为横坐标轴，以 $\lg(r)$ 为纵坐标轴将计算结果点绘

在双对数坐标上，利用最小二乘法可拟合出一条直线，即

$$\lg \sum_{m=1}^{N} (1/m)P(m,r) = K - D\lg(r) \tag{5-16}$$

(4)根据所拟合出的直线确定出无标度区(即所拟合直线相关程度最高的尺度范围)，在无标度区范围内的直线斜率即为地貌形态特征分形维数 D_i。

5.2 流域侵蚀试验模型设计与试验方案

5.2.1 试验设计

5.2.1.1 模型设计

流域地貌具有形态的复杂性和演化的长期性。一方面，对于一个研究者而言，其时间尺度和流域地貌演化的时间尺度相比非常短暂，通常不可能亲身目睹某一地貌演化的全过程；另一方面，流域地貌的空间尺度通常很大，存在条件复杂，而且各种影响因子相互制约，野外实地观测很难窥其全貌。而流域地貌模拟可以通过建立室内物理模型，抓住主要影响因子，忽略次要因子，在较短时间内复演某一地貌的发育过程、发育趋势及其对流域侵蚀产沙的影响，从而可有效弥补时间和空间尺度上的不足。基于这种考虑，近年来诸多学者(如金德生、雷阿林、袁建平和石辉等)做了大量相关研究，其中金德生基于地貌演化类比性法则及系统论模型化原理建立了流域地貌过程响应模型；雷阿林从地貌形态的相似性出发建立了模拟黄土丘陵区沟坡系统的二维多坡段组合试验模型；袁建平以黄土丘陵区纸坊沟为原型建立了考虑动力和几何相似的小流域水沙调控正态整体试验模型；石辉以黄土丘陵区纸坊沟流域的子流域小范家沟为原型制作了基于地貌形态几何相似的小流域试验模型。

就总体而言，土壤侵蚀模型尤其是小流域模型的制作，目前为止还无法实现完全满足几何相似、运动相似和动力相似的要求，也没有成熟的试验设计方法。因此，流域模型的模拟试验还存在很多关键技术问题及基础理论问题尚未解决，也正由此严重制约了试验地貌学和试验侵蚀学的发展。从理论上讲，流域侵蚀模型的制作应综合考虑流域侵蚀产沙过程、主要影响因子特征和各种边界条件等诸多方面的因素，并严格遵循几何相似、运动相似和动力相似。而根据流域侵蚀试验模型(简称侵蚀模型或流域模型)模拟理论与技术的发展现状，目前还多以利用概化模型进行定性试验的方法，研究流域地貌形态演变过程及其与降雨侵蚀产沙的响应关系。现在概化模型试验一般是将几何形态按比例缩小，将模拟试验的降雨(如雨滴大小、雨滴动能等)和供试土壤(如颗粒大小等)的相似比

尺取为1∶1。在概化侵蚀模拟试验过程中往往会因各影响因子相似性的不统一,所得到的试验研究结果也会与原型有较大差别,其推广应用受到很大限制。因此,在模拟降雨和供试土壤的相似比尺为1∶1的模拟试验特定条件下,如何克服各影响因子相似性的不统一性,充分反映仅受空间尺度因子影响的小流域侵蚀产沙和地貌发育过程的基本规律就显得尤为重要。

因而,在此基于降雨、土壤和作用过程相似的原则,建立了土壤侵蚀小流域地貌形态概化模型。所建立的侵蚀实体模型具有如下四项特点:

(1)流域地貌概化模型是针对目前模拟降雨和供试土壤的相似比尺为1∶1的现有室内模拟试验特定条件提出的。

(2)流域地貌概化模型强调降雨、下垫面物质组成和作用过程相似。

(3)流域地貌概化模型用于揭示原型具有普遍意义的流域地貌发育过程、侵蚀产沙时空特征及其相互关系。

(4)流域地貌概化模型可直接看成一个试验流域系统,试验结果可直接提供有关地貌发育和侵蚀产沙的过程信息。

基于上述条件,依据黄土高原丘陵区流域地貌概化模型设计要求,通过对黄土丘陵区小流域地貌特征的统计、概化和抽象,并结合本次模拟试验目的和研究内容,制作出了黄土丘陵区小流域地貌发育初期的概化模型。该流域地貌概化模型的主要几何形态特征指标见表5-1。

表5-1　小流域地貌概化模型的主要几何形态特征指标

投影面积(m^2)	流域长度(m)	流域最大宽度(m)	流域周长(m)	流域高差(m)	流域纵比降(%)	平均坡度(°)	沟网级别	沟网分支比
31.49	9.1	5.8	23.3	2.57	28.24	15	二级	4

5.2.1.2　试验雨型设计

试验雨型设计主要包括模拟降雨雨强、历时和降雨设计频率的选定。试验中的雨强和历时主要是参照研究区域——黄土高原的侵蚀性降雨特征和降雨观测资料系列的频率分析结果设计的。依据王万忠、周佩华和焦菊英等的研究成果,在黄土高原的侵蚀性降雨中,30 min雨强小于15 mm/h的降雨发生次数占32.8%,其造成的侵蚀量占总侵蚀量的2.5%;30 min雨强在15~30 mm/h的降雨发生次数占43.0%,其造成的侵蚀量占总侵蚀量的26.1%;30 min雨强在30~60 mm/h的降雨发生次数占19.3%,其造成的侵蚀量占总侵蚀量的42.5%;30 min雨强大于60 mm/h的发生次数占5.0%,其造成的侵蚀量占总侵蚀量的29.0%。

就降雨历时而言,有22.9%的降雨历时小于1 h,其造成的侵蚀量占总侵蚀量的20.7%;有40.5%的降雨历时在1~6 h,其侵蚀量占总侵蚀量的43.2%,其中有21.5%的降雨历时在1~3 h,其侵蚀量占总侵蚀量的29.3%;有36.7%的降雨历时大于6 h,其造成的侵蚀量占总侵蚀量的36.1%。

基于上述认识并依据代表性和典型性的原则,所确定的模拟试验雨型为:降雨雨强三种,即0.5 mm/min、1.0 mm/min 和2.0 mm/min。其中雨强为0.5 mm/min的11场、雨强为1.0 mm/min的9场、雨强为2.0 mm/min的5场,分别占总降雨场次的44%、36%和20%;降雨历时分别为90 min(60 min)、60 min(45 min)和30 min,括号内降雨历时为在试验过程中根据实际情况所作的调整;各雨强累积量分别为495 mm、540 mm和300 mm(见表5-2)。

实际降雨过程见表5-3,总降雨场次为25场。

表5-2　模拟试验降雨特征统计

降雨场次	设计雨强(mm/min)	试验雨强(mm/min)	降雨历时(min)	降雨总量(mm)
1	0.5	0.54	90.5	48.915
2	0.5	0.52	89.5	46.54
3	0.5	0.49	89.9	44.051
4	1.0	1.18	47.52	63.939
5	1.0	1.21	45.86	65.05
6	2.0	2.41	30.53	73.58
7	1.0	1.19	46.17	53.75
8	0.5	0.57	90.18	51.528
9	0.5	0.59	61.95	36.167
10	1.0	1.20	47.92	55.704
11	2.0	2.15	31.17	65.36
12	0.5	0.52	62.94	31.896
13	0.5	0.58	61.53	35.96
14	0.5	0.56	60.83	34.29
15	1.0	1.12	46.82	52.438
16	1.0	1.08	45.83	49.896
17	1.0	0.98	47.02	46.256
18	1.0	1.04	45.37	47.18
19	2.0	2.12	30.37	64.384
20	2.0	1.98	34.35	67.736
21	0.5	0.53	91.27	48.373
22	0.5	0.55	90.6	49.83
23	0.5	0.60	89.72	53.832
24	1.0	1.05	61.35	64.417
25	2.0	2.03	31.65	64.249

表 5-3 实际降雨过程

雨强(mm/min)	降雨历时(min)	降雨场次(场)	降雨量(mm)	降雨频率(%)
0.5	90	11	495	44
1.0	60	9	540	36
2.0	30	5	300	20

试验前期条件控制主要指流域模型的填土容重、填土深度、填土方式和预备试验等。根据供试土壤的物理特性及前人相关模拟试验对填土容重的经验,选取的模型土壤的粒径组成见表 5-4。

表 5-4 模拟试验土壤的粒径组成

粒径(mm)	1 ~0.25	0.25 ~0.05	0.05 ~0.01	0.01 ~0.005	0.005 ~0.001	<0.001
各粒径组成重量百分比(%)	0.12	2.70	41.13	6.88	12.89	36.28

5.2.2 试验方法

5.2.2.1 观测时段

根据地貌形态变化特征及试验组次设计,将观测时段分为 9 期,各期对应的降雨场次见表 5-5。

表 5-5 观测时段分期

降雨场次	分期	降雨场次	分期	降雨场次	分期
试验前不降雨	1	第 9 场后	4	第 18 场后	7
第 5 场后	2	第 11 场后	5	第 20 场后	8
第 7 场后	3	第 14 场后	6	试验结束	9

流域地貌形态特征数据和侵蚀产沙数据是模拟试验的两大类主要观测内容,其中流域地貌形态特征数据采用近景摄影测量方法和 GIS 技术获取。

5.2.2.2 降雨特征值观测

以雨强、降雨历时和雨量作为描述降雨特征的主要指标,其中雨量可由雨强和降雨历时相乘得到,故此只需在试验中对雨强和降雨历时进行观测即可。用计时器记录降雨历时。为了提高雨强的观测精度并使实际观测雨强尽量接近设计雨强,试验采用了试验前率定雨强、试验中实测雨强的方法,即试验前先按设计雨强降雨 6 ~ 10 min 并用雨量筒进行观测,计算观测雨强和设计雨强的接近程度,据此确定正式试验中的雨强值;在试验过程中,分别在模型的不同部位布设 4 个雨量筒实测次降雨的总雨量、1 个虹吸式自计雨量计实测降雨过程、降雨的均匀性、降雨的稳定性和总雨量。试验降雨采用恒定雨强,故此以观测计算出降雨实测平均雨强作为试验的控制雨强。

5.2.2.3 径流泥沙特征值观测

径流泥沙特征值主要包括土壤含水量、产流时间、径流量、含沙量、输沙率、输沙量等。在模拟试验过程中,先进行雨强率定,然后进行正式试验并记录产流时间、进行泥沙径流过程观测。径流量的观测用体积法,通过在流域出口处的集流池水位测算。试验中每隔 1 min 记录一次集流池水位,然后根据集流池底面积换算出相应时段径流量体积。含沙量的观测和径流量同时进行,即在同一时段内利用径流泥沙取样器收集径流泥沙样品,待试验结束后用量筒测定每个样品的体积,用烘干法测定各样品中的泥沙重量,进而确定每个泥沙取样的含沙量;用泥沙样品的含沙量代替时段径流的含沙量,结合所观测到的时段径流量体积,即可得到整个流域模型降雨试验侵蚀产沙过程的各时段径流量、含沙量、输沙率、次降雨径流量、径流模数、产沙量及输沙模数等径流泥沙数据。

5.2.2.4 地貌形态的近景摄影测量及 GIS 技术的动态监测

为了精确获得流域模型在不同发育阶段的地貌形态特征和流域侵蚀产沙的空间分布规律,在地貌形态量验中利用了高精度近景摄影测量方法和 GIS 技术。

(1)利用近景摄影测量、数字摄影测量和 GIS 技术对流域地貌发育过程进行动态监测,获取流域不同发育阶段地貌形态及流域侵蚀产沙的空间分异信息。

(2)对所获取的立体像对进行影像处理,利用“解析-4”全数字立体摄影测量工作站进行立体像对的立体量测,制作流域地貌形态的数字高程模型和等高线图。

(3)编制专用软件和利用“解析-4”全数字立体摄影测量工作站对流域地貌形态参数和流域不同部位的侵蚀产沙量进行计算和量测。

为了满足模拟试验对地貌形态观测的精度要求,对近景摄影测量和应用 GIS 技术建立数字高程模型(DEM)的主要技术指标作了具体规定,即像控点(平高点)的平面、高程标准差不超过 ±0.3 mm;数字高程模型(DEM)的高程(垂直方向)误差不超过 ±0.2 mm,平面误差不超过 ±1.5 mm,DEM 格网单元尺寸 1 mm。

5.3 坡沟耦合下的流域地貌形态发育过程

5.3.1 流域地貌发育过程划分

关于流域地貌的发育过程问题,国外的戴维斯(W. M. Davis)、A. N. Stranhler 等及国内的励强、陆中臣和马新中等都做过大量的相关研究。其中,A. N. Stranhler 提出了高程积分法,将戴维斯(W. M. Davis)的地形发育阶段模式定量化,认为:

幼年期地形:高程积分值 >60%;

壮年期地形:60% >高程积分值 >35%;

老年期地形:高程积分值 <35%。

励强等采用侵蚀积分值 E_i 将黄土高原丘陵区流域地貌发育阶段划分为:

侵蚀早期:$0 \leqslant E_i < 30\%$;

侵蚀中期:$30\% \leqslant E_i < 70\%$;

侵蚀晚期:$70\% \leqslant E_i < 100\%$。

本节采用侵蚀积分值和高程积分值对模拟试验中流域所处的发育阶段进行研究。表 5-6 为流域模型经过不同场次降雨后的侵蚀积分值和高程积分值。

表 5-6 模拟试验过程中流域模型侵蚀积分值和高程积分值统计

序号	降雨场次(场)	侵蚀积分值 E_i(%)	高程积分值(%)
1	5	2.53	97.47
2	7	5.12	94.88
3	9	7.55	92.45
4	11	11.06	88.94
5	14	12.76	87.24
6	18	15.71	84.29
7	20	17.47	82.53
8	23	18.84	81.16
9	25	20.01	79.99

从表 5-6 的计算结果及 A. N. Stranhler 和励强等对宏观流域地貌发育阶段的划分标准来看,模拟试验中流域模型经过 25 场降雨后所处的发育阶段仍处于幼年期(或侵蚀早期)。

为了对处于幼年期(或侵蚀早期)的流域模型地貌发育过程进一步划分,利用平均输沙率指标对模拟试验 25 场降雨所观测到的次降雨流域不同发育时段侵蚀产沙动态变化特征进行了深入分析。

同一雨强条件下流域模型不同发育阶段的平均产沙率能够较好地体现流域各发育阶段的侵蚀产沙强度的变化。

图 5-1 为次降雨模型平均输沙率时序动态变化。

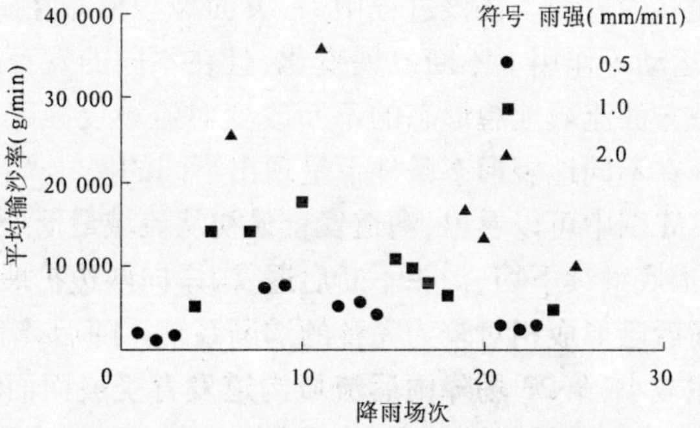

图 5-1　次降雨模型平均输沙率时序动态变化

由图 5-1 可以看出,各场次降雨的流域平均输沙率时序动态变化具有明显的时段性,并且模拟试验过程中所采用三种雨强(0.5 mm/min、1.0 mm/min 和 2.0 mm/min)对应的各场次降雨流域平均输沙率均具有较为一致的变化趋势,即流域平均输沙率先以较低数值小幅度增长且不同雨强间的相互差别较小;随着降雨场次的增加,流域平均输沙率开始以较大幅度快速增长并急剧跃升到最大值后缓慢下降,不同雨强间的相互差别显著增大,雨强对流域侵蚀产沙的作用进一步增强;随着降雨场次的进一步增加,流域平均输沙率在达到最大值后开始缓慢下降,变化幅度减小并趋于平稳,不同雨强间的相互差别减弱。由此可以看出,模拟试验所观测到的次降雨流域平均输沙率时序动态变化对雨强具有一致性。雨强是影响流域地貌发育过程的主要外部因素之一,这种一致性有力地表明了平均输沙率的时序动态变化基本反映流域本身特性,如流域地貌发育过程的非线性特征、流域所处发育阶段及流域所具有提供被侵蚀物质来源的能力等。因此,可以认为次降雨流域平均输沙率的时序动态变化是流域地貌发育过程基本特征的集中体现,可作为模拟试验中对处于幼年期(或侵蚀早期)的流域模型地貌发育过程进一步划分的主要指标。

基于上述分析,依据次降雨流域平均输沙率时序动态变化所具有的显著时段性,将处于幼年期(或侵蚀早期)的流域地貌发育过程进一步划分为三个不同时段,即发育初期时段、发育活跃时段和发育稳定时段。就具体的降雨场次而言,根据试验观测,发育初期时段对应第 1 场至第 5 场降雨,发育活跃时段对应第 6 场至第 18 场降雨,发育稳定时段对应第 19 场至第 25 场降雨。

5.3.2 侵蚀地貌形态发育过程

流域地貌既是水蚀作用的对象，又是土壤侵蚀的结果，反过来又会影响土壤侵蚀过程。流域侵蚀产沙是在降雨、径流动力作用于流域地貌之上而发生的土壤分散、剥离及输移的过程。在该过程中，一方面地貌形态在降雨、径流等侵蚀动力及地质构造运动等作用下不断发展变化，且在不同的发育阶段表现出不同的形态特征；另一方面流域地貌形态的不断改变对流域侵蚀产沙规律有一定的影响和制约，使其在不同地貌形态条件下呈现出不同的侵蚀产沙特性。

从试验的 DEM 图中可以看出，沟道发育最初从流域最低处及相对较低处开始，出现细沟后，沟底继续下切，沟头不断后退，沟岸向两边扩展。在径流侵蚀作用下，第 7 场降雨后已形成相对较为完整的沟网系统。随后，沟道面积进一步增大，坡面汇流面积减小，第 23 场降雨后流域沟道发育受坡面面积和出口高程限制，坡面来水减少，沟头溯源侵蚀减弱，沟岸坡度减小，侵蚀强度减弱，进入发育稳定阶段。

流域地貌形态的发育过程主要表现为沟谷的发育，即沟缘线后退、主支沟面积不断扩展、沟底持续下切、相对高差增大及地貌形态趋于破碎等。为此，这里仅就流域形态发育的主要表现形式——沟谷的发育过程进行深入分析，主要包括沟谷的扩展、下切及横剖面形态等方面。

5.3.2.1 主支沟动态扩展过程

地面破裂度（沟谷总面积占流域总面积的比例）与主支沟面积占流域总面积比例的动态变化可准确地描述和反映流域主支沟动态扩展的时序及空间特征。表 5-7 为不同时段主支沟面积占总面积比例及地面破裂度统计。

表 5-7 不同时段主支沟面积占总面积比例及地面破裂度统计

测量期次	流域总面积(m^2)	主沟所占比例(%)	1 号支沟所占比例(%)	2 号支沟所占比例(%)	3 号支沟所占比例(%)	4 号支沟所占比例(%)	地面破裂度(%)
2	32.65	0.09	1.21	0.63	2.63	3.24	16.66
3	32.65	0.17	1.44	1.32	3.71	4.00	26.97
4	32.65	0.25	2.05	1.79	3.97	5.02	37.70
5	32.65	0.31	2.34	2.09	5.74	6.25	47.64
6	32.65	0.35	4.07	2.59	7.05	6.60	55.60
7	32.65	0.41	4.77	2.98	8.34	7.32	64.21
8	32.65	0.43	5.33	3.10	8.66	7.50	67.23

流域模型经过 25 场降雨后地面破裂度达到 72.05%，地面破裂度随流域地貌发育呈现出明显的增长趋势，但增长速率在各时期有所差别。第 2 期至第 5 期的地面破裂度增长最快，增长速率保持在 9.93%，最高可达 10.74%；第 6 期至第 7 期地面破裂度增长速率有所下降，基本保持在 8% 左右；第 8 期至第 9 期地面破裂度增长速率进一步下降，仅为 4% 左右。流域地面破裂度增长速率的动态变化规律基本反映了沟道发育的强烈程度，是侵蚀强度在流域地形上的最终也是最直接的定量体现。

主支沟面积所占流域总面积比例的动态变化反映了主支沟动态扩展的变化趋势及其在空间分布上的不均衡性。由表 5-7 可以看出，主沟一直占据着沟谷总面积的主要部分（约 60%），其在流域地貌发育初期时段和发育活跃时段前期（第 2 ~ 4 期）扩展最快，平均扩展速率达到 8.29%；在流域地貌发育稳定时段（第 7 ~ 9 期）扩展趋于稳定，平均扩展速率仅为 3.15%。对各支沟而言，1 号支沟、3 号支沟和 4 号支沟的最大扩展速率均出现在流域地貌发育活跃时段，2 号支沟的最大扩展速率出现在发育初期时段；在流域地貌发育稳定时段，1 号支沟的扩展速率呈现下降趋势，2 号支沟、3 号支沟和 4 号支沟的扩展速率呈现增长趋势。这表明 1 号支沟扩展已趋于稳定，其余支沟还可能进一步扩展发育。

由此可见，沟谷扩展发育主要发生在流域地貌发育活跃时段。在流域地貌发育稳定时段，主沟扩展已趋于稳定，部分支沟的扩展发育还相对活跃。主沟在流域的沟谷扩展发育过程中居于主导地位。

5.3.2.2 主支沟纵剖面发育过程

图 5-2 ~ 图 5-6 是各期摄影拍照所得流域主沟及 4 条支沟的纵剖面发育过程。

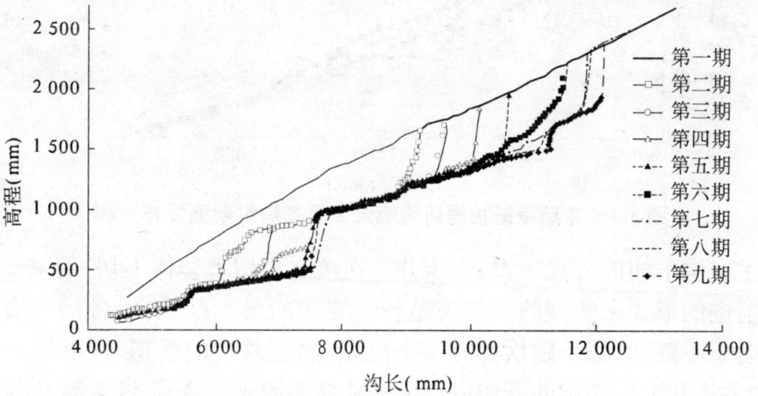

图 5-2 各期摄影拍照所得流域主沟纵剖面发育过程

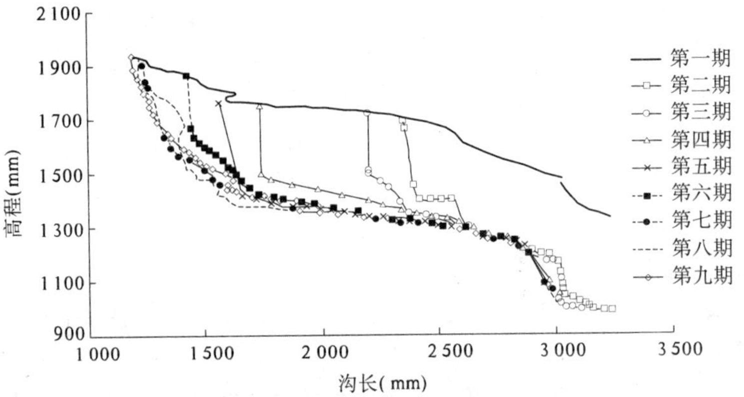

图 5-3　各期摄影拍照所得流域 1 号支沟纵剖面发育过程

纵剖面发育过程反映了主支沟沟底下切深度及方式的动态变化。由这些图可以看出,流域地貌发育初期时段和发育活跃时段前期(第 2 ~5 期)是主支沟下切最剧烈的时期,沟床起伏不平且多发育陡坎,沟床的下切速度远高于其他时期。在流域地貌发育活跃时段后期和发育稳定时段(第 6 ~9 期),主支沟的下切发育已基本停止,沟底起伏变化较为缓和且有明显泥沙沉积和沟底抬升现象,如第 5 期摄影拍摄时的 2 号、3 号和 4 号支沟沟底线明显低于第 6 期和第 9 期对应的沟底线等。

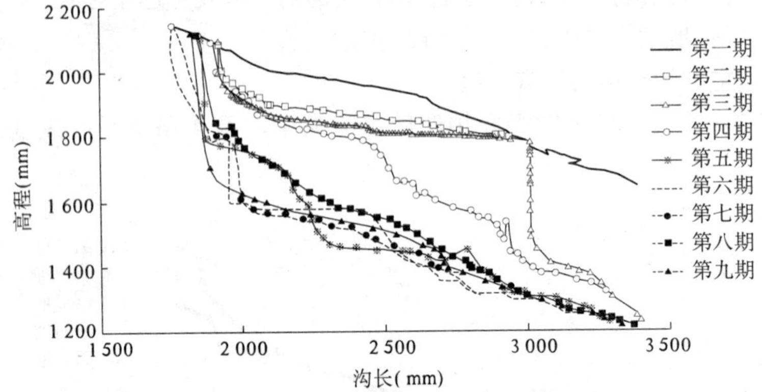

图 5-4　各期摄影拍照所得流域 2 号支沟纵剖面发育过程

就主支沟下切的方式来看,沟床并非在流水作用下整体下切,而主要是以陡坎溯源前进的形式来实现的。沟头是各主支沟的最大跌坎,沿各沟谷沟底又连续分布若干小跌坎,每个跌坎都有一个落差,随着跌坎的后退,沟谷底部随之降低,其中主沟和 1 号支沟的下切以沟头大陡坎溯源来实现;2 号支沟、3 号支沟和 4 号支沟由于沟头发育基本停止,其下切主要以沟谷底部小陡坎溯源发育来实现。陡坎的发育为沟底下切提供了能量来源,其数目多少和落差大小对沟谷下

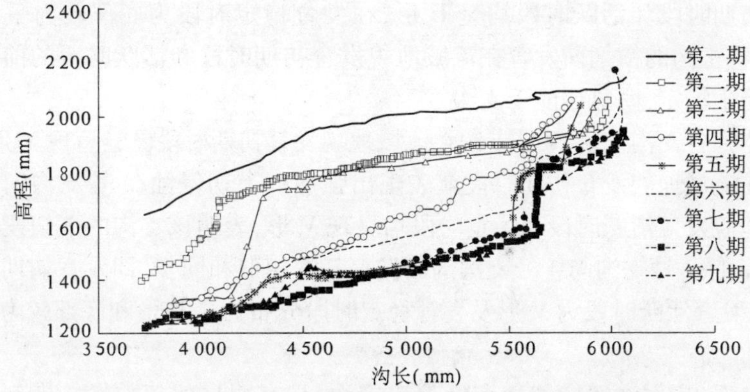

图 5-5　各期摄影拍照所得流域 3 号支沟纵剖面发育过程

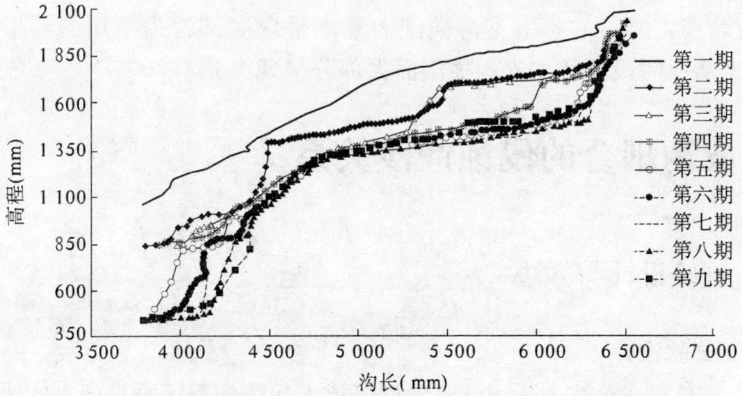

图 5-6　各期摄影拍照所得流域 4 号支沟纵剖面发育过程

切的幅度和速度具有重要影响。由于陡坎在沟底的分布具有随机性，在沟谷纵剖面的不同部位，其下切深度具有较大差别。随着沟底下切停止并趋于稳定，陡坎发育才基本消失，沟底起伏趋于和缓。可见，沟谷下切停止和出现泥沙沉积是沟谷纵剖面发育趋于稳定的重要特征之一。

5.3.2.3　主支沟横剖面发育过程

试验过程中观测发现，流域不同发育时段的主支沟横剖面形状具有显著差别。在流域地貌发育初期时段和活跃时段，主支沟横剖面形状基本呈现浅 U 形或尖锐 V 形；在流域地貌发育稳定时段，主支沟横剖面形状大体呈现底部较为平坦的梯形和深 U 形（个别支沟除外）。可见，V 形横剖面是主支沟下切发育剧烈的主要标志，底部较为平坦的梯形和深 U 形横剖面是主支沟下切停止且趋于稳定的重要体现。

具体而言，各主支沟横剖面发育呈现出明显的差异。主沟横剖面在流域地貌发育初期时段和活跃时段均呈 U 形,在发育稳定时段为底部较为平坦的梯形,这表明主沟的横剖面发育在流域地貌发育初期时段和活跃时段的前期已经完成并趋于稳定,明显超前于支沟。

具体到各支沟来说,1 号支沟在流域地貌发育初期时段已经呈现 V 形,表明该支沟在流域地貌发育初期时段就表现出强烈的下切侵蚀;2 号支沟的横剖面在流域地貌发育活跃时段和稳定时段均呈现 V 形,表明该支沟的下切发育还没有完全停止;3 号支沟与 4 号支沟剖面发育基本相似和同步,即发育初期时段为浅 U 形、发育活跃时段为 V 形及发育稳定时段分布为深 U 形和底部较为平坦的梯形。

可以看出,主沟的横剖面发育先于支沟,具有明显的超前性。横剖面为 V 形和底部较为平坦的深 U 形分别为沟谷下切发育剧烈和趋于稳定主要标志;流域地貌发育稳定时段的各主支沟横剖面基本呈现底部较为平坦的梯形和深 U 形,而发育活跃时段的各主支沟横剖面大部分呈现 V 形。

5.4 坡沟耦合的侵蚀产沙关系

5.4.1 试验设计与方法

5.4.1.1 试验设计

试验在安塞试验站进行。试验模型以黄土丘陵沟壑区垂直向上的梁峁坡面与沟谷坡面紧密相连所构成的坡沟系统为原型,依据黄土丘陵坡度分级、代表性小流域地面坡度组成及土壤侵蚀方式和侵蚀形态垂直分异规律等设计了模型的坡段数和各坡段坡度,在咨询和考察论证后建立了坡沟系统概化模型,其坡段划分、各坡段坡度与坡长,以及代表地类和主要侵蚀方式如表 5-8 所示。

表 5-8 坡沟系统模型的坡段划分与代表意义

<table>
<tr><th>空间部位</th><th>坡段序号</th><th colspan="2">代表地类</th><th>坡度(°)</th><th>水平投影(m)</th><th colspan="2">主要侵蚀方式</th></tr>
<tr><td rowspan="4">沟缘线以上</td><td>1</td><td rowspan="4">梁峁坡面</td><td>上</td><td>5</td><td>1</td><td>溅蚀、片蚀</td><td rowspan="4">坡面侵蚀</td></tr>
<tr><td>2</td><td rowspan="2">中</td><td>10</td><td>2</td><td rowspan="2">片蚀、细沟</td></tr>
<tr><td>3</td><td>15</td><td>2</td></tr>
<tr><td>4</td><td>下</td><td>20</td><td>2</td><td>细沟、浅沟</td></tr>
<tr><td>沟缘线以下</td><td>5</td><td>沟谷坡面</td><td></td><td>35</td><td>5</td><td>切沟、重力侵蚀</td><td>沟道侵蚀</td></tr>
</table>

试验模型由概化的梁峁坡面和沟谷坡面系统两部分组成,由于空间限制,建模时对各段坡长进行了适当缩小。模型宽 3 m,水平投影 12 m,底座高度 0.8 m,最高处达 6.01 m,空间形态如图 5-7 所示。

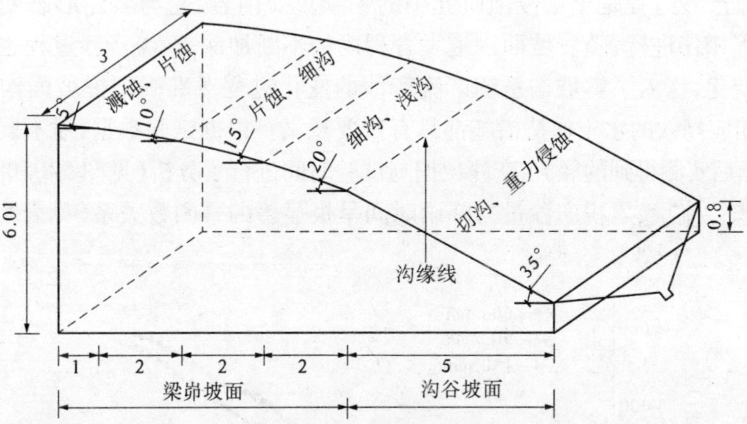

图 5-7 坡沟系统概化模型示意图 (单位:m)

5.4.1.2 试验过程

试验用土为陕北安塞(黄土高原)的黄绵土,填土时不研磨、不过筛,保持土的自然结构状态,采用分层填土法。试验选用 3 套侧喷式降雨设备,分梁峁坡面来水和无来水进行组合试验,研究三种不同雨强下坡沟系统不同侵蚀方式的演变过程。

试验前一天,进行 30 mm/h 前期降雨到坡面出现产流为止,其目的是保证每次试验土壤地表状况均一。在同一雨强下,当梁峁坡面汇水汇沙进入沟坡系统时,每隔 1 min 采集产沙量和径流量一次,同时量测坡沟流速和侵蚀形态,降雨时间固定为 60 min。

第一场降雨试验结束后,在此基础上继续降雨,当坡沟系统沟道发育趋于平衡时停止降雨。沟坡上方无汇水汇沙时的降雨时间和场次与上方有汇水汇沙时相同,用于对比坡沟系统有、无汇水汇沙时的侵蚀产沙过程变化。至此,一个雨强下的侵蚀产沙过程完毕。然后,进行其他场次雨强试验,重复上述步骤观测侵蚀过程。每场降雨试验完成之后,待试验模型中土壤不再黏结成块时,深翻 50 cm(相当于农耕地耕作和犁耕深度)2 ~ 3 遍,深翻过程中逐量回填新土,并做到上下层土壤充分混合均匀。翻土和回填土的过程中不断用烘干法测定土壤水分含量,以免干土回填过多,表层土壤水分含量控制在 15% 左右。然后,反复平整,使坡面坡度始终与断面坡度保持一致,并适当压实,表层和耕作层土壤容重分别控制在 1.05 g/cm^3 和 1.4 g/cm^3 左右。

5.4.2 坡沟系统侵蚀产沙特征分析

5.4.2.1 坡沟系统产流、产沙过程

产流产沙过程是土壤侵蚀研究中的一项重要内容,它与坡面形态变化及沟道发育等相伴进行,随着坡面沟道发育程度的不断加深,产流产沙过程也必然发生相应变化,深入了解坡沟系统产流产沙的变化过程对准确把握坡面沟道发育及制定相应高效的水土保持措施都具有重要意义。根据试验数据,对不同降雨过程中降雨后实测得到的径流、产沙数据与试验时间进行了分析(见图 5-8 和图 5-9),发现累积径流量、累积产沙量与降雨时间呈极显著的幂函数关系(见表 5-9)。

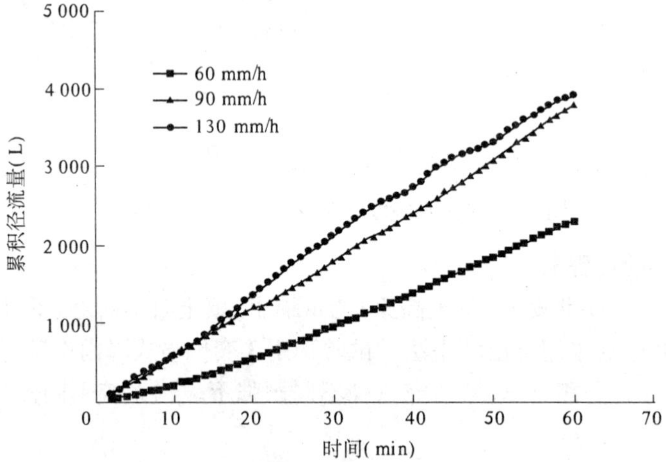

图 5-8 不同雨强下的坡沟系统累积径流量过程线

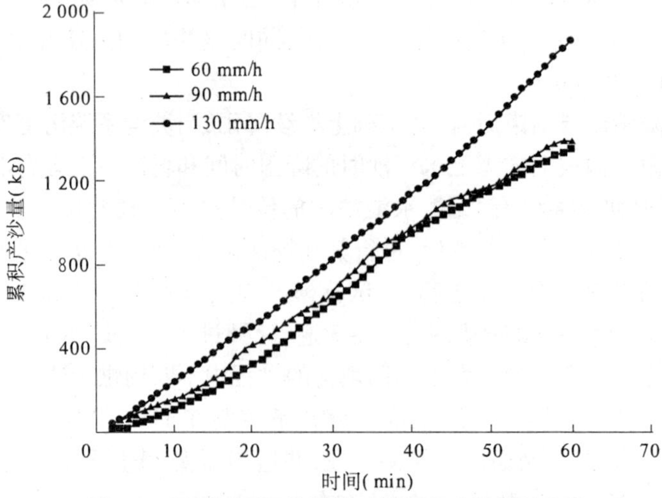

图 5-9 不同雨强下的坡沟系统累积产沙量过程线

表 5-9　不同雨强情况下坡沟系统累积径流量、产沙量与试验时间关系

过　程	试验编号	雨强(mm/h)	拟和方程	相关系数
产流过程	1	60	$Y = 10.106t^{1.3316}$	$R^2 = 0.9996$
	2	90	$Y = 51.086t^{1.0327}$	$R^2 = 0.9995$
	3	130	$Y = 53.112t^{1.0688}$	$R^2 = 0.9968$
产沙过程	1	60	$Y = 4.099t^{1.4552}$	$R^2 = 0.9957$
	2	90	$Y = 13.871t^{1.1363}$	$R^2 = 0.9916$
	3	130	$Y = 18.289t^{1.1205}$	$R^2 = 0.9995$

注：方程中的 t 为坡沟系统产流开始至停止降水的时间。

累积径流量和产沙量过程线的一般表达形式为：$y = at^b$（a、b 为系数，t 为产流后至试验结束时的时间），且有随降雨强度的增大其增加速率逐渐增大的趋势，即无论是产流过程还是产沙过程，其拟合方程中的系数 a 均随雨强的增大而增大，这主要与雨强越大，其相应产流时间越短、产流系数越大有关。

5.4.2.2　坡沟系统的输沙率和含沙量变化过程

一场试验的累积产流、产沙量虽大体可反映出试验中的产流产沙量的多少，但并不能直接反映出产沙量和含沙量随试验过程而发生变化的情况，而试验过程中的产沙量动态变化对认识侵蚀产沙规律是至关重要的。因此，根据试验数据点绘了试验的输沙率和含沙量随时间的变化过程。

从图 5-10 和图 5-11 中可以看到，无论是输沙率还是含沙量过程，都有随雨强的增大而增大的共同现象，但它们又有着各自不同的变化趋势。对于输沙率过程来说，在雨强较小(60 mm/h)的情况下，其变化趋势大体为先增大然后保持相对稳定的较高状态；在雨强较大(90 mm/h)的情况下，其变化趋势为先缓慢的波动增大，随后在 20 min 前后达到一个峰值，最后又趋于下降；而对于大雨强(130 mm/h)来说，峰值出现在试验的开始和中间阶段，随后一直呈下降趋势。而对于含沙量过程来说，大雨强情况下，其变化呈缓慢的波动下降趋势，而中雨强和小雨强的变化趋势不很明显。到了试验的后期阶段，大雨强下的含沙量基本接近中等雨强下的含沙量。

分析输沙率和含沙量的变化过程，其主要原因是在大雨强情况下发育更快，进入相对稳定状态也越快。而坡面侵蚀输沙为非饱和非平衡输沙过程，此过程中径流产沙量的大小一方面取决于径流侵蚀力的强弱，另一方面也与地面物质的补给能力有关，坡面侵蚀过程中这两个方面因素的消长变化及其组合决定了径流产沙量的变化特征。

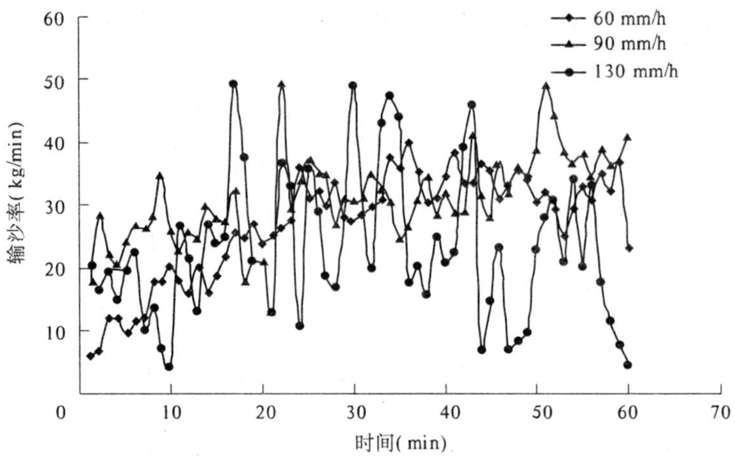

图 5-10　不同雨强下的坡沟系统输沙率变化过程

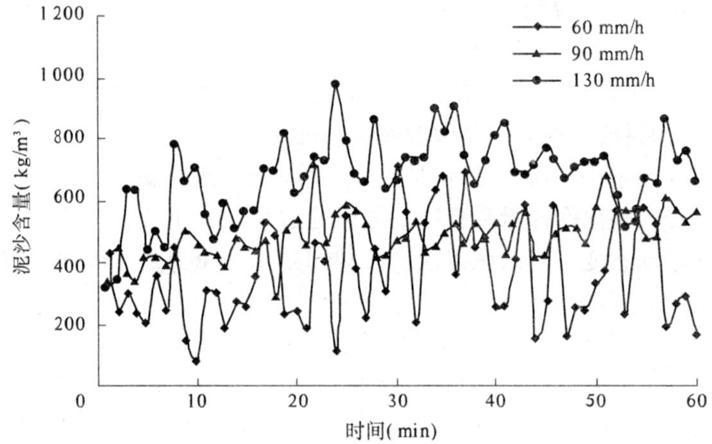

图 5-11　不同雨强下的坡沟系统含沙量变化过程

根据已有的研究结果,径流侵蚀力的大小主要取决于径流剪切应力 τ,$\tau=\rho gh\sin\theta$,即其大小主要由径流深和水力坡度决定。可认为水力坡度与地面坡度基本一致,而试验的坡面坡度保持不变,因此径流剪切应力 τ 的大小也只取决于径流量的大小。地面物质的补给能力主要受制于土壤本身性质及泥沙颗粒本身的运动特性。在试验开始的最初阶段,由于土壤表面疏松,地面物质补给能力很强,产沙量主要取决于径流侵蚀力的大小。细沟流冲刷分散土壤的能力随雨强的增加而增大,含沙量也就随雨强的由小变大而不断增大。在沟道形成后的发展阶段,由于沟槽形成,地面物质补给减少,与径流侵蚀力比较,此时含沙量大小受地面物质补给能力大小的影响更大。当沟道发展持续一段时间后,其形态基本接近均衡状态,地面物质补给能力更弱,尽管大雨强条件下的径流侵蚀力比小雨强条件下的径流侵蚀力大,径流产沙量却变得更小。

5.4.3 坡沟侵蚀产沙耦合关系

5.4.3.1 坡面来水来沙作用分析

在试验既定条件下,当坡面和沟道系统分开时,坡沟系统径流量之和 Q_p+Q_g 与两个土槽连接时试验土槽的径流量 Q_{pg} 基本相等,表明在试验过程中,径流保持大致的平衡状态。试验结果表明,在不同雨强下,坡沟系统连接时的侵蚀产沙量 S_{pg} 总是大于坡沟系统分开时的侵蚀产沙量之和 S_p+S_g,表明坡沟系统侵蚀现象为侵蚀—搬运过程占主导地位。

降雨过程中,上方来水来沙是上下不同地貌部位之间水流能量传递的媒介,不仅影响坡下方的入渗、产流能力,同时会影响坡面的径流挟沙力和侵蚀产沙量。描述坡面来水侵蚀作用的重要指标是坡面来水引起的净侵蚀产沙量 S,它是指坡沟系统连接时的总侵蚀产沙量 S_{pg} 与坡沟系统分开时梁峁坡面侵蚀产沙量 S_p 和沟谷侵蚀产沙量 S_g 之和的差,即 $S=S_{pg}-(S_p+S_g)$。

试验资料表明,在 60 mm/h、90 mm/h、130 mm/h 三种雨强下,沟道接受上方来水后引起的净侵蚀产沙量 S 占试验土槽全部产沙量 S_{pg} 的 15% ~29%。沟道接受上方来水后的坡沟系统侵蚀产沙量 S_{pg} 是无上方来水时侵蚀产沙量 S_g 的 1.48 ~2.34 倍。或者说,坡面侵蚀产沙量占坡沟系统侵蚀产沙量的 30% 左右,沟道系统侵蚀产沙量占坡沟系统侵蚀产沙量的 70% 左右,这与以往的研究结果基本相同。

5.4.3.2 坡沟系统有、无来水来沙情况下的径流率变化过程

降雨径流是坡面与沟道发生土壤侵蚀的基本条件,坡沟系统中侵蚀与产沙的时空差异性,主要取决于径流的时空变化特征。因此,分析坡沟系统的径流率变化特征,对于揭示坡沟系统的侵蚀产沙特征有一定的意义。

由图 5-12 中可以直观地看到坡沟系统分开与连接时的径流率变化过程。

在雨强为 60 mm/h 时,第一场降雨情况下坡沟系统分开时的径流率除个别数据大于坡沟系统一体的径流率外,第二场降雨情况下坡沟系统一体时的径流率均大于坡沟系统分开的径流率。分析产生这种现象的原因是降雨作用下的径流侵蚀力影响了地表土壤结构的变化,不同的地表层影响水流的入渗率,当雨强和下垫面条件相同时,坡面入渗过程对产流过程产生直接的影响。已有的试验研究表明,入渗率随降雨历时呈递减的分布规律。第一场降雨情况下的坡沟系统分开时坡面开始产流的时间短,产流率增加较快,坡沟系统连接一体的土壤入渗产流率增加相对较慢,出现了产流率较小的现象。第二场降雨情况下,土壤表层趋于密实,容重增加,土壤表层结皮的存在,致使土壤孔隙率明显下降,水流的

入渗能力减小，产流率主要取决于降雨和径流的综合作用，由于坡面汇水汇沙的作用，全坡面的径流率出现了大于坡沟系统分开时的现象。

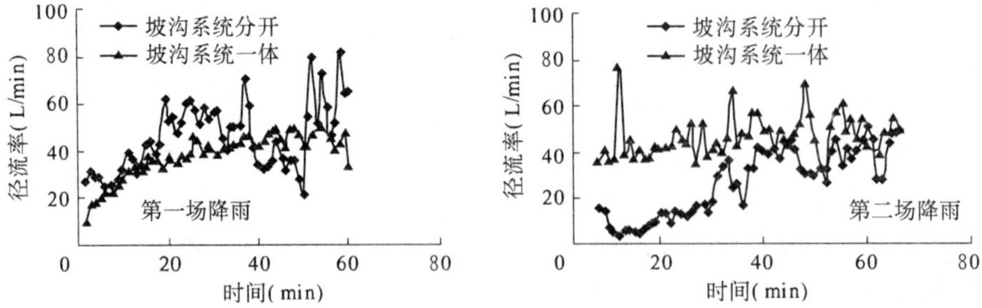

(a) 雨强60 mm/h

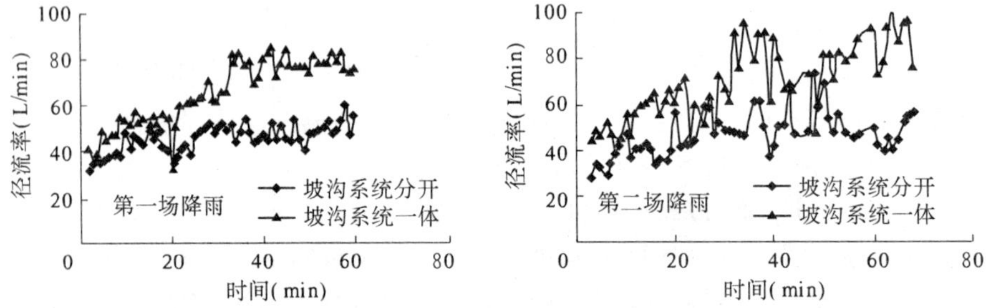

(b) 雨强90 mm/h

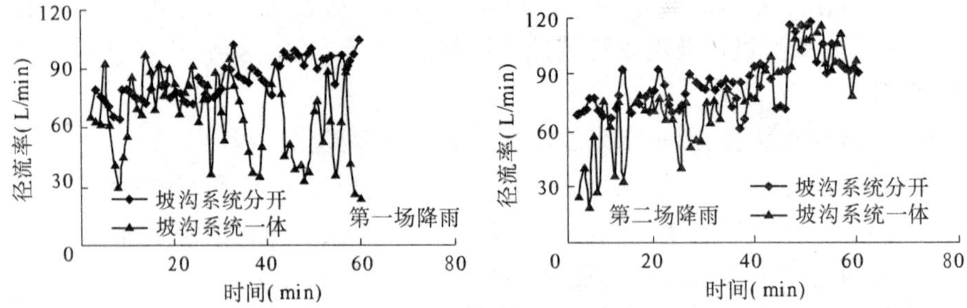

(c) 雨强130 mm/h

图 5-12　坡沟系统有、无来水来沙的径流率变化过程

在雨强为 90 mm/h 时，第一场和第二场降雨情况下坡沟系统一体时的径流率大于坡沟系统分开的径流率。在下垫面条件相同时，雨强的不同对坡面产流有不同的影响，雨强的增大，使得坡面进入稳渗阶段的时间变短，径流变化主要与雨强紧密相关。坡面汇流汇沙的作用增加了全程坡面的径流紊动性，径流率增加明显大于坡沟系统分开时的径流率，而坡面侵蚀方式的变化影响不很明显的原因是沟道的发育在两场降雨中都相对活跃。

在雨强为 130 mm/h 时，第一场降雨情况下坡沟系统一体时的径流率在开始阶段大于坡沟系统分开的径流率，后来有减弱的趋势，而第二场降雨情况下坡沟系统一体时的径流率在开始阶段小于坡沟系统分开的径流率,后来有增加的趋势。这主要是在大降雨情况下,坡面的不稳定入渗时间很短,对于疏松土壤表层的第一场降雨的全坡面径流率变化过程主要受降雨侵蚀力的影响,坡沟系统上方来水来沙的作用下出现了开始阶段的径流率大于坡沟分开时的径流率的现象,但是随着上方含沙水流的挟沙力增大,径流的侵蚀能力减弱,全坡面的径流率变化过程小于坡沟系统分开时的径流率。第二场降雨情况下,坡面的侵蚀方式变化主要影响了径流率的变化过程,在降雨的开始阶段坡面汇流汇沙作用下的全坡面浅沟和切沟的发育以下切与坍塌为主,阻碍了水的流路,坡沟系统上方来水来沙的作用下出现了开始阶段的径流率小于坡沟分开时的径流率的现象,但是随着沟道发育的减弱已形成相对稳定的流路,全坡面的径流率变化过程大于坡沟系统分开时的径流率。

5.4.3.3 坡沟系统有、无来水来沙情况下的输沙率变化过程

坡面径流通过对坡面土体的不断分散、剥离和输移过程,最终会将被侵蚀的土壤带离原来的地方。所谓输沙率,是指单位时间内坡面径流挟带坡面出口的含沙量。通过对坡面径流输沙率的研究,可以直接了解坡面侵蚀的状况。坡面径流输沙率的变化是坡面径流流态、流速、土壤分散和可蚀性等因素综合影响侵蚀的结果,是坡面径流侵蚀动力的具体体现。

从图 5-13 中可以看出,雨强下的输沙率过程变化有一定的规律性,在同一下垫面时,雨强越大,径流搬运泥沙的能力越大,反映到径流输沙率上也如此。在试验刚开始时,径流输沙率一般较小,随着试验的进行,输沙率逐渐增大并且基本达到稳定,一直到试验结束。这是因为试验刚开始时,坡面比较平整,只有土壤的颗粒阻力阻滞水流,糙率较小,侵蚀量较小。随着试验的进行,坡面出现跌坎并发育成沟道侵蚀,坡面糙率逐渐增大,侵蚀量增大,但是到了降雨的后期,沟道已经下切到一定深度,沟蚀的发展受到沟道形状和试验边界条件的制约,沟道侧蚀和下切发生困难,输沙率也呈减小的趋势。

图 5-13 中可以直观地看到坡沟系统分开与连接的输沙率变化过程。坡面来水来沙作用下的输沙率在雨强为 60 mm/h、90 mm/h 时较好地反映了随着上方汇水的作用而增大的趋势,但是在雨强较大为 130 mm/h 时,坡面输沙率出现了在上方汇水作用下坡面输沙率减小的现象。在雨强为 60 mm/h、90 mm/h 时,坡沟系统一体的输沙率大于坡沟系统分开时的输沙率,在 90 mm/h 时这种现象表现得更明显。而在雨强为 130 mm/h 时,第一场降雨时坡沟系统一体的输沙率在降雨后期小于坡沟系统分开时的输沙率,第二场降雨时坡沟系统一体的输沙率在降雨后期小于坡沟系统分开时的输沙率。这种现象可能由两种原因引起:一是雨强较大时坡面水流从坡顶向下流动过程中动势能转化较快,导致坡面

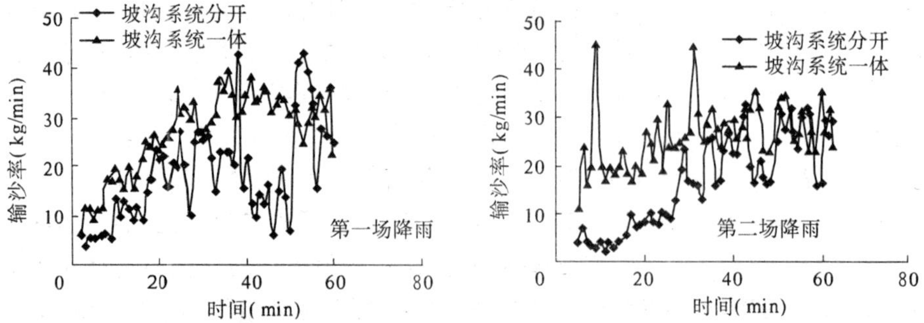

(a) 雨强60 mm/h

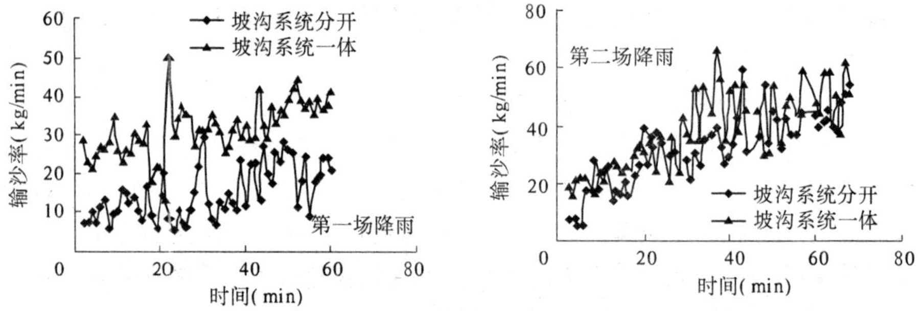

(b) 雨强90 mm/h

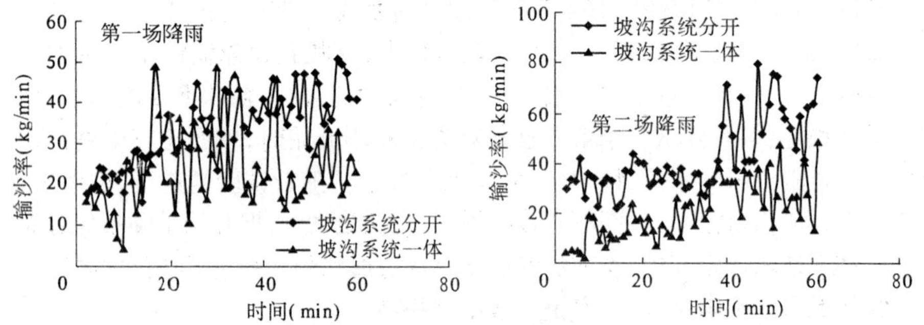

(c) 雨强130 mm/h

图 5-13 坡沟系统有、无来水来沙的输沙率变化过程

流速较大,因而水流流路基本呈直线,而在坡沟系统分开的情况下,由于沟谷坡面流流速较小,流路狭窄,因而最终侵蚀的土体体积较坡沟系统一体时的侵蚀量较大;二是上方来水含沙量的原因,当雨强较大径流中含沙量明显增大时,对坡面的剥离能力减小,总的侵蚀量会减小。

5.4.3.4 梁峁坡面来水量与沟谷净侵蚀量的关系

上方来水作为坡面上、下方之间发生侵蚀产沙关系的纽带,把不同部位的产沙过程连接成为一个整体。根据对试验数据的分析,将梁峁坡面来水量与沟谷净侵蚀产沙量的关系点绘在直角坐标系中(见图5-14)。

从图5-14中可以看出两者之间呈密切的幂函数关系。其表达式为：$y = ax^b$，即沟坡部分的侵蚀量随着坡面来水径流量的增大而增大。从图5-14中的方程式还可以看出，式中的幂指数大于0，由幂函数的性质可知，当坡面来水量增加时，将引起沟坡部分更大的侵蚀量。因此，有效减少坡面来水量将是黄土高原地区水土保持措施布设的关键。

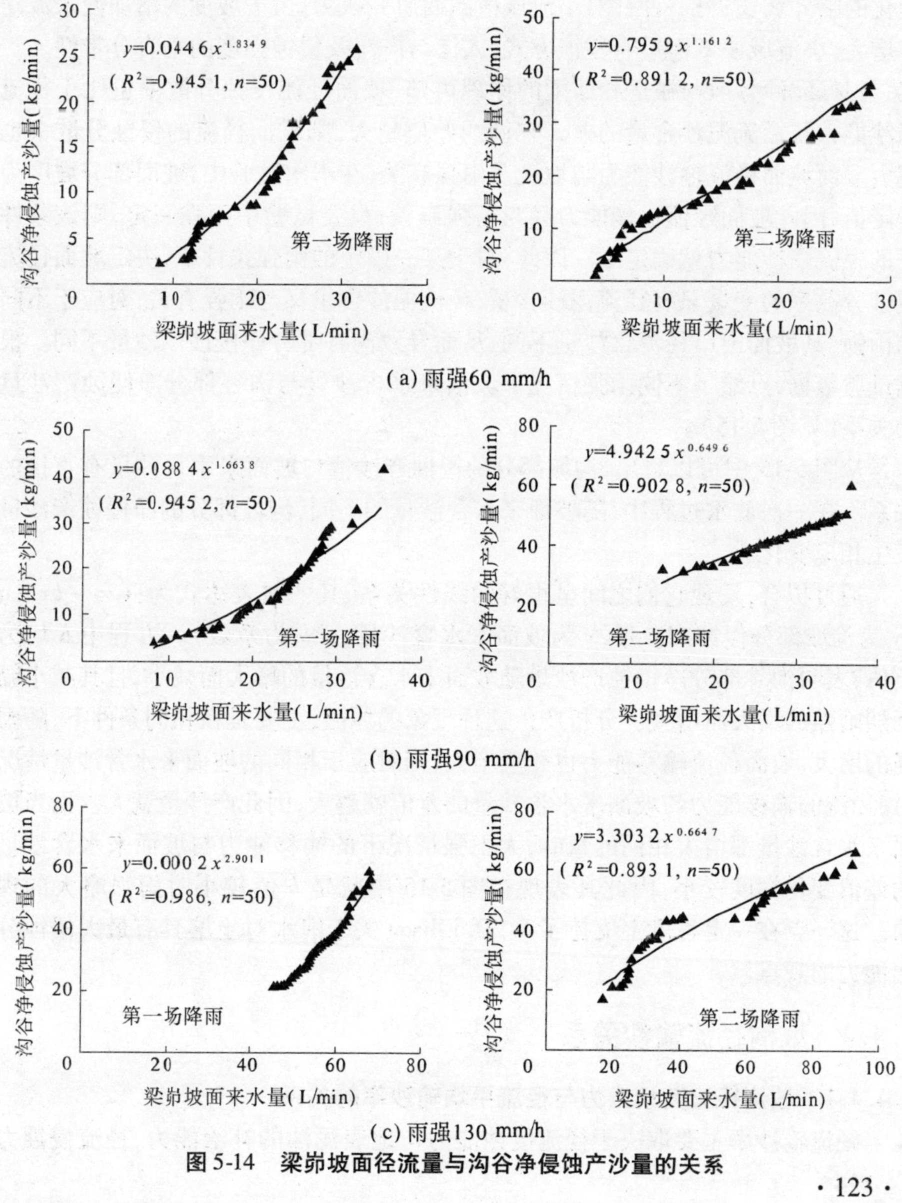

图5-14　梁峁坡面径流量与沟谷净侵蚀产沙量的关系

5.4.3.5 梁峁坡面来水含沙量与沟谷净侵蚀量的关系

关于坡面径流下沟后，沟谷部分侵蚀产沙变化原因和趋势的研究目前还未达到统一认识。目前主要有以下几种观点：一种认为沟谷产沙量因径流深度的增加而增大；一种认为由于含沙量自上而下增加，水流的能量主要用于输沙，相应的侵蚀能力减小；一种认为冲刷强度从上而下是相同的。还有学者通过对均匀坡面的研究后认为，当坡长增加时，由于受入渗损失的影响，存在侵蚀率发生变化的临界坡长；另一种针对小流域横剖面研究认为，由于坡度的增加使水流动能增大，小流域横剖面具有侵蚀方式、入渗与产流及侵蚀强度的垂直分带性。

根据泥沙分散与搬运相匹配的原理可知，坡面径流侵蚀分散率正比于径流输沙能力与径流泥沙含量的差。它们的差值越大，则坡面径流的侵蚀分散率也越大。而坡面径流输沙能力与坡度及雨强有关，在本次试验中，坡面部分坡度为一定值，因此坡面径流输沙能力只与雨强有关，只要试验中雨强一定，则该条件下的径流输沙能力就确定了。因此，对于某一确定的雨强条件下，决定坡面径流侵蚀分散率的变量只有径流泥沙含量，径流泥沙含量又与雨强有关，对应于不同的雨强，其坡面出口径流含沙量不同，从而导致沟谷部分净侵蚀产沙量不同。根据试验数据，点绘了不同雨强情况下坡面来水含沙量与沟谷部分净侵蚀产沙量的关系（见图 5-15）。

从图 5-15 中可以看出，沟坡部分的侵蚀产沙量与坡面来水含沙量有直接的关系。在一次放水过程中，随坡面来水含沙量的不同，沟坡部分的净侵蚀产沙量发生相应变化。

通过拟合，发现它们之间呈很好的线性关系，其一般表达式为：$y = -bx + a$（y 为沟坡部分侵蚀产沙量，x 为坡面来水含沙量，a、b 为系数）。方程中 b 均为负值，表明沟谷部分净侵蚀产沙量随坡面来水含沙量的增大而减小，且其减小幅度随雨强的增大而增大。分析产生这种现象的原因，主要是在相同条件下，随雨强的增大，坡面径流输移能力也相应增大，当对应于相同的坡面来水含沙量情况时，径流的输移能力与坡面来水含沙量的差值就越大，因此产沙量就大。而当坡面来水含沙量都增大相同的量时，大雨强情况下的输移能力与坡面来水含沙量的差值变化幅度较小，因此其表现在图 5-15 中就是 b 值较小时雨强略大的现象。这一点在一定程度上支持了 W. D. Ellison 关于清水对土壤具有最大侵蚀分离能力的观点。

5.4.4 坡沟径流输沙关系

5.4.4.1 坡沟径流剪切应力与径流平均输沙率的关系

径流输沙率主要取决于径流侵蚀能力与地表泥沙的补给能力，径流侵蚀力

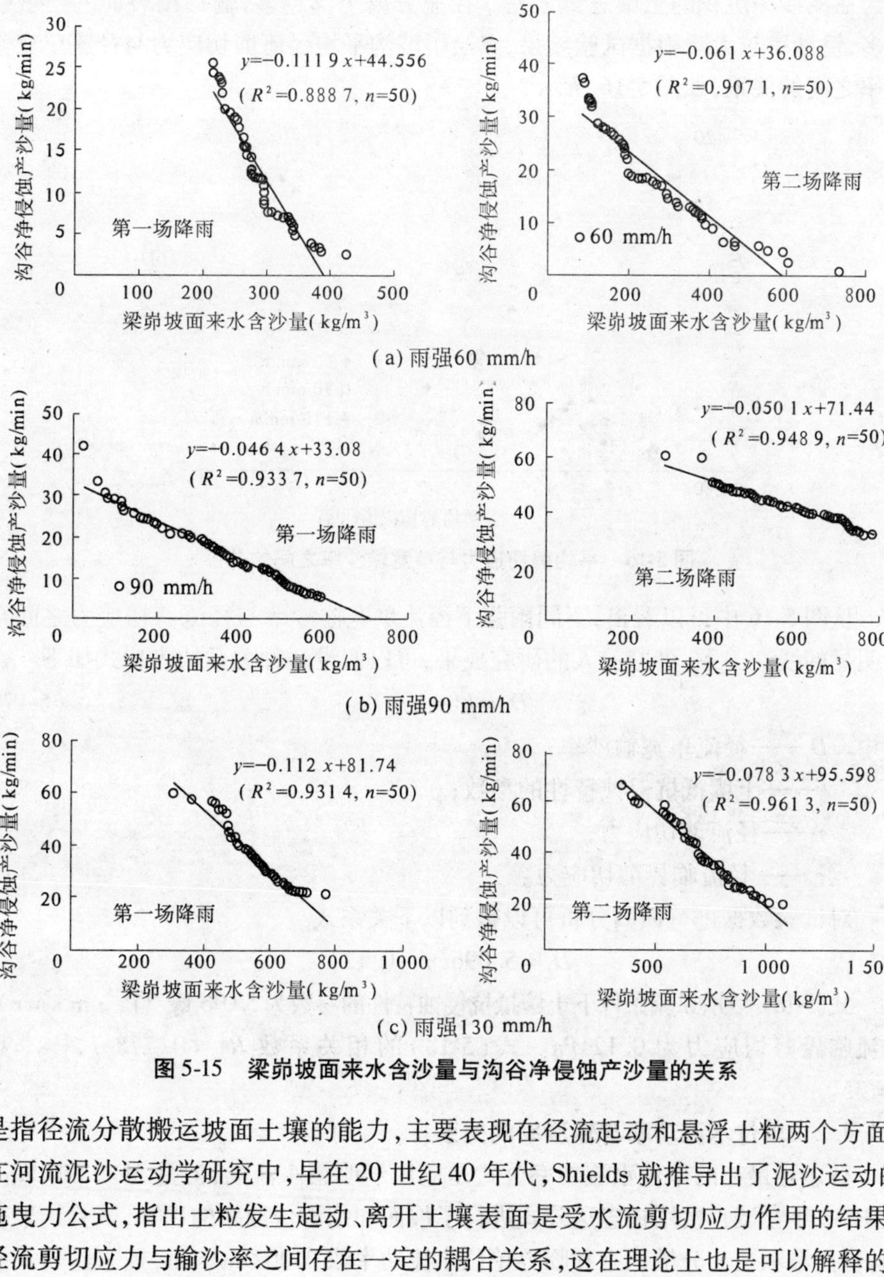

图5-15　梁峁坡面来水含沙量与沟谷净侵蚀产沙量的关系

是指径流分散搬运坡面土壤的能力，主要表现在径流起动和悬浮土粒两个方面。在河流泥沙运动学研究中，早在20世纪40年代，Shields就推导出了泥沙运动的拖曳力公式，指出土粒发生起动、离开土壤表面是受水流剪切应力作用的结果。径流剪切应力与输沙率之间存在一定的耦合关系，这在理论上也是可以解释的。水土界面径流剪切应力可以克服土粒之间的黏结力，使得土粒疏松分散，从而为径流侵蚀土壤提供物质来源。径流剪切应力越大，作用于土壤的有效剪切应力就越多，剥离的土壤越多，侵蚀越严重。坡面输沙率实质上是径流剥离的土壤总量与在泥沙中沉积的土壤总量之差。径流分离土壤越多，输移出坡面的土壤会越多，输沙率越大。根据试验结果，点绘了坡沟平均径流剪切应力与径流单宽输沙率之间的关系，如图5-16所示。

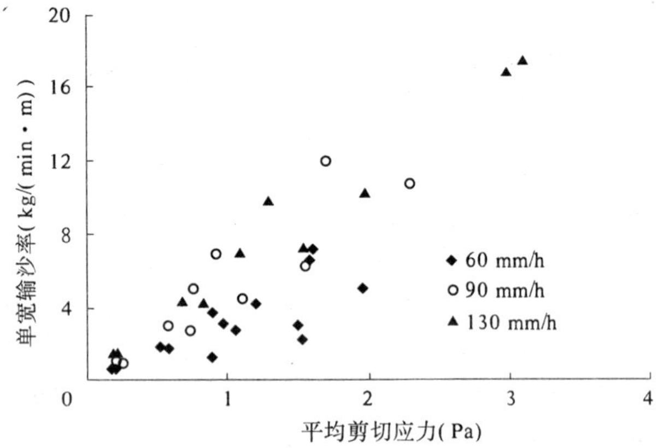

图5-16　平均剪切应力与单宽输沙率之间的关系

从图5-16中可以看出，不同雨强下径流单宽输沙率与径流剪切应力之间存在明显的线性关系，借鉴前人的研究成果，可以假设这种关系的表达式如下

$$D_r = k(\tau - \tau_c) \tag{5-17}$$

式中　D_r——径流单宽输沙率；

k——土壤抵抗侵蚀特性的参数；

τ——径流剪切应力；

τ_c——径流临界剪切应力。

对试验数据进行回归分析可以得到以下关系式

$$D_r = 5.096(\tau - 0.12) \tag{5-18}$$

式(5-18)表明，试验条件下土壤抵抗侵蚀特性的参数为5.096 kg/(Pa·m·min)，径流临界剪切应力为0.12 Pa。式(5-18)的相关系数$R^2 = 0.7787$，样本数$n = 35$。

5.4.4.2　单位水流功率与输沙率的关系

杨志达最初的单位水流功率公式是应用于明渠水流的，但是Moor和Burch在1986年尝试直接用杨志达公式进行了坡面和细沟侵蚀率的计算，试验结果表明，当土壤颗粒为分散状态和临界单位水流功率取0.002 m/s时，杨志达公式能够较准确地预测坡面和细沟流输沙率。本章采用单位水流功率这一概念就其与沟坡输沙率的关系作一讨论。根据杨志达对单位水流功率的定义，用试验所得数据，分析了不同雨强条件下的坡沟系统单位水流功率和单宽输沙率之间的关

系(见图 5-17)。从分析结果中可以看出,单位水流功率和单宽输沙率之间呈线性相关,关系式如下

$$g_s = 64.969P - 0.2765 \tag{5-19}$$

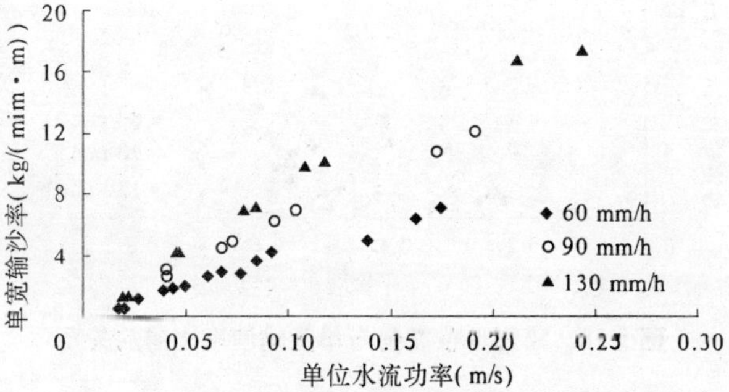

图 5-17 单位水流功率与单宽输沙率之间的关系

对式(5-19)进行分析可知,存在着某一临界单位水流功率值,大于此值坡沟系统才有输沙率出现。式(5-19)变换为

$$S = 64.969(P - 0.0043) \tag{5-20}$$

式中 S——单宽输沙率;

P——单位水流功率,即输沙率随单位水流功率的增大而增大。

从式(5-20)中可以看出,当 $P \geqslant 0.0043$ m/s 时,单宽输沙率 $S \geqslant 0$,即水流功率 $P = 0.0043$ m/s 为试验条件下的临界单位水流功率值。式(5-20)的相关系数较高,表明其代表了坡面土壤侵蚀发生的动力临界条件,可以试用式(5-20)对坡面土壤侵蚀状况作出预测。

从图 5-17 中还可以看出,单位水流功率随着雨强的增大而增大。根据以往大量研究,坡面流流速是流量和坡度的函数,可知单位水流功率也必然是流量和坡度的函数,在既定的试验条件下,当雨强增大时流量增大,输沙率也会随着增大,也即单位水流功率的增大必然引起径流输沙率的增大。

5.4.4.3 断面单位能量与输沙率的关系

根据试验实测资料及其计算结果,点绘了不同雨强条件下的坡沟系统断面单位能量和单宽输沙率之间的关系,如图 5-18 所示。

从图 5-18 中不同雨强下曲线的变化趋势可以看出,在试验的雨强和坡度范围内,断面单位能量越大,侵蚀输沙率越大;在断面单位能量一定的情况下,径流输沙率随着雨强的增大而增大。从图 5-18 中不同雨强下两者的关系走势可以看出,在不同雨强下,坡沟系统侵蚀发生的临界断面能量是不同的。究其原因,一方面是因为雨强影响着坡面土壤颗粒的稳定性,在雨强较大的情况下,土壤颗

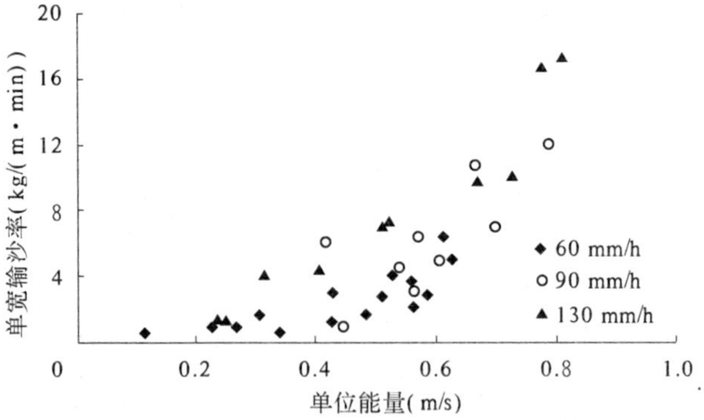

图 5-18　断面单位能量与单宽输沙率之间的关系

粒的稳定性降低,在其外界条件基本一致的情况下,较小的能量便可以起动大量的泥沙;另一方面,下垫面条件的不同也影响着坡沟侵蚀发生的临界。对图 5-18 中的试验数据进行分析,得到关系式

$$D_r = 19.874(E - 0.248) \quad (R^2 = 0.64, n = 35) \tag{5-21}$$

从式(5-21)中可以看出,当 $E \geqslant 0.248$ cm 时,输沙率 $D_r \geqslant 0$,即 0.248 cm 为试验条件下的平均临界断面单位能量。也就是说,在试验的坡度范围内,如果坡沟断面单位能量超过 0.248 cm,侵蚀便会发生。

5.5 小　结

(1)根据试验数据,对不同降雨过程中降雨后实测得到的径流、产沙数据与试验时间进行了分析,发现累积径流量、累积产沙量与降雨时间呈极显著的幂函数关系。

(2)对于输沙率过程来说,在雨强较小(60 mm/h)的情况下,其变化趋势大体为先增大然后保持相对稳定的较高状态;在雨强较大(90 mm/h)的情况下,其变化趋势为先缓慢地波动增大,随后在 20 min 前后达到一个峰值,最后又趋于下降;而对于大雨强(130 mm/h)来说,峰值出现在试验的开始和中间阶段,随后一直呈下降趋势。

(3)在 60 mm/h、90 mm/h、130 mm/h 三种雨强下,沟道接受上方来水后引起的净侵蚀产沙量 S 占试验土槽全部产沙量 S_{pg} 的 15% ~29%。沟道接受上方来水后的坡沟系统侵蚀产沙量 S_{pg} 是无上方来水时侵蚀产沙量 S_g 的 1.48 ~ 2.34 倍。

(4)雨强下的输沙率过程变化有一定的规律性,在下垫面一定时,雨强越大，径流搬运泥沙的能力越大，反映到径流输沙率上也如此。试验开始时，径流输沙率一般较小，随着试验的进行，输沙率逐渐增大并且基本达到稳定，一直到试验结束。

(5)沟坡部分的侵蚀产沙量与坡面来水含沙量有直接的关系。在一次放水过程中，随坡面来水含沙量的不同，沟坡部分的净侵蚀产沙量发生相应变化。

(6)试验条件下土壤抵抗侵蚀特性的参数为5.096 kg/(Pa · m · min)，径流临界剪切应力为0.12 Pa。

(7)在试验的雨强和坡度范围内，断面单位能量越大，侵蚀输沙率越大；在断面能量一定的情况下，径流输沙率随着雨强的增大而增大。

第6章 坡沟系统产沙对植被的响应关系

从模拟试验入手，利用概化模型和放水冲刷试验方法，从水动力学角度探讨了坡面植物措施对坡沟挟沙水流的影响及作用、侵蚀产沙规律、植被的水土保持作用机理，进一步揭示了坡面草被盖度及其空间配置的减蚀作用。该项研究对于探讨产沙机制及下垫面的耦合作用机理这一理论问题有重要科学意义，对于解决当前水土保持措施的优化配置，有效减少入黄泥沙更具现实意义。

6.1 试验设计与方法

6.1.1 试验设计

黄土高原多沙粗沙区典型小流域坡沟系统地貌特征可以粗略划分为沟间地（包括塬面和梁峁坡）和沟谷地（包括沟坡和沟床）（见图6-1）。

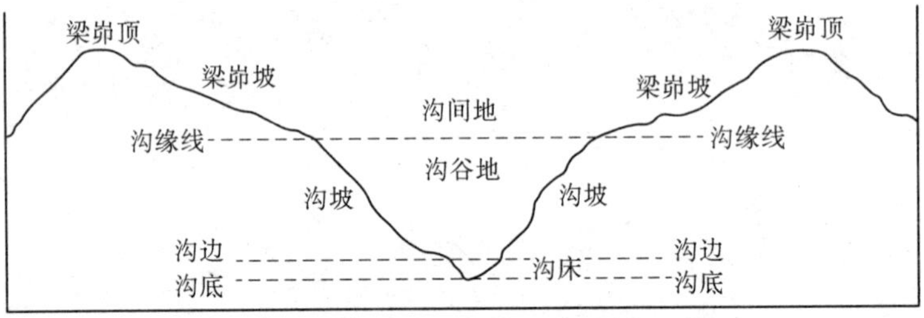

图6-1 黄土丘陵区坡沟系统横剖面示意图

根据黄土丘陵区坡面坡度在20°左右、沟坡坡度为40°～60°分布频率较大的实际，将坡沟侵蚀产沙系统进行概化，建立了坡沟系统概化试验土槽。该土槽坡面坡度为20°，沟坡为50°。为满足试验进度及重复的需要，共制作几何大小相同的两个试验土槽，分别记为1号和2号土槽，所建土槽的几何特征为实测投影面积13.252 m^2，试验土槽坡面长5 m，沟坡长3 m，坡面最上部1 m作为放水过渡区，其下部4 m作为试验坡面，坡面、沟坡垂直投影面积比为1.95:1，高差为4.01 m（见图6-2）。

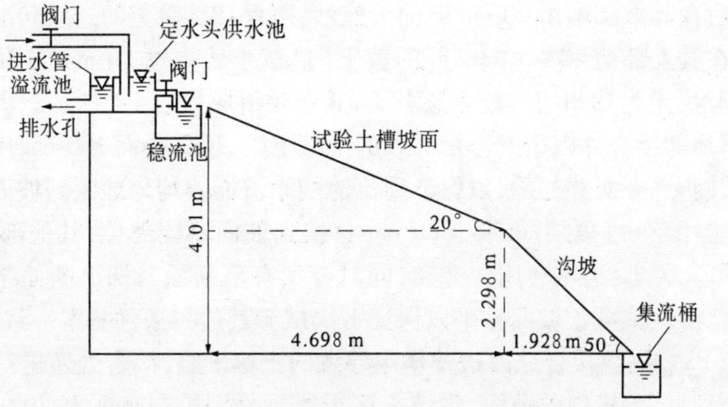

图 6-2 坡沟系统冲刷试验土槽示意图

根据研究需要,试验土槽宽度等分为 4 份,各宽 0.5 m;放水流量按黄土高原暴雨发生频率在野外标准径流小区上产生的单宽流量换算到试验土槽上的流量得到,选择了 3.2 L/min 和 5.2 L/min 两个流量,大致相当于野外暴雨雨强 1.0 mm/min 和 1.6 mm/min。坡面草被覆盖度(草被所占坡面面积的百分比)分为 5 种:0、30%、50%、70%和 90%,草被在坡面的空间配置分为坡上部、坡中部和坡下部 3 种,90%覆盖面积比不再有空间配置;沟坡全为裸坡(见图 6-3)。每场次试验至少重复一次。

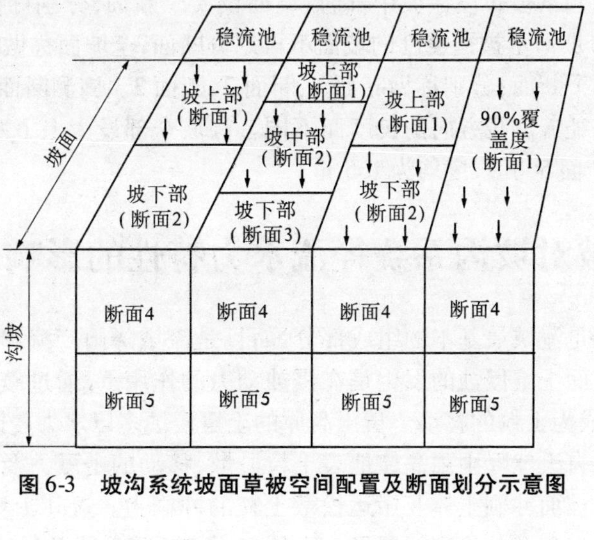

图 6-3 坡沟系统坡面草被空间配置及断面划分示意图

6.1.2 试验方法

试验在宽 50 cm、长 800 cm 的试验土槽内进行。先在冲刷槽下部铺填垫底土料，然后在其上部铺填 20 cm 厚的天然沙，以保持试验土的透水状况接近天然坡面，再在其上部填 40 ~ 50 cm 厚的黄土（供试土壤先过 10 mm 筛孔进行预处理）。试验用土为郑州邙山地表层黄土，其颗粒组成如表 4-1 所示。为减少稳流池与坡面顶部接合处因边壁作用导致的土壤下陷，顶部断面 100 cm 用水泥与黄土混合后铺上、夯实并整平，以保证稳流池的水流能够均匀地流到坡面上。填土前，将试验用草——野牛草带土 20 cm 移植到坡面不同部位，其他部位再按 10 cm 分层填入黄土，边填边用力夯实，同时夯实有草断面与裸土断面结合处。填土结束后，将无草覆盖坡面整平以保证每次试验其边界条件基本一致；为减少坡面两侧与 PVC 隔板接合处因边壁作用导致的土壤下陷，接合处还进行了压实和略加高处理；试验槽内的坡面、沟坡土壤干容重分别控制在 1.35 g/cm^3 和 1.45 g/cm^3 左右。试验前，每天给坡面洒水，促使有草断面与裸土断面更好结合。供水设备采用定水头控制流量，从试验槽上端按设计要求通过阀门控制流量。

试验产流后，每分钟收集一次浑水全样，采用置换法求其含沙量，并根据含沙量、径流量计算其侵蚀量。坡面流速采用染色剂法（染色剂为 $KMnO_4$），沿坡面径流流线方向根据草被覆盖所占面积大小及空间配置布设数个断面，分断面观测。

如图 6-3 所示，当坡面草被布设在坡上部或坡下部时，坡面仅设 2 个断面，分别称做断面 1 和断面 2（30% 坡面草被覆盖度设 3 个断面，分别称做断面 1、断面 2、断面 3）；当草被布设在坡中部时，坡面设 3 个断面，分别称做断面 1、断面 2、断面 3；90% 坡面草被覆盖度的坡面不再划分断面，全坡面称做断面 1；裸坡坡面也等分为 3 个断面，分别称做断面 1、断面 2、断面 3。施测断面的位置因坡面各断面沿坡面径流流线方向的长度而不同。沟坡全部设为上下两个断面，分别称做断面 4、断面 5，其长度均为 1.5 m。

6.2 植被对坡沟系统径流水力特性的影响

坡面不仅是流域最基本的组成部分，而且是流域降雨产流和侵蚀发生的最基本单元。坡面土壤侵蚀的发生是在侵蚀动力的作用下，通过破坏土壤颗粒间的结构，发展成为土粒的移动。黄土高原的土壤侵蚀多以水力侵蚀为主，其侵蚀动力主要是来自天然降雨雨滴使地表土粒分散、移动的击溅力及由降雨转化成的地表径流沿坡面冲刷土体及搬运松散土粒的冲刷力。近几十年来，国内外学者对坡面侵蚀过程及其机理开展了全面研究，尤其是 20 世纪 60 年代以后，众多学者开始从坡面降雨侵蚀发生的机理方面研究土壤侵蚀问题，并取得了丰富的研究成果，但许多问题仍未得到根本解决，这不仅阻碍了坡面流及侵蚀过程理论研究的进一步发展，而且实践上也影响了坡地开发利用的深入进行。针对黄土高原坡沟系统水蚀过程的核心问题，进一步开展植被对坡沟系统径流水力特性影响的研究，将有助于从动力学角度深入认识坡面产沙及侵蚀演变过程的本质原因，进而为揭示坡面草被减蚀作用机理、建立水土流失预报模型奠定基础，同时可以为正确认识和评价草被减蚀作用与效益、合理配置水土保持措施提供科学依据。

6.2.1 草被覆盖对坡面流流速的影响

土壤侵蚀是一种受众多因素影响的复杂力学过程。在降雨期间，坡面流一旦形成，当其侵蚀力大于土壤抗蚀力时，就会发生坡面径流侵蚀。坡面流的侵蚀力与坡面流流速有关，坡面流流速大小主要取决于地表特征、坡度、土壤特性和坡面流量等因素。自20世纪30年代起，国内外许多学者先后利用理论推导或试验研究等方法得到了许多有关坡面流流速的经验关系式，取得了大量研究成果。G. R. Foster等的室内试验表明，细沟流平均流速受降雨影响很小，即使细沟流流量相同时，其沿程水流水力学特性也有很大差异。L. D. Meyer等的野外田间试验表明，细沟流流速大致与流量的立方根成正比。Gilley等通过人工模拟降雨试验，建立了适用于缓坡、无生物措施覆盖下的包括细沟流平均流速和点流速在内的估测细沟水力学特性的一些回归方程。国内姚文艺、沙际德、邵学军等也都开展过裸坡坡面流流速试验研究。

坡面采取生物措施覆盖后，细沟流水力学特性的变化比较复杂。野外草地冲刷试验表明，冲刷模数随坡面坡度的增加呈线性增加趋势。M·M·普罗托季亚科诺夫通过草地坡面试验，分析得到草地坡面流速计算公式为

$$v = 0.0425A^{\frac{1}{2}}S^{\frac{3}{16}} \tag{6-1}$$

式中 v——坡面流速；

A——坡面单宽流量；

S——坡面坡度。

Ⅱ·A·杜德金也通过试验得到了类似的有无植被覆盖的坡面流流速计算公式。佑涅维奇的试验表明，坡面上的植物和地表不平整性对坡面水流流速及流态有重要影响。L. A. Kramer 和 L. D. Meyer 用玻璃纤维替代秸秆覆盖的方法，对比研究了地表有无植被覆盖对坡面流速的影响，与无覆盖坡面相比，当覆盖强度为0.12~0.25 kg/m² 时，其减缓径流流速及土壤侵蚀率的作用非常明显。此外，A. D. Abrahams、A. J. Parsons等也开展了草地坡面流水力学特性的研究，但是所得到的流速均是平均流速，未能进一步探讨坡面流速的时空变化过程及草被覆盖的影响作用。国内，徐在庸、江忠善、吴普特等都曾开展过草被覆盖下坡面流流速方面的研究，其中以江忠善等的研究最具代表性。江忠善在考虑

坡面流流态的基础上，将国内外坡面流流速公式概化为统一的形式，并根据坡面流不稳定流计算理论，结合所收集到的国内外坡面流流速资料和自己的试验成果，拟合出了坡面流流速的计算公式为

$$v = kq^{0.5}I^{0.35} \tag{6-2}$$

式中 v——坡面流流速；

q——坡面单宽流量；

I——坡面坡度比值；

k——系数，随坡面表面特征而异。

6.2.1.1 坡面流流速空间变化特征

表6-1 和表6-2 是各断面平均流速试验值（有下划线的为草被覆盖断面的平均流速）。可以看出，平均流速随着流量、草被覆盖度和草被空间配置的不同，其变化很大。放水流量为3.2 L/min 时，所有草被覆盖断面的径流平均流速都普遍小于8 cm/s；流量为5.2 L/min 时，所有草被覆盖断面的径流平均流速相差不大，平均流速较3.2 L/min 流量有明显增加，说明在其他影响因素相同的情况下，坡面径流量较小时，草被延缓径流流速作用较大，流量较大时，这种作用相对较弱，坡面草被覆盖延缓径流流速作用大小与径流强度有密切关系。

表6-1 在流量3.2 L/min 下坡沟系统各断面径流流速变化

覆盖度（%）	草被空间配置	不同断面流速（cm/s）					有草坡面平均流速（cm/s）	无草坡面平均流速（cm/s）	沟坡平均流速（cm/s）
		断面1	断面2	断面3	断面4	断面5			
0	裸 坡	16.5	24	26.9	55.4	64.3	—	22.5	59.8
30	坡上部	7.5	14.8	16.6	56.1	60.8	—	—	—
	坡中部	19.8	7.6	31.5	57.1	55.8	7.5	20.4	58
	坡下部	16.1	23.6	7.9	56.7	61.4	—	—	—
50	坡上部	5.3	17	—	37.1	42.2	—	—	—
	坡中部	15	6.6	29	45	37.7	6.4	19.7	40.7
	坡下部	18	7.3	—	41.9	40.5	—	—	—
70	坡上部	4.5	16	—	35	41.8	—	—	—
	坡中部	12.7	6.5	33	35.7	48.5	5	21.6	40.3
	坡下部	24.9	4.1	—	39.3	41.3	—	—	—
90	全坡面	4.4	4.4	4.4	36.9	42.1	—	—	39.5

注：有下划线的为草被覆盖断面的平均流速。

表 6-2　在流量 5.2 L/min 下坡沟系统各断面径流流速变化

覆盖度（%）	草被空间配置	不同断面流速（cm/s）					有草坡面平均流速（cm/s）	无草坡面平均流速（cm/s）	沟坡平均流速（cm/s）
		断面 1	断面 2	断面 3	断面 4	断面 5			
0	裸　坡	14.9	19.6	31	61.2	62.3	—	21.8	61.7
30	坡上部	8.6	13.4	21.1	54.6	69.6	—	—	—
	坡中部	16.2	8.4	24.7	53.6	71.2	8.6	18.9	61.3
	坡下部	16.7	21.7	8.6	54.7	64	—	—	—
50	坡上部	7.4	14.2	—	62.5	61.8	—	—	—
	坡中部	19.2	8.4	26.1	49.6	58.3	8.3	21.3	56.3
	坡下部	25.7	9.0	—	49.8	56.1	—	—	—
70	坡上部	8.0	28.5	—	53	67.7	—	—	—
	坡中部	16.9	8.1	15.3	44.3	51.4	7.9	19.7	54.8
	坡下部	18.2	7.5	—	53.2	58.9	—	—	—
90	全坡面	6.2	6.2	6.2	38.5	54.3	6.2	—	46.4

注：有下划线的为草被覆盖断面的平均流速。

通过比较草被覆盖断面坡面流的平均流速，可以看出，随着覆盖度的增加，坡面流平均流速呈指数下降趋势（见表 6-3）。

表 6-3　坡面流平均流速与草被覆盖度的关系

坡位	流量（L/min）	回归方程	相关系数 R^2	附　注
坡面	3.2	$v_s = 9.9203e^{-0.0092c}$	0.9862	c 为坡面草被覆盖度（%），$c \geqslant 30\%$；v_s 为坡面平均流速（cm/s）；v_g 为沟坡平均流速（cm/s）
	5.2	$v_s = 9.9504e^{-0.1031c}$	0.8121	
沟坡	3.2	$v_g = 60.639e^{-0.0054c}$	0.8031	
	5.2	$v_g = 64.457e^{-0.003c}$	0.8233	

无草被覆盖断面的坡面流平均流速变化不大（见表 6-2 和表 6-3）。对于裸坡和较低覆盖度（30%），其沟坡径流平均流速几乎没有差别，当覆盖度达到和超过 50% 时，随覆盖度的增加，沟坡径流平均流速略有下降，表明坡面草被覆盖度超过 50% 时，对沟坡坡面流速才有一定的减缓作用。据此初步判断，这种作

用明显与否的临界值在覆盖度为30%～50%，受室内放水冲刷试验的局限性，具体数值还有待于进一步的试验研究。坡面草被覆盖度与坡面及沟坡平均流速间有很好的一致性，说明在坡沟系统中，坡面草被覆盖度的变化对沟坡流速的变化也产生了一定的影响。

6.2.1.2　坡面流流速的时间变化过程

图6-4是放水冲刷流量为3.2 L/min、5.2 L/min时，坡沟系统各断面流速变化过程。

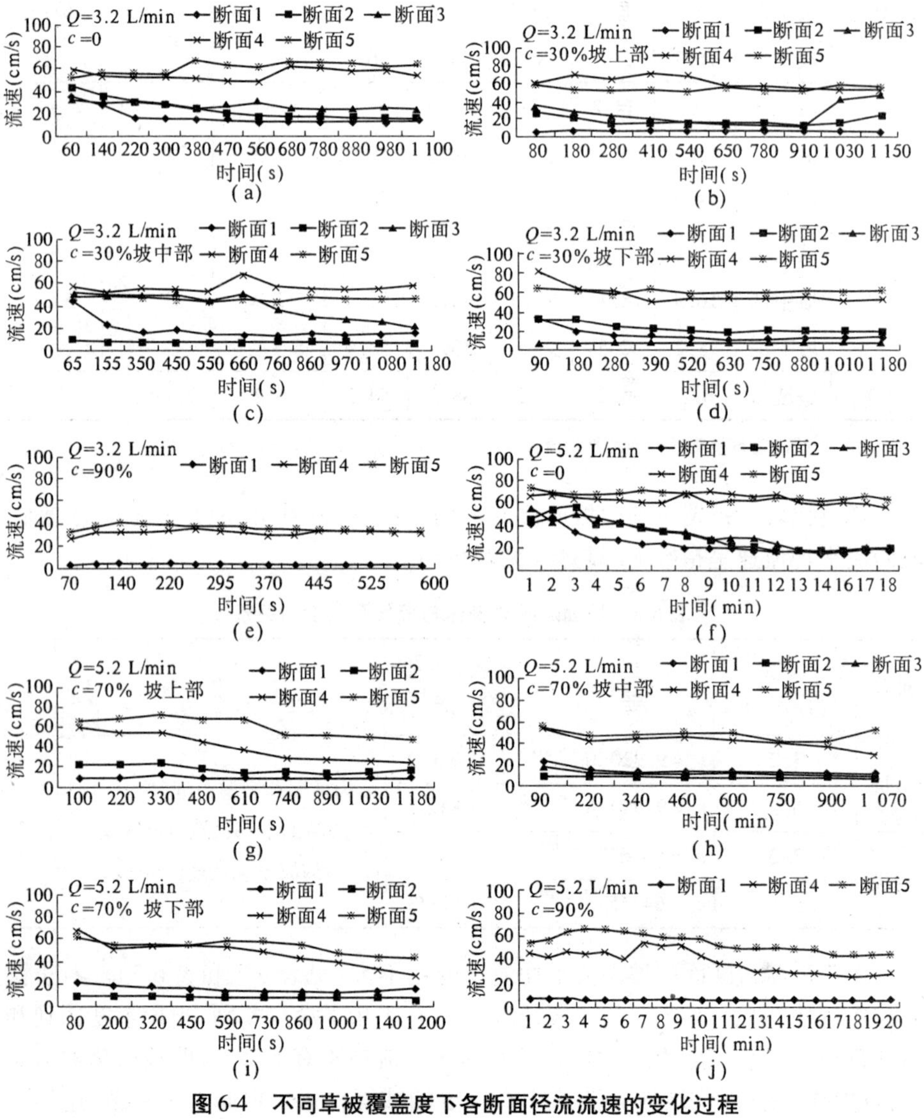

图6-4　不同草被覆盖度下各断面径流流速的变化过程

可以看出,放水流量为3.2 L/min时,各断面流速都基本随放水冲刷历时的延长呈下降趋势,而草被覆盖断面的坡面流速几乎没有变化。放水流量为5.2 L/min时,坡面各断面流速变化过程也基本如此,沟坡径流流速几乎都呈明显下降趋势。试验还观测到,当裸露断面出现细沟后,流速随之不断减小。草被覆盖断面由于草被在削减径流能量和分散径流的同时,还增加了地表糙度,对延缓坡面流流速起到了重要作用,同时由于抑制了侵蚀的发展,其形成的细沟不能充分发育,地形变化不大,故草被覆盖断面的坡面流流速变化很小。

6.2.2　草被覆盖下坡沟系统坡面流阻力变化特征

目前,坡面流特性研究中,所推求的坡面流阻力、曼宁糙率、剪切应力、流速、流宽、水力半径等多为整个坡面流段的平均特征,未能很好地反映径流阻力特性在坡面的变化过程,而且大都是单一坡面下的,均未涉及坡沟系统和草被不同空间配置。

6.2.2.1　**流速计算方法**

坡面流流速是通过用染色法测定水流流过每一断面区间的时间,计算出其相应的表面流速,每个断面连续3次的测量值平均后,分别乘以不同的修正系数0.67、0.70、0.8,就得到该断面层流、过渡流和紊流的平均流速。水流宽度是用薄钢尺在每个断面等间距测量4个水流宽度,平均后作为该断面的流宽;由于坡面径流深度仅仅几毫米,最深也不过1~2 cm,属于薄层水流范畴,因此径流深的测定十分困难,在研究中通过各个断面流速、流宽和两次取样间隔产流量的测定,并根据坡面草被覆盖度和各个断面所占坡面长度的不同,分别乘以不同的修正系数,计算得出各个断面的平均径流深。

Darcy-Weisbach阻力系数f采用下式计算

$$f = \frac{8ghJ}{v^2} \tag{6-3}$$

曼宁糙率系数n采用下式计算

$$n = \frac{h^{\frac{2}{3}} J^{\frac{1}{2}}}{v} \tag{6-4}$$

坡面水流雷诺数Re采用下式计算

$$Re = \frac{vh}{\nu} \tag{6-5}$$

式中　g——重力加速度;

h——过水断面水力半径;

J——水流能坡,采用坡面地形坡度α的正弦值;

v——水流流速；

ν——水的运动黏滞系数。

试验过程中，由于坡面流水面比降变化不太大，加上细沟形态不规则，坡面流实际比降的量测比较困难，因此水动力学参数计算中水流比降均采用了试验坡面地形的原始坡度比降。

6.2.2.2 坡沟系统坡面流曼宁糙率系数空间变化特征

为了探讨坡面草被覆盖对坡面及沟坡挟沙水流阻力特征的影响，根据试验过程中测定的各断面水流平均流速等水力参数，计算了其平均曼宁糙率系数（见表6-4和表6-5）。

如表6-4和表6-5所示，放水流量、坡面草被覆盖度和草被覆盖坡位的不同对坡面流曼宁糙率系数有很大影响。小流量（3.2 L/min）时，各断面径流平均曼宁糙率系数变化于0.008～0.199，草被覆盖断面径流平均曼宁糙率系数都普遍大于0.05，为裸坡的2～5倍，说明在坡面径流量较小时，坡面草被对水流的分散、阻挡上方来流，增加了坡面径流运动阻力和过水断面粗糙度，导致坡面流平均曼宁糙率系数明显增加；大流量（5.2 L/min）时，草被覆盖断面径流平均曼宁糙率系数相差不大，较小流量有明显下降（30%除外），说明草被对坡面流的阻滞作用随着流量的增加呈下降趋势。

表6-4　3.2 L/min流量下坡沟系统径流平均曼宁糙率系数

坡面草被覆盖度（%）	草被坡位	不同断面糙度系数					有草坡面平均曼宁糙率系数	无草坡面平均曼宁糙率系数	沟坡面平均曼宁糙率系数
		断面1	断面2	断面3	断面4	断面5			
0	裸坡	0.036	0.023	0.008	0.003	0.002	—	0.022	0.003
30	坡上部	0.06	0.047	0.027	0.005	0.003	—	—	—
	坡中部	0.027	0.057	0.012	0.005	0.003	0.058	0.028	0.004
	坡下部	0.041	0.017	0.057	0.004	0.004	—	—	—
50	坡上部	0.09	0.03	—	0.01	0.005	—	—	—
	坡中部	0.034	0.063	0.014	0.005	0.007	0.069	0.026	0.006
	坡下部	0.027	0.054	—	0.006	0.005	—	—	—
70	坡上部	0.119	0.033	—	0.013	0.007	—	—	—
	坡中部	0.071	0.098	0.011	0.014	0.006	0.116	0.033	0.009
	坡下部	0.016	0.131	—	0.009	0.007	—	—	—
90	全　草	0.199	—	—	0.01	0.006	0.199	—	0.008

表 6-5　5.2 L/min 流量下坡沟系统径流平均曼宁糙率系数

坡面草被覆盖度（%）	草被坡位	不同断面糙度系数					有草坡面平均曼宁糙率系数	无草坡面平均曼宁糙率系数	沟坡面平均曼宁糙率系数
		断面 1	断面 2	断面 3	断面 4	断面 5			
0	裸　坡	0.052	0.032	0.024	0.005	0.003	—	0.036	0.004
30	坡上部	0.060	0.059	0.029	0.009	0.004	—	—	—
	坡中部	0.048	0.058	0.017	0.005	0.004	0.061	0.039	0.005
	坡下部	0.058	0.023	0.065	0.006	0.004	—	—	—
50	坡上部	0.077	0.056	—	0.006	0.004	—	—	—
	坡中部	0.039	0.056	0.017	0.009	0.005	0.062	0.035	0.007
	坡下部	0.027	0.051	—	0.010	0.007			
70	坡上部	0.063	0.026	—	0.007	0.004	0.063	0.034	0.007
	坡中部	0.029	0.062	0.049	0.012	0.008			
	坡下部	0.031	0.064	—	0.008	0.005	—	—	—
90	全　草	0.101	—	—	0.017	0.007	0.101	—	0.012

此外，通过对有草坡面径流平均曼宁糙率系数的比较，可以看出，小流量时，随坡面草被覆盖度的增加，其平均曼宁糙率系数呈指数增加趋势（见表 6-6），无草覆盖断面则变化不大；在裸坡和低覆盖面积比（30%）时，沟坡径流平均曼宁糙率系数几乎没有差别，在较高覆盖面积比时（>50%），随着覆盖面积比的增加，其平均曼宁糙率系数明显增加，但在 90% 覆盖面积比时略有下降；大流量时也基本如此，只是变化幅度要略小一些。表 6-6 为坡面草被覆盖度与径流平均曼宁糙率系数的关系。

表 6-6　坡面草被覆盖度与径流平均曼宁糙率系数的关系

坡位	流量（L/min）	回归方程	相关系数 R^2	附　注
有草坡面	3.2	$n = 0.0277e^{0.0211c}$	0.9582	c 为坡面草被覆盖度（%）；对于草地坡面，$c \geqslant 30\%$；对于沟坡，$c \geqslant 0$；n 为该断面平均曼宁系数
有草坡面	5.2	$n = 0.0443e^{0.0076c}$	0.6521	
沟　坡	3.2	$n = 0.003e^{0.0126c}$	0.9042	
沟　坡	5.2	$n = 0.0038e^{0.0114c}$	0.9148	

6.2.2.3 坡沟系统坡面流 Darcy-Weisbach 阻力系数空间变化特征

在所试验选用的坡度和流量范围内，黄土坡面上形成细沟时的 Darcy-Weisbach 阻力系数 f 变化于 0.09 ~ 331。小流量时，草被覆盖断面的径流 Darcy-Weisbach 阻力系数 f 都普遍大于 28，为裸坡的 5 ~ 60 倍；大流量时，为裸坡的 1.5 ~4 倍，f 变化范围也明显小于小流量的，所有草被覆盖断面的径流阻力系数 f 相差不大，只有坡上部的 f 值较大。同曼宁糙率系数 n 一样，草被对坡面流的阻滞作用随着流量的增加呈下降趋势。无论是大流量还是小流量，随着覆盖面积比的增加，其阻力系数 f 均呈指数增加趋势（见表 6-7）。

表 6-7 坡面草被覆盖度与径流平均阻力系数 f 的关系

坡位	流量（L/min）	回归方程	相关系数 R^2	附 注
有草坡面	3.2	$f=7.675e^{0.0404c}$	0.967 4	x 为坡面草被覆盖度（%），f 为该断面平均阻力系数，$x \geq 30\%$
	5.2	$f=17.75e^{0.014c}$	0.678 5	
沟 坡	3.2	$f=0.1314e^{0.0256c}$	0.835 5	x 为坡面草被覆盖度（%），f 为该断面平均阻力系数，$x \geq 0$
	5.2	$f=0.2788e^{0.0186c}$	0.861 1	

6.2.2.4 坡沟系统坡面流曼宁糙率系数和阻力系数的变化过程

图 6-5 是冲刷试验中大流量（5.2 L/min）下各断面坡面流平均曼宁糙率系数和平均阻力系数的变化过程。

由图 6-5 可以看出，无草被覆盖断面坡面径流阻力系数呈较快增加趋势，有草被覆盖断面则呈缓慢增加趋势；沟坡径流阻力系数在试验前半期（0 ~ 10 min）处于稳定或缓慢增加状态，后半期（10 ~ 20 min）则呈快速增加趋势。这是试验过程中坡面 - 沟坡流流速逐渐降低，并由此导致其阻力系数逐渐增加的缘故。坡面流曼宁系数 n 的变化过程同 Darcy-Weisbach 阻力系数的变化过程基本一致，只是变化幅度略有差异，如果仅从数值差异对比角度看，当数值较小时，用曼宁系数更便于比较，当数值较大时，用阻力系数似更好些。

由于坡面薄层水流阻力的变化主要受土壤性质、坡面条件和水流本身结构的影响，而细沟流还受细沟发育形态的影响，鉴于这一问题的复杂性及目前试验量测技术的限制，未能就细沟边壁形态对水流阻力的影响及作用大小进行探讨，这有待于今后更进一步的研究。

6.2.3 草被覆盖对坡面流流态的影响

坡面水流的流态涉及水流参数的数学表达和坡面流侵蚀产沙过程机理等重

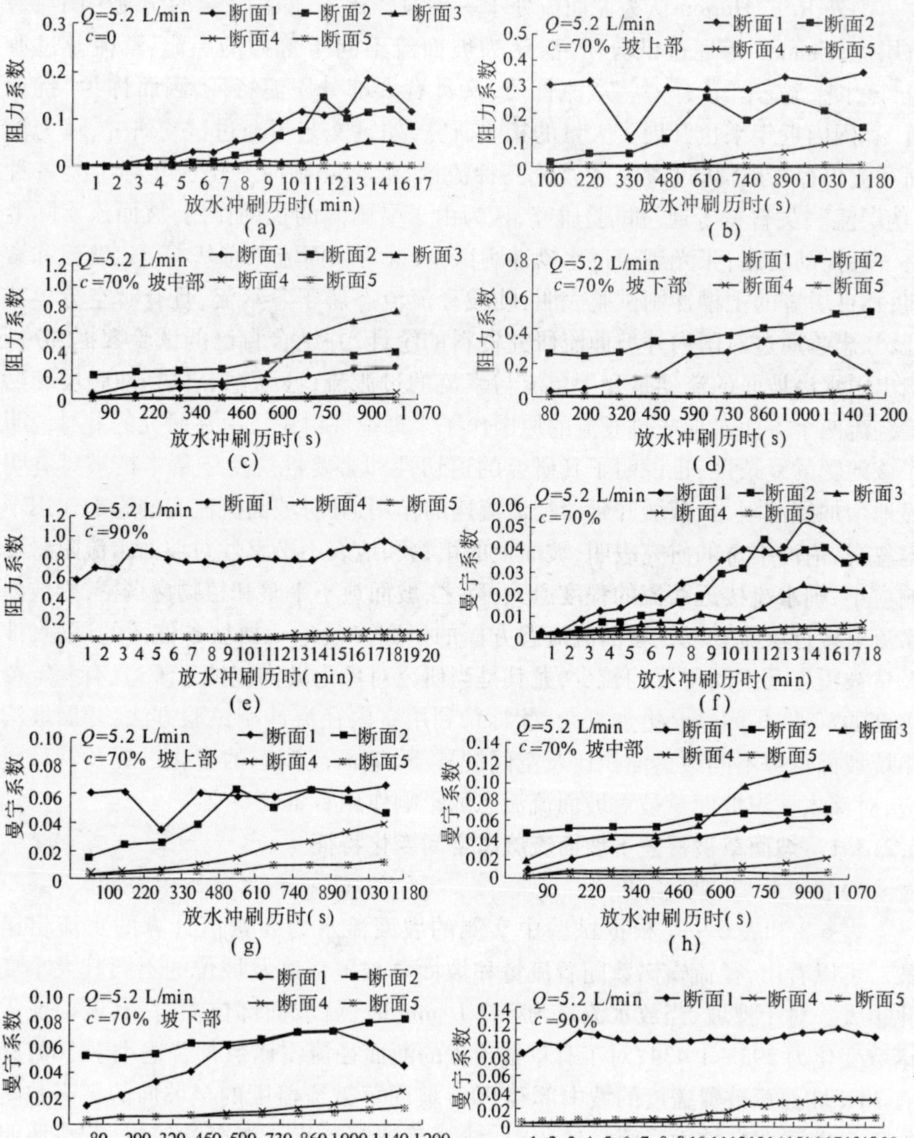

图 6-5　各断面径流平均阻力系数的变化过程(Q 为放水流量,c 为坡面草被覆盖度)

大理论问题,因此研究坡面水流的流态特征及其转变规律受到了国内外有关专家的广泛关注。目前,关于坡面薄层水流流态的属性仍存在较大分歧,有"混合流"、"扰动流"、"过渡流"、"搅动层流"、"伪层流"、"特殊水流"等许多划分方法。国外 R. E. Horton 认为坡面流处于一种混合状态,即在完全的湍流中间点缀有层流;Emmett 等通过试验研究,认为坡面流不同于普通的层流、紊流及过渡流,该水流流态既具有一些紊流性质,又具有大部分层流特征,因而称为"扰动流"。国内近年来也开展了大量的相关研究,如姚文艺等通过试验研究,认为坡面径流仍存在层流、过渡流和紊流三种流区,但在降雨时其层流实际上是一种"伪层流";吴普特等通过试验研究,认为由于受雨滴的扰动作用,坡面流实际上是一种搅动层流;张光辉通过水槽冲刷试验,认为坡面流流态基本呈过渡流和紊流;郑良勇等的土槽冲刷试验表明,陡坡径流流态属于急紊流,且有时空分异特征;江忠善通过对国内外坡面流研究资料的统计,并结合自己的试验数据,分析指出雨水沿坡面的流动是介于层流与紊流的过渡流;沙际德等从黏性底层和贴壁绕流两个方面对形成过渡流的原因作了半理论性讨论。上述研究的差异说明了该问题的复杂性,也说明了其研究的迫切性和必要性。由于草本植被具有明显地增加径流阻力、减缓并延滞径流流速的作用,其对坡面流流态的影响作用不容忽视,佑涅维奇的研究表明,坡面上的植物和地表不平整性对坡面水流阻碍影响愈小,则水流接近紊流的程度愈大;反之,坡面愈不平整和植物愈稠密,则坡面水流愈接近层流。以往坡面流流态方面的研究多是单一裸坡条件下的试验,涉及草被覆盖及空间配置的较少,尤其是当研究对象为坡沟侵蚀系统,且有一定覆盖度的草被时,问题会更加复杂。因而,利用室内径流冲刷试验方法,开展坡沟系统坡面草被不同覆盖面积比及空间配置下,坡面流流态的变化过程及特征研究,对深入认识坡面草被对坡面流流态的影响作用有重要意义。

6.2.3.1 坡面草被覆盖下坡面流流态空间变化特征

1)雷诺数变化特征

表6-8 和表6-9 是根据试验中实测的坡面流水力要素值计算的水流雷诺数。可以看出,径流雷诺数随着流量和坡面草被覆盖度及坡位的不同其大小变化很大。对于裸坡,当放水流量为 3.2 L/min 时,就坡面部位而言,其坡面流雷诺数变化为 293 ~ 1 434;对于有草被覆盖的断面径流雷诺数都普遍小于 500,只有70% 坡面草被覆盖度的坡中部和 90% 坡面草被覆盖度的全坡面的雷诺数略大于 500,说明在坡面径流量较小时,坡面草被对径流流态影响较大,若按照明渠水流的划分标准,有草覆盖的坡面,其坡面流大多处于层流状态;而无草覆盖的坡面,其坡面流雷诺数为有草断面的 2 ~ 3.5 倍,大都处于层流、紊流之间的过渡流状态。放水流量为 5.2 L/min 时,坡面流雷诺数有较大程度增加,所有草被覆盖断面的径流雷诺数都略大于 500;无草覆盖的坡面,其坡面流雷诺数为有草断面的 2 ~ 3 倍,几乎都处于过渡流状态,坡面草被对径流流态影响不如 3.2 L/min 流量时显著,这是因为流量大时,草被延缓流速的作用比较有限。由此可以

推测,在野外雨强较小时,草被的减流滞流作用明显;而在雨强较大时,这种作用是很有限的。

表6-8　3.2 L/min 流量下不同草被覆盖度下各断面径流雷诺数

坡面草被覆盖度(%)	草被坡位	不同断面径流雷诺数				
		断面1	断面2	断面3	断面4	断面5
0	裸　坡	1 101	1 434	514	472	360
30	坡上部	375	1 436	734	796	461
	坡中部	1 195	433	727	930	657
	坡下部	1 281	1 044	486	621	838
50	坡上部	337	971	—	699	435
	坡中部	1 021	339	696	479	510
	坡下部	1 062	341	—	469	409
70	坡上部	348	952	—	903	693
	坡中部	927	658	1 064	1 043	865
	坡下部	1 112	293	—	734	715
90	全　坡	625	625	625	870	537

表6-9　5.2 L/min 流量下不同草被覆盖度下各断面径流雷诺数

坡面草被覆盖度(%)	草被坡位	不同断面径流雷诺数				
		断面1	断面2	断面3	断面4	断面5
0	裸　坡	1 272	1 455	746	968	678
30	坡上部	616	1 614	1 062	1 393	973
	坡中部	1 670	542	792	917	1 018
	坡下部	1 938	956	699	1 181	813
50	坡上部	540	1 652	—	1 461	1 001
	坡中部	1 870	539	1 275	1 301	926
	坡下部	2 288	564	—	1 497	1 354
70	坡上部	585	1 578	—	1 215	1 010
	坡中部	938	568	1 786	1 378	1 424
	坡下部	1 343	500	—	1 347	1 062
90	全　坡	628	628	628	1 618	1 345

当放水流量为 3.2 L/min 时，就沟坡部位（断面 4 和断面 5）而言，其径流雷诺数变化为 360 ~ 1 043，除裸坡、50% 坡面草被覆盖度坡下部和个别沟坡断面为层流外，其他沟坡的径流流态都属于过渡流状态。坡面草被不同空间配置下，沟坡径流雷诺数大小一般是：裸坡 < 坡下部 < 坡中部 ≤ 坡上部，说明在坡面径流量较小时，坡面草被空间配置对沟坡径流流态还是有一定影响的，当径流量较大时，这种差异性不太明显。由于沟坡径流的平均流速差异不大，根据雷诺数的表达式，可以认为，沟坡径流雷诺数的差异主要是由平均水力半径的不同造成的，在放水流量相同的情况下，这可能是因为沟坡水流宽度变化引起的，裸坡的沟坡断面水流宽度较宽，因而水力半径变小，导致雷诺数变小。这种情况的发生具有一定的随机性，究竟是否与坡面草被覆盖有必然的联系，还有待进一步研究。

2）弗劳德数变化特征

根据试验中实测的坡面流水力要素值计算的弗劳德数 *Fr* 知，流量和坡面草被覆盖度及坡位对径流 *Fr* 的变化影响很大。在 3.2 L/min 放水流量冲刷试验时，就坡面部位而言，其坡面流 *Fr* 变化于 0.11 ~ 2.46，所有草被覆盖断面的径流 *Fr* 都普遍小于 0.32，说明在坡面径流量较小时，坡面草被覆盖对径流 *Fr* 影响很大，坡面流处于缓流状态。当放水流量为 5.2 L/min 时，坡面草被低覆盖度断面径流 *Fr* 略有增加，高坡面草被覆盖度下 *Fr* 则有较大增加，两者间差异减小，说明流量增大时，草被覆盖虽然造成了径流 *Fr* 的增加，但是对径流流态的影响作用还是非常有限的。

就沟坡部位而言，不论放水流量大小，其径流始终呈急流状态，与雷诺数正相反，一般是沟坡上部的 *Fr* 小于沟坡下部的，说明 *Fr* 随流程增加而增加。坡面无草覆盖的沟坡部位的径流 *Fr* 明显大于坡面有草覆盖的。依坡面草被覆盖情况，沟坡和坡面径流 *Fr* 大小一般是：90% < 70% < 50% < 30% < 0，说明坡面草被覆盖度的大小对坡面及沟坡径流 *Fr* 影响很大，坡面草被覆盖度越高，*Fr* 越小。

6.2.3.2 坡面草被覆盖下坡面流流态时间变化特征

1）雷诺数变化特征

图 6-6 是冲刷试验中，坡面流雷诺数随放水冲刷历时的变化过程。如图 6-6（a）所示，当放水流量为 3.2 L/min 时，裸坡各断面雷诺数在整个试验过程中呈逐渐增加趋势，坡面上部（断面 1）和中部（断面 2）则在前 3 ~ 4 min 呈迅速增加趋势，此后基本处于稳定阶段，在最后几分钟又略有波动，流态始终为紊流；其他 3 个断面的变化不是太大，只是在试验中期出现明显上升趋势，按明渠水流划分标准，其流态发生了质的变化，即处于过渡流范围。

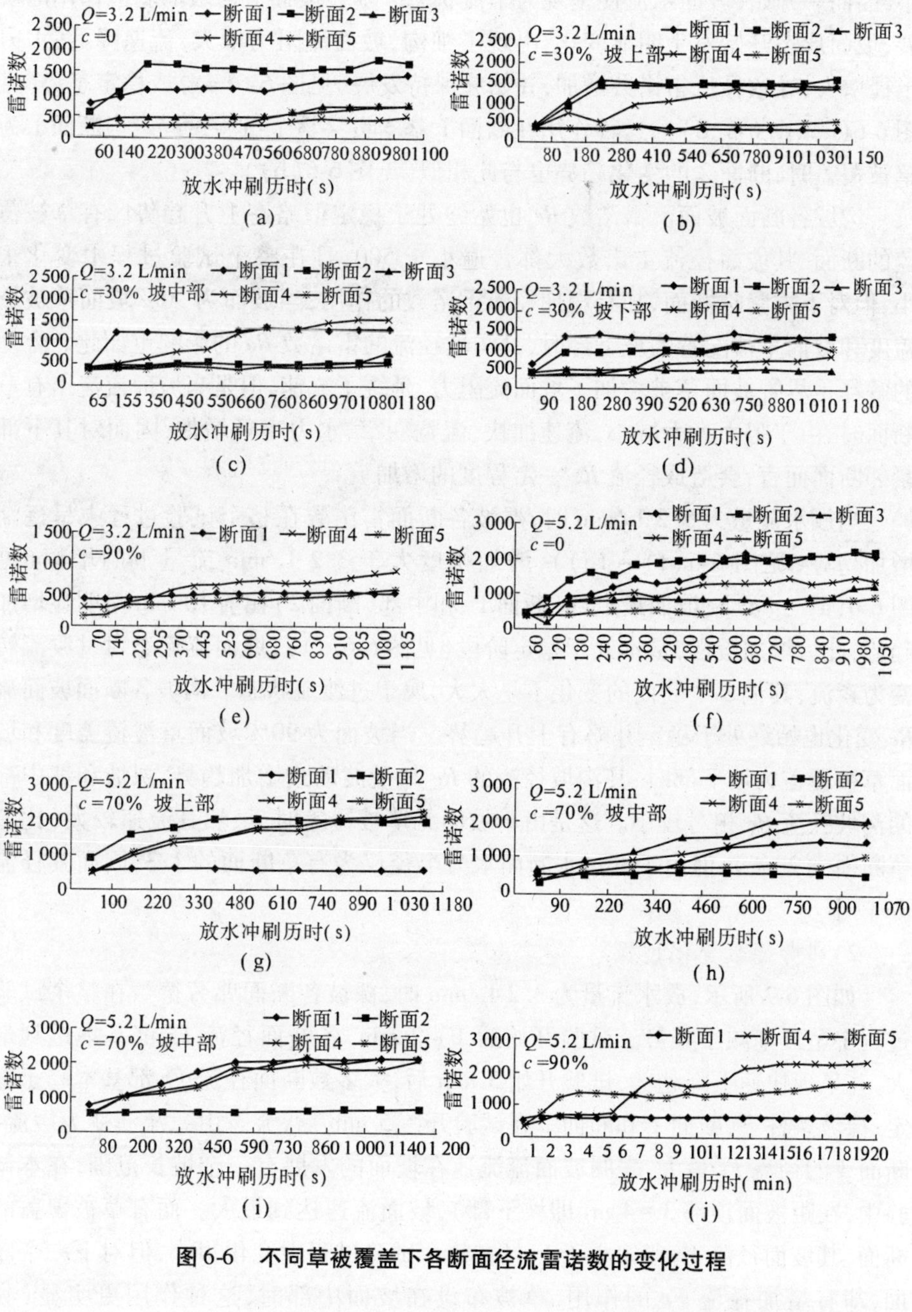

图6-6　不同草被覆盖下各断面径流雷诺数的变化过程

分析认为，在试验最初1～2 min，由于坡面比较平整，坡面流流速大，阻力较小，因而一开始，坡面水流便呈现为紊流状态。随着坡面流对坡面剥蚀作用的发展，坡面形态开始发生明显变化，出现了细沟，坡面流阻力增大，流速降低，水力半径增大，导致径流雷诺数增加，并始终保持发展（见图6-6(a)）或稳定态势（见图6-6(c)、图6-6(d)），这种作用在断面1基本贯穿整个试验过程。当断面1为草被覆盖时，断面2的变化趋势也与此相似（见图6-6(b)）。

沟坡各断面坡面流雷诺数 *Re* 也始终处于稳定但略有上升趋势。有草被覆盖的断面，其坡面径流雷诺数大都普遍小于500，且在整个试验过程中变化很小，但对下方紧临断面，却有增加径流雷诺数的作用，当坡面为90%坡面草被覆盖度和坡面草被配置为坡下部时，其沟坡径流的雷诺数 *Re* 的影响也如此。合理的解释是尽管坡面草被增加了坡面流阻力、延缓了流速，但是当坡面流流出有草断面时，由于阻力大大减小，流速加快、流宽变窄、水力半径增加，因而对其下部紧邻断面而言，会造成径流 *Re* 一定程度的增加。

当放水流量为5.2 L/min时，裸坡各断面雷诺数在整个试验过程中呈逐渐增加趋势（见图6-6(f)～(j)），增加幅度大于3.2 L/min流量下的增幅（见图6-6(a)～(e)）。坡面最上部（断面1）和中部（断面2）在前10 min呈明显增加趋势，此后增加缓慢，基本处于稳定阶段（见图6-6(f)），坡面流流态由过渡流转变为紊流；其他3个断面的变化不是太大，属于过渡流状态。沟坡各断面坡面流 *Re* 变化也始终处于稳定并略有上升趋势。当坡面为90%坡面草被覆盖度和坡面草被覆盖为坡下部时，其沟坡径流的 *Re* 却呈波动式增加趋势，裸坡和坡中部的沟坡径流 *Re* 相对较小。这是由于坡面无草被覆盖时，虽然其流速较大（比有草断面大20%），但由于其过水断面水力半径仅为有草断面的1/3，因而其径流 *Re* 较小。

2）弗劳德数变化过程

如图6-7所示，放水流量为3.2 L/min时，裸坡各断面弗劳德数在整个试验过程中呈逐渐减小趋势。试验开始后1～2 min，各断面径流 *Fr* 都基本达到最大，并呈现快速下降趋势，试验开始3 min后，大多数断面径流 *Fr* 都基本趋于稳定；裸坡条件下，断面1和断面2在试验开始5 min后，流态由急流演变为缓流，断面3的径流 *Fr* 最大，表明坡面流流速在坡面的发展有一个坡长范围，在本试验中，在距坡面顶部3～4 m（即坡下部），坡面流速达到最大。而有草被覆盖的断面，其坡面径流 *Fr* 普遍小于1，且在整个试验过程中变化很小，但对下一个断面，却有增加径流 *Fr* 的作用，草被布设在坡面中部时，这种作用更明显（见图6-7(c)）。放水流量为5.2 L/min时情况也基本如此。

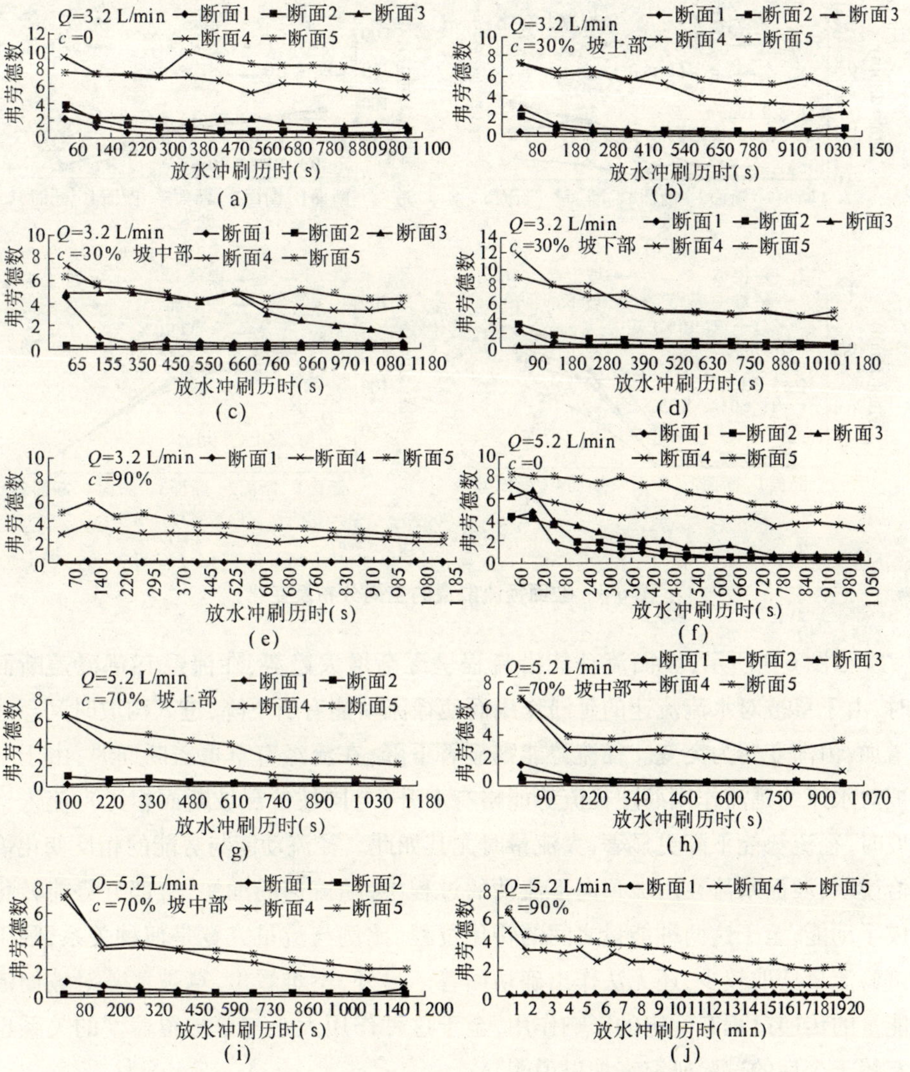

图6-7　不同草被覆盖下各断面径流弗劳德数的变化过程

6.2.4　草被覆盖下坡沟系统坡面流能量变化特征

6.2.4.1　坡沟系统坡面流能量空间传递特征

根据试验数据，无草被覆盖（裸坡）、50%草被覆盖度（坡上部、坡中部和坡下部）和90%草被覆盖度（全草）下坡面流能量的空间分布及变化情况见图6-8。

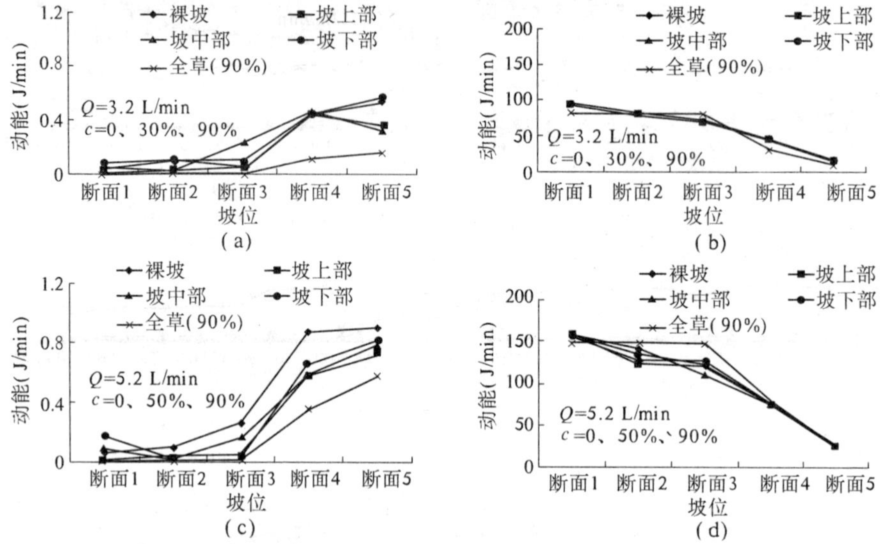

图 6-8　坡面径流能量的空间分布及变化

如图 6-8 所示,坡面流动能沿流程呈逐渐增大趋势,在流经有草覆盖断面时,由于草被对水流流速的延滞作用而使径流动能有所下降,进入沟坡时又急速增加,由渐变转为突变。径流势能则显著下降,在流经有草覆盖断面时,由于草被对水流的延滞作用而使径流势能略有上升(与同坡位裸坡断面相比),流入沟坡时,径流势能下降更显著,大流量时尤其如此。径流动能与势能的相反变化恰恰说明,坡面水流在由坡顶向下流动的过程中,随流速的加快,有部分势能转化成了动能,至于这两种能量之间的转化过程、比例与流量究竟是何种关系,限于试验流量选取较少,还无法作出确切回答。另外,不难看出,草被覆盖对坡面流能量的传递过程有一定的影响作用,至于这种作用大小与草被覆盖度的关系也有赖于今后的试验研究来加以说明。

6.2.4.2　坡沟系统坡面流能量时间变化过程

放水冲刷试验中,小流量(3.2 L/min)下坡面流能量随时间变化过程见图 6-9。从图 6-9 中可以看出,坡面各断面径流动能最初都呈显著下降趋势,此后随着冲刷时间的延续呈缓慢下降再到相对稳定的变化趋势,沟坡径流动能变化总趋势是先增加,后呈相对稳定,再到下降或稳定。坡面各断面径流势能变化比较小,先略有增加,然后到基本稳定;沟坡径流势能最初略有增加,然后基本保持稳定。这是因为试验初期坡面比较平整,坡面流流速较快,具有的动能较大,待坡面细沟产生后，由于径流阻力增加、坡面比降减小、流速降低，导致坡面流动能下降、势能略有增加。此后，由于坡面径流阻力、坡面比降及流速等变化很小，坡面径流动、势能变化也基本保持稳定状态。

同理，沟坡初始径流动能增加幅度不大，其后随着冲刷试验的进行，沟蚀的加剧，径流流速增加，导致径流动能增加。另外，还可以发现，草被覆盖对坡面流动能的变化过程有一定影响，同场试验中，有草断面与无草断面相比，前者的动能低于后者，并且变化幅度也要平缓一些。草被覆盖不同空间配置下，对相同坡位而言，有草断面的径流势能要略高于无草断面的（见图 6-9）。大流量（5.2 L/min）下的坡面流能量时间变化过程也基本如此。

6.2.4.3 侵蚀产沙过程中的径流能耗特征

水流在流动过程中要克服阻力、输移土壤颗粒等做功，其做功大小必然与产沙量有一定的联系。降雨条件下的侵蚀试验表明，径流能量与侵蚀量之间存在密切关系，并且径流势能要远大于降雨动能对坡面侵蚀的作用。放水冲刷试验中，径流势能也远大于径流动能，草被覆盖度较低时，径流能耗过程与径流含沙量过程的变化趋势基本一致，裸坡情况下两者关系更密切（见图 6-10），说明径流能耗与侵蚀产沙量之间有一定的联系。坡面有草覆盖时，由于径流能量除用于侵蚀、搬运泥沙外，还有一部分在克服草被对径流的阻力时而消耗掉，而且这种能耗量可能要略大于径流对侵蚀泥沙搬运的能耗量，如当坡面草被覆盖度为 90% 时，尽管径流含沙量呈明显下降趋势，径流能耗量却无明显变化。这也说明了为什么高密度草被覆盖能有效减轻水土流失的原因。

6.2.4.4 径流能耗的空间差异性

从图 6-11 可以看出，随着径流流程的增加，径流势能急剧下降，其能耗也呈明显增加趋势，尤其当径流进入沟坡后，这种趋势更加显著。同时，由于径流流速不断加快，径流动能却呈增加趋势。但由于其占总能量的比例很小，而且坡面流流动过程本身也是一个侵蚀产沙做功的耗能过程，因而最终导致了径流总能量的下降。这种变化可能与侵蚀方式在坡面上的演替过程有着一定的联系，坡面侵蚀以面蚀和细沟侵蚀为主，能量消耗相对较少，沟坡以沟蚀和重力侵蚀为主，能量消耗要大于坡面部分。此外，冲刷试验中，除产沙、输沙耗能外，地表径流自身的紊动、径流对土壤黏结力和土壤结构的破坏作用，以及克服坡面草被对径流的阻滞作用等，都会使一部分径流的机械能转化为其他形式的能量，从而导致机械能总消耗量随流程的增加而增加。由于土壤侵蚀的复杂性，加之各种因素的综合影响，目前，还难以开展势能转化为动能的条件、过程及比例的研究。

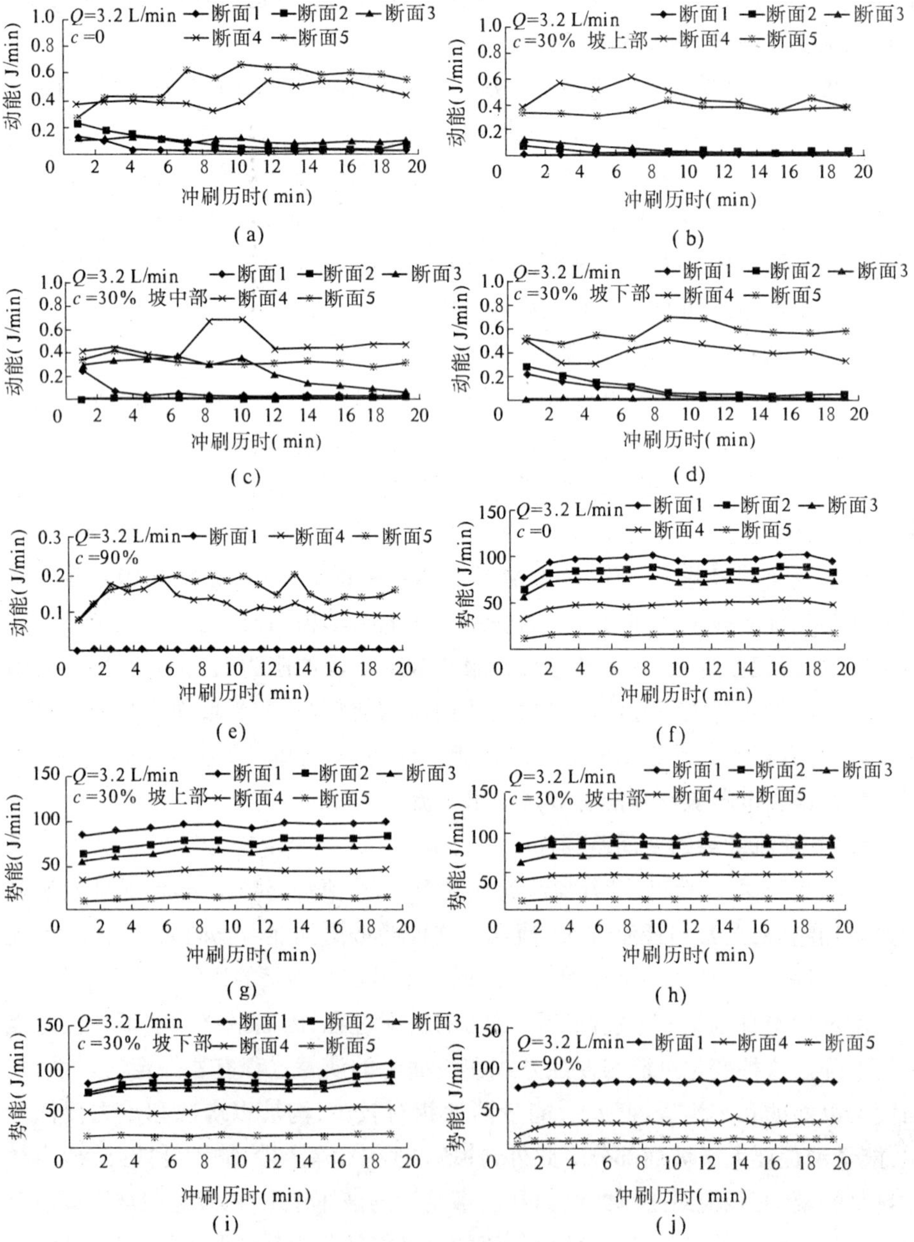

图 6-9 小流量下坡面径流能量分布及变化

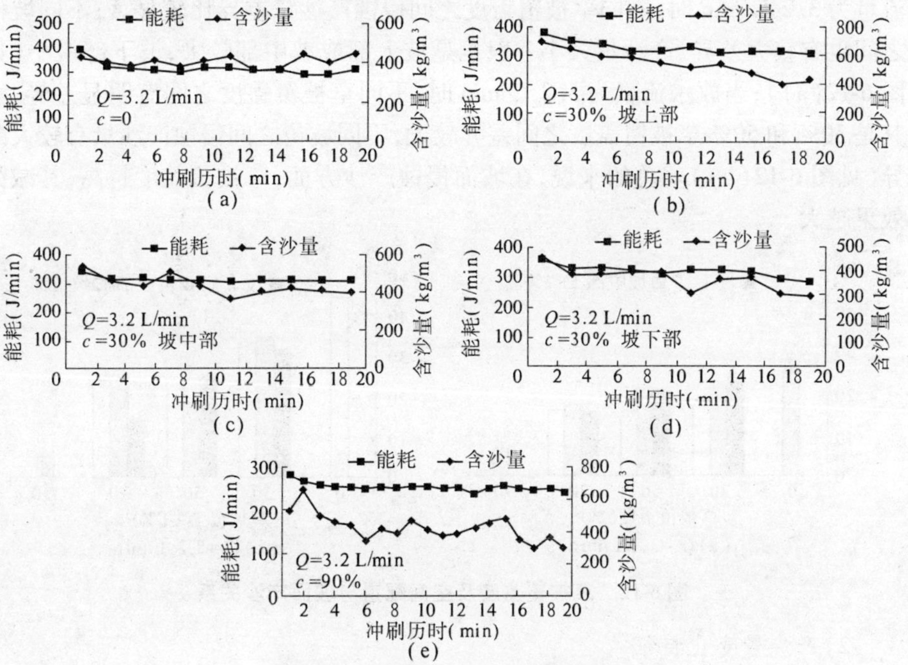

图 6-10 径流能耗与含沙量关系

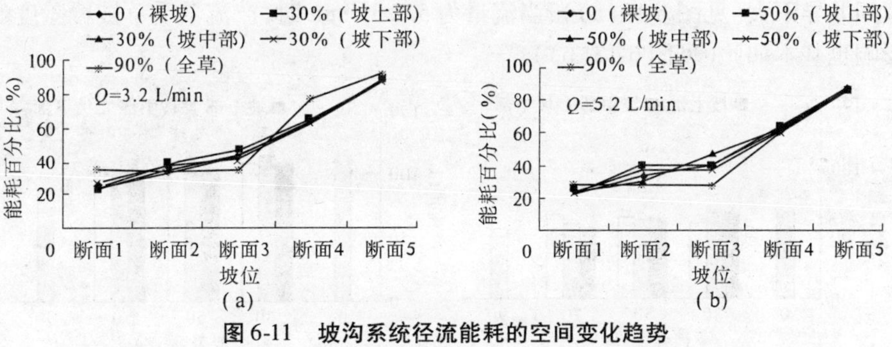

图 6-11 坡沟系统径流能耗的空间变化趋势

6.3 坡面草被对坡沟系统侵蚀产沙过程的影响

6.3.1 坡面产沙产流变化特征

6.3.1.1 坡面产沙产流空间变化特征

1)产沙量变化特征

试验表明,不同草被覆盖度及空间配置对坡面侵蚀产沙影响较大。当放水流量为 3.2 L/min 时,不同草被覆盖度之间侵蚀产沙量差异比较显著,不同坡位之间也有较大差异,产沙量大小一般也是坡上部或坡中部较大,坡下部最小(见图 6-12(a));当放水流量为 5.2 L/min 时,不同草被覆盖度之间有明显差异,尤其是 30% 和 50% 草被覆盖度之间差异较大,不同坡位之间侵蚀产沙量有较大差异(见图 6-12(b))。总的来说,在坡面侵蚀产沙方面,草被覆盖度越高,其减蚀效果越大。

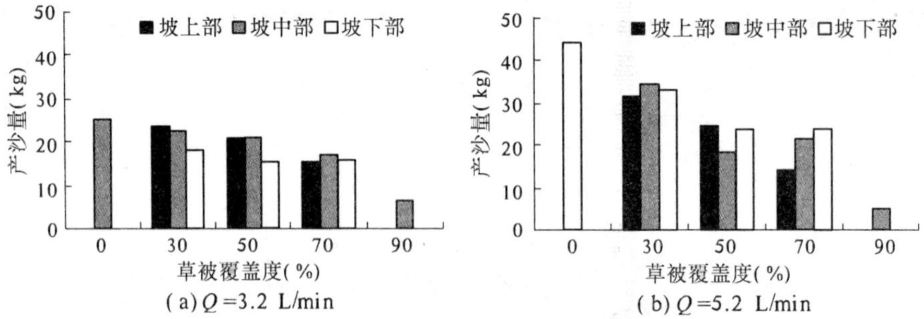

图 6-12　草被覆盖度及空间配置与坡面产沙关系

2)产流量变化特征

当流量为 3.2 L/min 时,产流量随着草被覆盖度的增加而略有减少,不同坡位间差异不大(见图 6-13(a));当流量为 5.2 L/min 时,产流量受草被覆盖度的影响也基本如此(见图 6-13(b))。

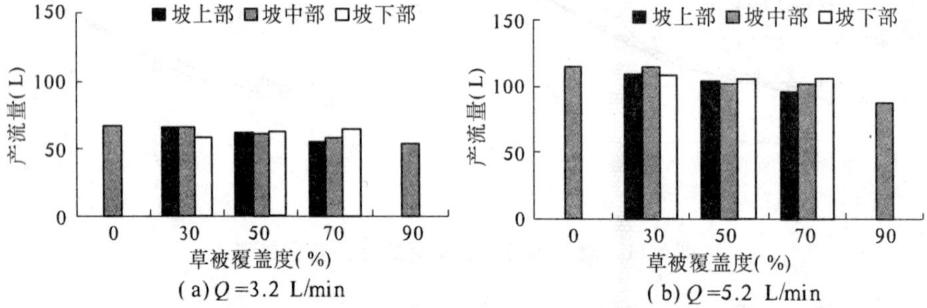

图 6-13　草被覆盖度及空间配置与坡面产流关系

6.3.1.2　坡面产沙产流时间变化特征

坡面在草被覆盖下,随着放水冲刷历时的延长,坡面侵蚀产沙过程呈明显下降趋势(见图 6-14)。

根据试验过程中侵蚀产沙的阶段性,计算了不同草被覆盖度、不同放水流量下坡面和坡面冲刷试验过程中不同时段的产沙量占总产沙量的比例(见表 6-10 和表 6-11)。

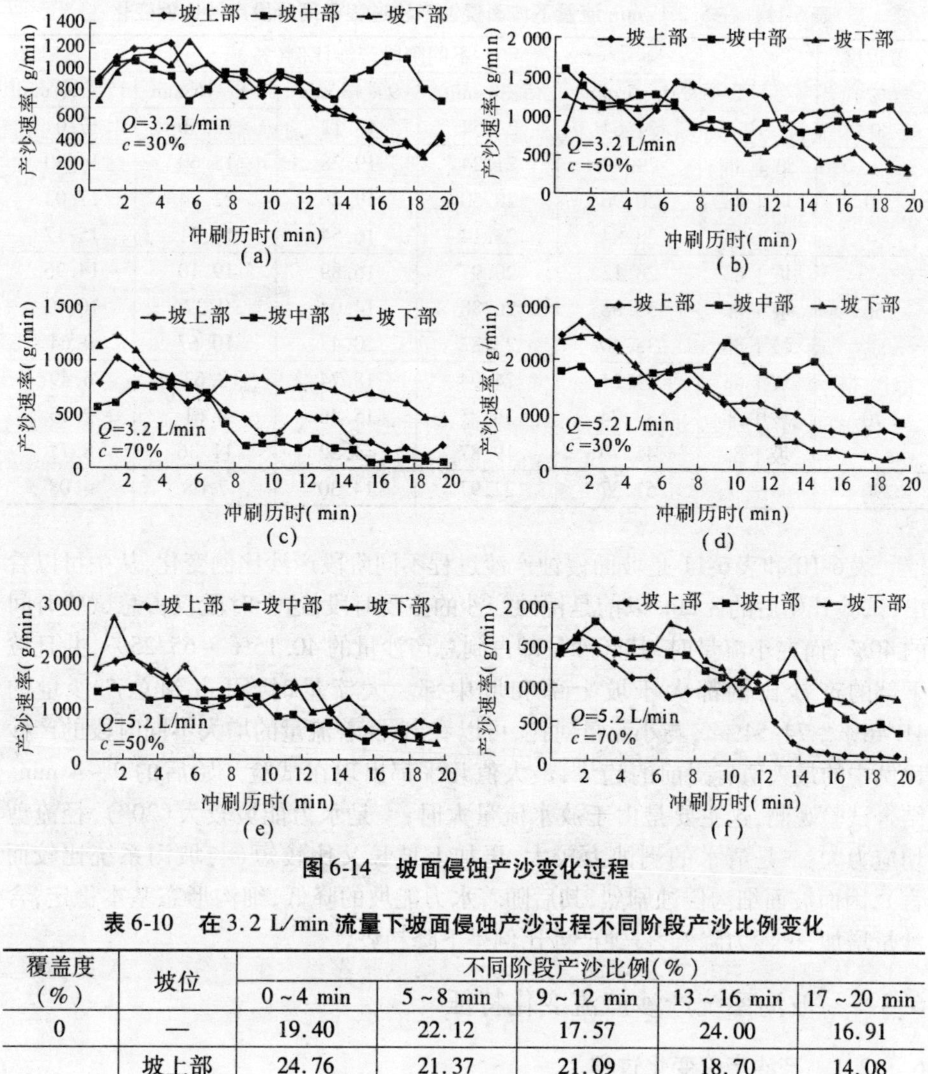

图 6-14 坡面侵蚀产沙变化过程

表 6-10 在 3.2 L/min 流量下坡面侵蚀产沙过程不同阶段产沙比例变化

覆盖度(%)	坡位	不同阶段产沙比例(%)				
		0 ~ 4 min	5 ~ 8 min	9 ~ 12 min	13 ~ 16 min	17 ~ 20 min
0	—	19.40	22.12	17.57	24.00	16.91
30	坡上部	24.76	21.37	21.09	18.70	14.08
	坡中部	19.14	21.01	24.02	19.71	16.12
	坡下部	26.91	27.17	21.47	15.54	8.91
50	坡上部	23.09	22.88	24.78	19.30	9.95
	坡中部	25.48	21.85	16.58	17.03	19.06
	坡下部	30.46	27.52	17.66	14.42	9.94
70	坡上部	24.98	19.01	15.43	20.08	20.50
	坡中部	24.46	23.67	19.44	16.53	15.90
	坡下部	38.06	29.62	17.49	9.56	5.27
90	—	34.52	30.73	16.96	9.46	8.33

表 6-11　在 5.2 L/min 流量下坡面侵蚀产沙过程不同阶段产沙比例变化

覆盖度(%)	坡位	不同阶段产沙比例(%)				
		0 ~4 min	5 ~8 min	9 ~12 min	13 ~16 min	17 ~20 min
0	—	24.64	22.54	18.12	17.66	17.04
30	坡上部	29.49	21.24	19.28	15.60	14.40
	坡中部	20.96	20.50	19.26	22.24	17.03
	坡下部	28.84	23.14	16.54	16.31	15.17
50	坡上部	28.13	20.91	16.89	19.10	14.96
	坡中部	38.88	26.88	14.04	9.37	10.83
	坡下部	35.40	23.82	20.47	10.67	9.64
70	坡上部	41.21	24.94	18.74	8.63	6.49
	坡中部	33.74	39.75	15.76	8.61	2.15
	坡下部	45.79	19.87	14.22	11.36	8.77
90	—	51.57	22.97	14.30	7.08	4.08

表6-10 和表6-11 是坡面侵蚀产沙过程不同阶段产沙比例变化,从中可以看出,试验开始后的 8 min 以前是侵蚀产沙的主要时段,这个时段仅占总试验时间的 40%,而在小流量时,其产沙量却占到总产沙量的 40.15% ~65.25%,并且坡下部的产沙比例都大于坡上部和坡中部。大流量时,可占到总产沙量的 41.46% ~74.54%。与小流量对比,可以看出,随着流量的增大不同时段的产沙比例中的最大值有提前的趋势,最大值几乎都出现在试验开始后的 0 ~4 min。结合试验观测,这主要是由于放水流量大时,一是水力能坡较大(20°),径流剪切应力大;二是清水的剥蚀力较大,再加上坡长又比较短(与坡沟系统比较而言),因而坡面细沟侵蚀剧烈,其后随着水力能坡的降低,细沟形态基本稳定,含沙量增加,挟沙力降低,侵蚀产沙比例呈下降趋势。

6.3.2　坡沟系统产沙产流变化特征

6.3.2.1　产沙产流变化过程

以往研究表明,坡面草被覆盖有显著的减水减沙作用。许多专家学者从不同角度研究了草被覆盖下的减水减沙效益,但涉及坡沟系统中草被覆盖度及空间配置与减水减沙关系的较少。

放水冲刷试验中,不同草被覆盖度及空间配置对坡沟侵蚀产沙有一定影响。

流量为 3.2 L/min 时,不同覆盖度之间侵蚀产沙量差异不十分显著,一般是覆盖度越高,侵蚀产沙量越小;坡面草被不同空间配置下的产沙量大小依次是:坡上部 > 坡中部 > 坡下部(见图 6-15(a))。

流量为 5.2 L/min 时,坡面草被不同覆盖度之间差异增大(50% 和 70% 草被覆盖度之间差异较小），但不同空间配置之间侵蚀产沙量变化规律不十分显著（见图6-15（b））。这些变化说明坡面草被的抗蚀减蚀作用是有一定条件的，其受雨强的影响很大。

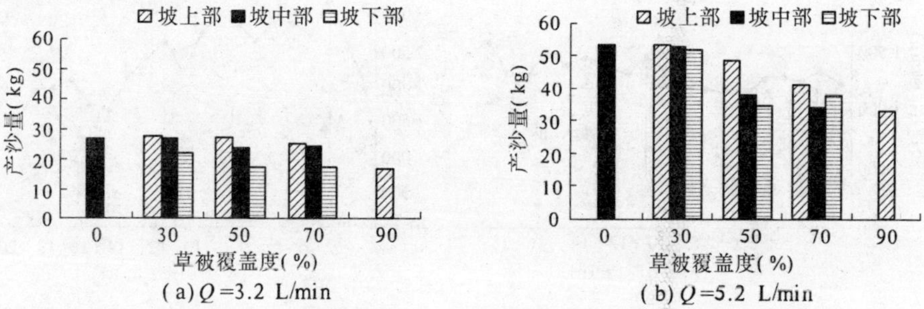

图6-15　草被覆盖度及空间配置对坡沟侵蚀产沙量的影响

流量为3.2 L/min时，除50%草被覆盖度外，产流量基本随着覆盖度的增加而减少，不同坡位间几乎没有差异（见图6-16（a））；流量为5.2 L/min时，产流量受覆盖度的影响不大，不同坡位间差异不显著（见图6-16（b））。产流量的空间变化与产沙量并不完全一致，产沙总量与产流总量之间也不是总成正比，说明两者的影响因素不尽相同。小流量下，由于坡面流流速相对较小，径流在坡面停留时间较长，草被覆盖度越高，这种作用越明显，因而增加了对径流的入渗概率，导致产流量基本随着覆盖度的增加而减少，大流量时，这种作用则大大降低。

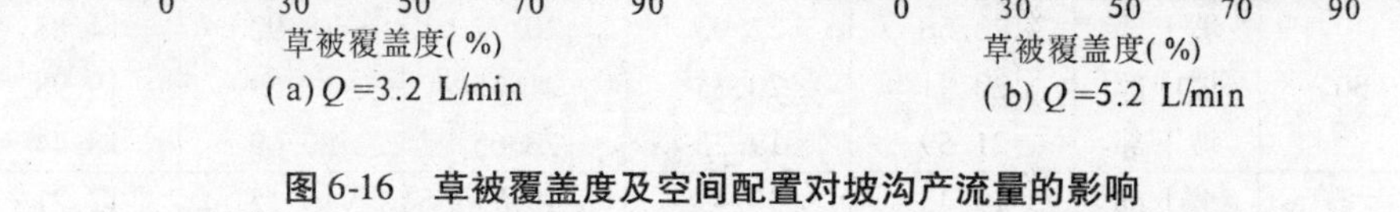

图6-16　草被覆盖度及空间配置对坡沟产流量的影响

以往的冲刷试验表明，裸坡条件下黄土坡面侵蚀产沙过程具有明显的阶段性，并且各阶段的侵蚀产沙具有各自不同的变化特征。而在坡沟系统试验中，由于坡沟的侵蚀产沙变化比较复杂，其阶段性变化规律不如坡面明显（见图6-17）。

不同草被覆盖度及空间配置下，坡沟系统侵蚀产沙过程基本上都是先略有增加，然后保持一个较高的稳定值，最后再略有下降；侵蚀产沙过程中，不同草被空间配置下的产沙量变化，一般是上部产沙量最大，下部产沙量最小，过程变化趋势基本一致。

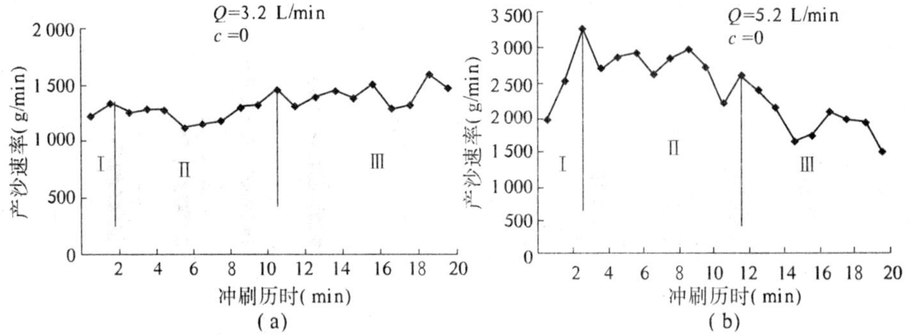

图 6-17　裸坡坡沟系统侵蚀产沙过程

为更便于说明不同草被覆盖度、不同放水流量下侵蚀产沙的变化过程，将试验过程划分为 5 个相等的时间段，计算了各个不同时段产沙比例（见表 6-12、表 6-13）。如表 6-12 和表 6-13 所示，除个别下部断面外，各时段产沙量占总产沙量的比例都有随放水时间的延长先增大后减小的趋势，这可能与坡面细沟侵蚀的发生发展过程有关。同时，在整个试验过程中，各不同时段产沙量占总产沙量的比例除 17 ~ 20 min 有明显减少外，其他各阶段变化不太大，再次表明不同草被覆盖度及空间配置下，坡沟系统侵蚀产沙的阶段性变化不如坡面那样明显。因此，坡面与坡沟系统间的侵蚀产沙特征及规律差异很大，后者要比前者复杂得多。

表 6-12　3.2 L/min 流量下坡沟系统侵蚀产沙过程不同时段产沙比例

覆盖度	坡面草被	不同冲刷阶段产沙比例(%)				
(%)	空间配置	0 ~ 4 min	5 ~ 8 min	9 ~ 12 min	13 ~ 16 min	17 ~ 20 min
0	—	19.82	20.05	20.23	19.55	20.35
30	坡上部	22.56	22.93	20.72	18.92	14.88
	坡中部	20.91	20.35	21.15	17.59	19.98
	坡下部	21.59	19.23	20.65	20.09	18.44
50	坡上部	19.45	33.47	19.71	15.15	12.21
	坡中部	17.08	19.56	22.31	21.24	19.81
	坡下部	20.70	21.59	22.26	17.18	18.27
70	坡上部	20.02	17.04	19.43	21.27	22.24
	坡中部	17.91	20.36	20.41	20.61	20.71
	坡下部	22.83	22.78	18.31	14.81	21.28
90	—	17.99	20.64	20.74	23.59	17.04

表 6-13　5.2 L/min 流量下坡沟系统侵蚀产沙过程不同时段产沙比例

覆盖度(%)	坡面草被空间配置	不同冲刷阶段产沙比例(%)				
		0～4 min	5～8 min	9～12 min	13～16 min	17～20 min
0	—	20.77	21.53	20.16	18.92	18.62
30	坡上部	21.38	23.03	20.79	17.84	16.96
	坡中部	18.19	21.11	22.25	21.43	17.02
	坡下部	20.99	21.40	21.59	20.93	15.10
50	坡上部	21.71	21.48	20.20	19.93	16.69
	坡中部	22.34	23.55	24.09	18.14	11.88
	坡下部	24.49	21.60	24.41	20.18	9.32
70	坡上部	22.77	20.22	21.20	20.11	15.71
	坡中部	21.84	23.98	22.25	16.50	15.43
	坡下部	18.15	18.19	22.32	19.96	21.37
90	—	19.27	19.57	21.55	20.97	18.64

6.3.2.2　侵蚀产沙空间分异特征

表 6-14 和 6-15 是根据每 10 cm 断面量测数据计算的坡沟系统各断面的侵蚀量。

通过量测计算的侵蚀量与实际侵蚀量的对比发现，小流量平均误差为 20.7%，大流量平均误差为 15.8%，这主要是由于断面间距较大和断面形态的不规则造成的。尽管如此，这些数值还是基本反映了侵蚀量在坡沟系统各个断面的空间分布状况。就放水冲刷试验而言，不论流量大小，裸坡侵蚀量的变化都是沿流程递减的，侵蚀量最大值出现在坡面上部（断面 1），在坡面下部达到最小值（断面 3），在由坡面转入沟坡时，由于坡度的急剧变化，水流冲刷力增强，侵蚀量又突然增加，其后又沿流程递减。

小流量时，坡上部由于入流处为草坡，侵蚀轻微，当坡面流流出该坡段时，流速急剧加快，侵蚀力增强，因而侵蚀量也往往很大，这一点也验证了清水具有较大剥蚀能力的认识。裸坡径流在坡面上部侵蚀量较大，其剥蚀能力和输沙能力都几乎达到了最大，因而对其下部相邻坡段坡面的侵蚀能力有显著降低，因此断面 2 和断面 3 侵蚀量都呈下降趋势，只是在坡面向沟坡转折后，侵蚀量又有一定程度的增加。当草被布设在坡面中部时，坡面上部为裸坡，侵蚀量相对较大，但由于坡面中部草被对坡面流的阻滞作用，使得坡面流流速受到一定的制约，其剥蚀能力未能达到最大,故而其侵蚀量一般比裸坡相同坡段的侵蚀量要小,待坡面流流出坡中部坡段后,其坡面流剥蚀能力又有一定程度的恢复,侵蚀量也相应增加。当草被布设在坡面下部时,坡面上部和中部断面侵蚀量的变化基本等同于裸坡相同坡段的变化趋势,只是由于草被在坡面下部对径流的阻滞作用,从而影响了坡面流流速的变化,因而与裸坡相同坡段比较,其侵蚀量要偏小一些,但其沟坡部位的侵蚀量却普遍大于其他草被布设和裸坡的,说明坡下部的草被拦沙滞流作用对沟坡影响最大。

表 6-14　3.2 L/min 流量下坡沟系统各断面侵蚀量

覆盖度(%)	草被坡位	不同断面侵蚀量(g)				
		断面 1	断面 2	断面 3	断面 4	断面 5
0	—	12 395	4 713	2 398	5 388	2 160
30	坡上部	—	12 162	6 370	7 549	3 467
	坡中部	10 105	—	8 047	7 127	5 058
	坡下部	9 729	3 601	—	7 784	5 309
50	坡上部	—	—	17 300	7 132	6 110
	坡中部	8 845	—	6 758	7 695	6 252
	坡下部	13 822	—	—	9 729	3 640
70	坡上部	—	—	12 607	8 699	7 894
	坡中部	3 113	—	9 661	7 042	5 673
	坡下部	7 808	—	—	9 628	5 381
90	—	—	9 099	—	7 433	4 753

表 6-15　5.2 L/min 流量下坡沟系统各断面侵蚀量

覆盖度(%)	草被坡位	不同断面侵蚀量(g)				
		断面 1	断面 2	断面 3	断面 4	断面 5
0	—	18 797	11 438	8 758	11 542	9 415
30	坡上部	—	22 850	15 569	10 603	7 834
	坡中部	15 705	—	14 255	11 750	8 431
	坡下部	14 310	12 216	—	8 524	5 496
50	坡上部	—	—	26 846	8 441	6 497
	坡中部	13 861	—	16 730	5 676	5 228
	坡下部	17 145	—	—	16 600	16 924
70	坡上部	—	—	25 610	17 010	9 606
	坡中部	8 106	—	12 138	21 956	11 632
	坡下部	18 417	—	—	17 875	14 802
90	—	—	10 441	—	11 302	13 583

6.3.2.3 坡沟产沙比变化特征

坡沟产沙比是指坡面产沙量与沟道产沙量之比，其值大小可以反映坡沟系统侵蚀产沙过程中坡面与沟坡产沙所占比例的大小，与沟间地、沟谷地产沙比不尽相同。为便于比较，这里用沟坡产沙比（即沟坡产沙量占总产沙量的比值）来对比说明不同坡面草被覆盖度对坡沟系统侵蚀产沙的影响程度。试验结束后，根据坡沟系统冲刷形成的细沟断面的宽深量测数据，计算得到了不同坡面草被覆盖度下沟坡产沙比（同一覆盖度不同空间配置的平均值）的变化趋势（见图6-18）。

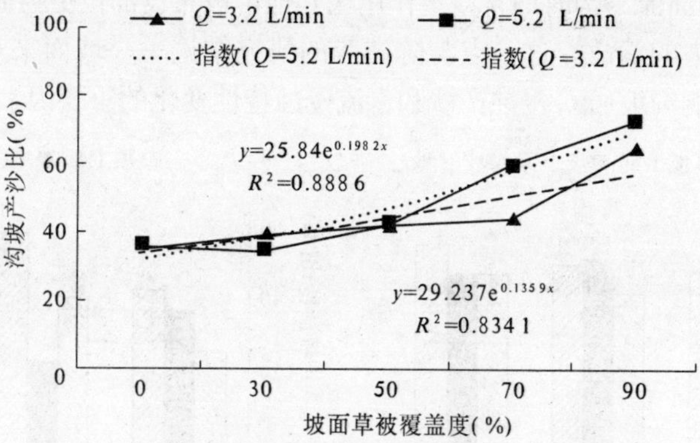

图6-18　坡面草被覆盖下坡沟系统侵蚀产沙变化过程

从图6-18可以看出：

(1)在放水冲刷试验中，沟坡产沙比变化于32%～73%；随着草被覆盖度的增加，沟坡产沙比呈指数增加趋势，大流量下的增加幅度大于小流量下的增加幅度。沟坡产沙比的这种变化，一是由于坡面草被覆盖度的增加减少了坡面裸露的程度，客观上减少了侵蚀面积及相应侵蚀量；二是由于坡面草被覆盖度高时，坡面来水含沙量相对较低，对沟坡的剥蚀能力较大，而且草被覆盖度越大，这种作用的影响也越大，因而造成沟坡产沙比随着坡面草被覆盖度的增加而增加，但从草被覆盖度与沟坡产沙比的对比不难发现，两者间并不是成比例变化的，说明坡面草被覆盖度的影响存在一个临界值，而且该值的大小与放水流量关系密切。本试验中，当放水流量为5.2 L/min时，坡面草被覆盖度即使达到90%，其坡面侵蚀量也能大约占到总侵蚀量的1/3，说明坡面草被覆盖度对坡面侵蚀产沙的减蚀作用是有一定限度的。

(2)对小流量(3.2 L/min)而言，80%的坡面草被覆盖度是坡沟系统由坡面产沙为主向沟坡产沙为主的转折点，小于此覆盖度，则以坡面产沙为主；对大流量(5.2 L/min)而言，发生这一转折的坡面草被覆盖度大约为60%，说明大流量对沟坡侵蚀产沙的影响更大。由于黄土高原大多数地区坡面草被覆盖度小于

60%，降雨又多为短历时侵蚀性大雨，因而可以推断：坡面产沙仍是坡沟系统侵蚀产沙的主要来源。

以上是基于放水冲刷试验所得结论，由于降雨情况下，坡面径流是一个沿程汇流逐渐增多的变化趋势，因而沟坡产沙比可能要高于冲刷试验的比值，具体比值还有待于通过降雨试验来加以研究、确定。

草被不同空间配置对沟坡产沙比的影响一般是：坡下部略大于坡上部和坡中部（见图6-19），这可能是坡面草被布设在坡下部时，一是对坡面的拦沙量较大，二是降低坡面流下沟时的含沙量作用比其他草被布设部位更为显著，因而导致沟坡产沙比增大的缘故。这一点与陈浩等的研究结论——坡面来水量和输入水流含沙量是影响沟坡（道）侵蚀产沙和水流侵蚀特性变化的重要因素是一致的。

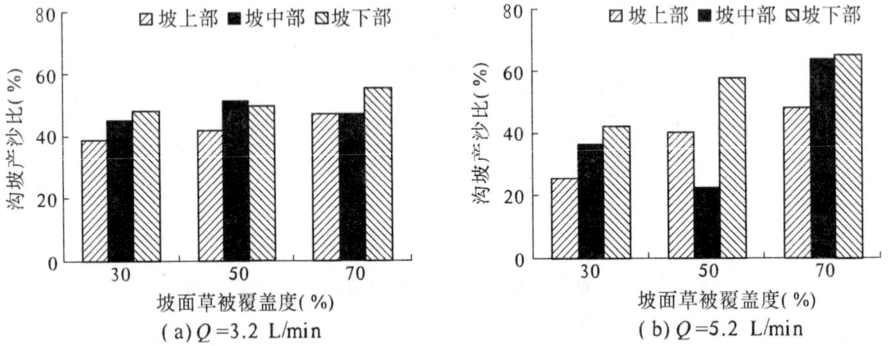

图6-19　草被覆盖度及空间配置对沟坡产沙比的影响

6.3.2.4　坡面流含沙量变化特征

表6-16是根据试验数据计算的坡面试验坡面流的平均含沙量。

表6-16　坡面流平均含沙量的变化

流量（L/min）	覆盖度（%）	不同部位含沙量（kg/m³）		
		坡上部	坡中部	坡下部
3.2	0	—	347	—
	30	310	312	279
	50	310	311	271
	70	227	204	219
	90	—	134	—
5.2	0	—	444	—
	30	267	303	260
	50	257	172	211
	70	147	169	174
	90	—	60	—

从表6-16中可以看出,在小流量时,0覆盖度的坡面流含沙量很大,而其他有草被覆盖的含沙量却比较小,90%覆盖度的含沙量最小,含沙量随覆盖度的增加而下降,其中30%和50%覆盖度对含沙量的影响不大,当覆盖度大于70%时,覆盖度对含沙量的影响作用明显,不同草被覆盖坡位对坡面流含沙量的影响不大;大流量时的上述差异更加显著。

从表6-17中可以看出,小流量时,0覆盖度的坡面流含沙量很小,其他有草被覆盖的含沙量略高一些,并且90%覆盖度的含沙量最高;大流量时,0覆盖度的坡面流含沙量最高,较小流量增加51%,其他有草被覆盖的含沙量差别不大,说明流量大小对裸坡含沙量的变化影响很大,而对坡面有草被覆盖的坡沟系统影响不大。试验表明,之所以出现此现象,主要是小流量裸坡情况下,坡面流进入坡沟后所产生的侵蚀量较有植被覆盖条件下较小所致。也就是说,有草被时,从坡面进入沟坡的低含沙水流往往会引起沟坡的严重侵蚀。同时,对比表6-16和表6-17可以发现,坡沟系统坡面流的含沙量都比相同措施下坡面流的含沙量要高,说明坡面流在流经沟坡时,侵蚀产沙强度有较大增加,由此造成了整个坡沟系统坡面流含沙量的增加。

表6-17　坡沟系统坡面流平均含沙量的变化

流量(L/min)	覆盖度(%)	不同部位含沙量(kg/m^3)		
		坡上部	坡中部	坡下部
3.2	0	—	381	—
	30	483	429	393
	50	555	498	443
	70	436	359	332
	90	—	509	—
5.2	0	—	574	—
	30	478	490	490
	50	497	417	425
	70	383	442	353
	90	—	467	—

图6-20是坡面试验中坡面径流的含沙量变化过程。从图6-20中可以看出,坡面流含沙量呈缓慢下降趋势,并且草被覆盖度越高,下降趋势越显著,大流量下的差异大于小流量时的差异,裸坡含沙量明显高于有草被坡面流的含沙量,

90%草被覆盖度的含沙量最小，30%和50%覆盖度下含沙量过程差异不明显，当覆盖度大于70%时，覆盖度对含沙量的影响作用明显，这一点与坡面总体平均含沙量的趋势相一致。流量大小对含沙量过程也有较大影响，大流量下的含沙量明显小于小流量时的含沙量，只有裸坡在试验开始之初与此相反。因此，可以认为，在放水冲刷试验下，坡面草被覆盖度对坡面流含沙量有明显的降低作用，流量越大，作用越大。

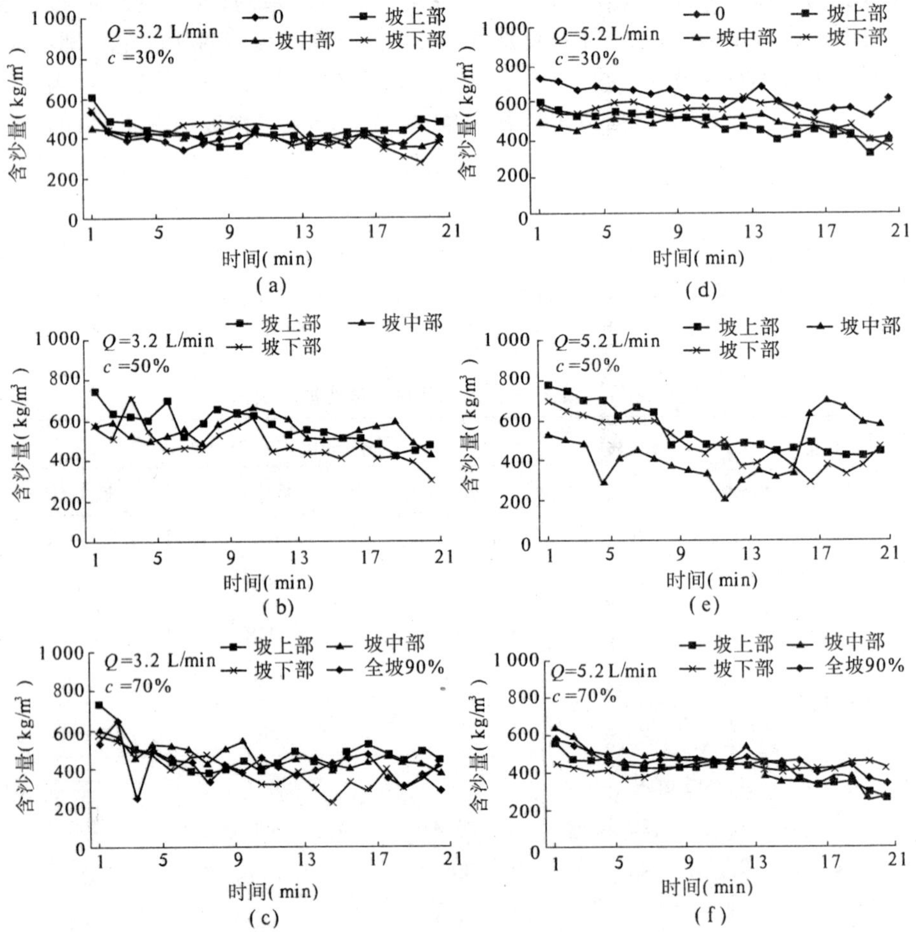

图6-20 坡沟系统试验中含沙量的变化过程

6.3.2.5 累积径流量过程与累积产沙量过程的关系

累积径流量过程与累积产沙量过程的相关关系反映了侵蚀过程中产流与产沙的动态变化过程。以往研究表明，累积径流量过程与累积产沙量过程之间呈非常显著的线性相关。在放水冲刷试验中，根据对各场次试验累积径流量过程与累积产沙量过程的线性回归分析，发现坡沟系统累积径流量过程与累积产沙量过程之间呈非常显著的线性相关；坡面试验各场次也基本如此，只是当草被覆盖度达到50%后，部分场次两者之间呈线性或对数相关关系，70%和90%覆盖度情况下，两者之间则呈非常显著的对数相关关系，说明在坡面试验中，随着产流量的增加，产沙量虽然也呈增加趋势，但较产流量而言增幅有所下降，这是由于坡面较高的草被覆盖度对坡面产沙起到了一定的减缓、阻滞作用（见图6-21）。

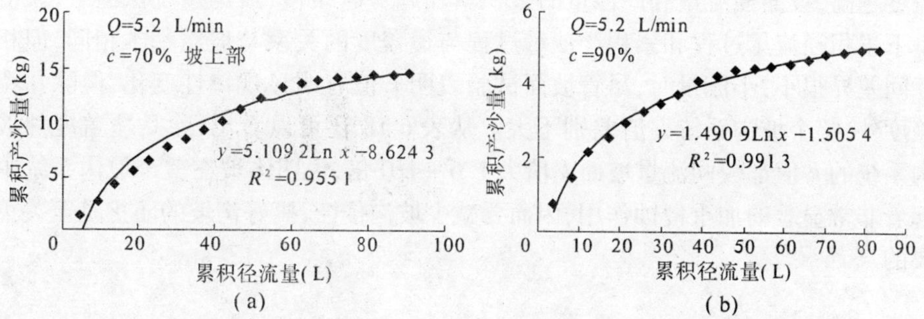

图6-21　坡面累积径流量过程与累积产沙量过程的相关关系

坡沟系统试验中，累积径流量过程与累积产沙量过程之间始终呈非常显著的线性相关，进一步表明坡面虽然在草被覆盖度大于70%时有一定的减缓、阻滞作用。但是，由于草被对坡面流泥沙的拦蓄，使径流含沙量在流入沟坡时有明显下降，从而增加了对沟坡坡面的剥蚀能力，造成沟坡产沙量增加幅度会略高于其他覆盖度，在一定程度上弥补了坡面产沙量的减少，因而出现整个坡沟系统试验中累积径流量过程与累积产沙量过程之间呈非常显著的线性相关现象。

另外，通过对各场次试验累积径流量过程与累积产沙量过程之间线性相关关系的斜率值的对比分析（见表6-18）可以看出：

表6-18　累积径流量过程与累积产沙量过程线性相关关系平均斜率 k 值

试验处理	流量(L/min)	不同草被覆盖度下的 k 值				
		0	30%	50%	70%	90%
坡面	3.2	0.36	0.30	0.28	0.20	0.12
	5.2	0.40	0.27	0.21	0.16	0.04
坡沟系统	3.2	0.38	0.48	0.49	0.43	0.48
	5.2	0.51	0.49	0.44	0.43	0.43

对于5.2 L/min流量来说，坡面各场次试验累积径流量过程与累积产沙量过程线性相关关系斜率 k 值的大小与草被覆盖度的关系依次是：

$$0>30\%>50\%>70\%>90\%$$

坡沟系统 k 值的大小与草被覆盖度的关系依次是：

$$0>30\%>50\%>70\%\geqslant 90\%$$

小流量时 k 值0覆盖度最小，其他覆盖度之间差别不大。分析认为，坡面试验由于草被覆盖对泥沙的拦蓄作用较明显，因而高覆盖度的坡面累积径流量过程与累积产沙量过程的增加程度要明显小于、滞后于低覆盖度的，即坡面草被覆盖度越高，坡面径流量和产沙量的累积增加趋势越缓慢；坡沟系统试验中，大流量下累积径流量过程和累积产沙量过程与覆盖度的关系与坡面基本相同，但相互间差异很小；小流量时，尽管坡面试验表明 k 值有明显规律性变化，但除0覆盖度外，整个坡沟系统 k 值差别不大。从表6-18还可以看出，除0覆盖度外坡沟系统的 k 值都较同流量坡面 k 值大1.6~4.0倍，说明沟坡在整个坡沟系统中起着非常显著的加重侵蚀作用，因而要减少坡沟侵蚀，搞好沟坡的防护是至关重要的。

6.4 小 结

(1)当流量为3.2 L/min时，坡面草被延缓径流流速作用较大；当放水流量为5.2 L/min时作用相对减弱。坡面及沟坡平均流速随着坡面草被覆盖度的增加呈指数下降趋势，坡面草被覆盖在减缓坡面流流速的同时，也直接影响到沟坡径流流速的变化，坡面草被覆盖度达到和超过50%时，对沟坡坡面流流速有明显减缓作用。坡面流流速在坡面的发展有一个坡长范围，试验中，在坡顶下方3~4 m处，坡面流流速达到最大；坡面各断面坡面流流速随放水冲刷时间的延长都基本呈下降趋势；当放水冲刷流量为3.2 L/min时，沟坡各断面坡面流流速变化不大；冲刷流量为5.2 L/min时，坡面流流速随放水冲刷历时的延长呈逐步下降趋势。

(2)坡沟系统坡面草被覆盖下坡面流平均曼宁糙率系数和平均阻力系数与流量关系密切，随着流量的增大，坡面流平均曼宁糙率系数和平均阻力系数在有草覆盖断面呈减小趋势，在无草覆盖断面呈增大趋势；有草覆盖断面及沟坡受草被覆盖面积大小的影响较大，各断面径流平均曼宁糙率系数和平均阻力系数随坡面草被覆盖度的增加呈指数增加，无草被坡面则变化不大。坡面流平均曼宁糙率系数和平均阻力系数在整个坡沟系统沿流程的增加而下降，在流入沟坡时急剧下降。坡面各断面径流平均阻力系数变化过程呈增加趋势，沟坡各断面径流平均阻力系数变化很小。

当径流量较小时，草被覆盖断面坡面流流态基本为层流—缓流范畴，流量为5.2 L/min时，大都处于过渡流—缓流范畴，而无草覆盖坡段的流态几乎都处于过渡流—缓流或急流状态；沟坡径流除个别断面为层流—急流外，大都属于过渡流—急流状态。整个试验过程中，各断面径流雷诺数呈先增加后稳定的变化趋势，草被覆盖断面径流雷诺数变化很小，沟坡径流雷诺数也始终处于稳定但略有上升趋势。坡面流弗劳德数都随径流流程的增加而增大，在沟坡出口处达到最大。草被覆盖断面坡面流弗劳德数变化很小，坡面草被覆盖度越高，弗劳德数越小。坡面草被不同空间配置对沟坡径流弗劳德数影响较小。

(3)坡面流出流时间与流量呈负相关关系，与坡面草被覆盖度呈正相关关系；径流终止时间与流量和坡面草被覆盖度均呈正相关关系；草被覆盖面积越大，其对坡面流的延滞作用越显著，流量越大，草被覆盖对坡面流的延滞作用越小。坡面草被不同布设坡位对坡面流出流时间也有一定影响，当坡面草被布设在坡上部和坡中部时，其对坡面流的阻延作用相对大一些。单一坡面试验与坡沟系统试验的结论不完全一致，后者的影响因素更为复杂。

试验中，草被覆盖度及其不同空间配置对径流能量变化有一定影响，有草断面比无草断面下的径流动能、势能普遍偏小，变化幅度也较平缓。各断面能耗在时间上呈下降—稳定变化趋势，空间上随径流流程的增加，呈显著增加趋势；草被覆盖度较低时，坡面流能耗变化过程与径流含沙量变化过程基本一致，裸坡情况下两者关系更密切。从坡面径流能量变化方面开展草本植被减蚀作用特征及过程研究，并进而揭示其减蚀作用机理具有一定的可行性。

(4)试验中，不同草被覆盖度及空间配置对坡沟侵蚀产沙有一定的影响。小流量时，不同覆盖度之间侵蚀产沙量差异不十分显著，而不同坡位之间有一定差异，产沙量大小一般是坡上部 > 坡中部 > 坡下部；大流量时，不同覆盖度之间有一定差异，不同坡位之间侵蚀产沙量变化规律不明显。产流量受覆盖度的影响不大，不同坡位间差异不显著。坡面不同覆盖度、不同坡位之间侵蚀产沙量差异比较显著。坡面和坡沟系统产流量与产沙量的空间变化都不完全一致，产沙总量与产流总量之间也不是总成正比，说明两者的影响因素不尽相同。

(5)随着草被覆盖度的增加，沟坡产沙比呈指数增加趋势，大流量大于小流量下的增幅。小流量时，80%的坡面草被覆盖度是坡沟系统由坡面产沙转为向沟坡产沙为主的临界点，大流量发生这一转折的坡面草被覆盖度约为60%，说明大流量对沟坡侵蚀产沙的影响要大于小流量的影响程度。沟坡产沙比一般是坡下部略大于坡上部和坡中部，裸坡侵蚀量的变化规律都是沿流程递减的，侵蚀量最大值出现在坡上部，最小值在坡下部。

(6)随坡面草被覆盖度增加,坡面流含沙量降低,覆盖度越高,下降趋势越显著,裸坡坡面流含沙量高于草被坡面流含沙量,90%覆盖度的含沙量最小。受沟坡侵蚀产沙影响,坡沟系统坡面流含沙量过程呈缓慢下降趋势,不同草被空间配置及流量大小对坡沟系统含沙量过程影响不大。坡沟系统坡面流过程的含沙量都比相同措施下坡面径流过程的含沙量要高,说明坡面流在流经沟坡时,侵蚀产沙强度有较大增加,大流量下这种增加趋势更显著。

(7)裸坡条件下黄土坡面侵蚀产沙过程具有明显的阶段性,大致可以划分为细沟形成起始阶段、细沟发展阶段和细沟发育稳定阶段。坡沟系统侵蚀产沙过程是先略有增加,然后保持一个较高的稳定值,最后再略有下降;不同草被空间配置下,产沙量一般是坡上部最大,坡下部最小。除个别坡下部外,各时段产沙量占总产沙量的比例都有随放水冲刷时间的延长先增后减的趋势,各不同时段产沙量占总产沙量的比例变化不是太大。

(8)由于沟坡在整个坡沟系统中起着非常显著的加重侵蚀作用,坡沟系统累积径流量过程与累积产沙量过程之间始终呈非常显著的线性相关,因而要减少坡沟侵蚀,搞好沟坡的防护是至关重要的。

第7章 结论与展望

7.1 主要结论

7.1.1 坡面侵蚀模拟研究结论

(1)研究表明,坡面产生细沟时的临界剪切应力和流量、坡度、坡面流深、坡面流速等参数的大小成正比。

(2)在放水初期,坡面流阻力系数较大,不同坡度和流量模拟条件下,坡面流阻力系数过程先呈下降趋势(放水到出口径流产生),之后呈波动上升趋势;小流量对坡面流阻力系数的影响过程较为简单,上升趋势弱且波动强度小,大流量对坡面流阻力系数的影响大且复杂,受坡面侵蚀形态发育和坡面流态的瞬时变化影响大,阻力系数过程线波动强度较大。

(3)随着径流能耗的增加,剥蚀率呈非常明显的线性增加。

(4)坡面径流挟沙力大小与放水流量、地面坡度等成正比。

7.1.2 坡沟耦合系统侵蚀模拟研究结论

(1)根据试验数据,对不同降雨过程中降雨后实测得到的径流、产沙数据与试验时间进行了分析,发现累积径流量、累积产沙量与降雨时间呈极显著的幂函数关系。

(2)对于输沙率过程来说,在雨强较小(60 mm/h)的情况下,其变化趋势大体为先增大后保持相对稳定的较高状态;在雨强较大(90 mm/h)的情况下,其变化趋势为先缓慢的波动增大,随后在20 min前后达到一个峰值,最后又趋于下降;而对于大雨强(130 mm/h)来说,峰值出现在试验的开始和中间阶段,随后一直呈下降趋势。

(3)在60 mm/h、90 mm/h、130 mm/h三种雨强下,沟道接受上方来水后引起的净侵蚀产沙量 S 占试验土槽全部产沙量的15%~29%。沟道接受上方来水后的坡沟系统侵蚀产沙量是无上方来水时侵蚀产沙量的1.48~2.34倍。

(4)雨强下的输沙率过程变化有一定的规律性,在下垫面一定时,雨强越大,径流搬运泥沙的能力越大,反映到径流输沙率上也如此。在试验刚开始时,径流输沙率一般较小,随着试验的进行,输沙率逐渐增大并且基本达到稳定,一直到试验结束。

(5)沟坡部分的侵蚀产沙量与坡面来水含沙量有直接的关系。在一次放水过程中,随坡面来水含沙量的不同,沟坡部分的净侵蚀产沙量发生相应变化。

(6)试验条件下土壤抵抗侵蚀特性的参数为5.096 kg/(Pa·m·min),径流临界剪切应力为0.12 Pa。

(7)在试验的雨强和坡度范围内,断面单位能量越大,侵蚀输沙率越大;在断面能量一定的情况下,径流输沙率随着雨强的增大而增大。

7.1.3 坡沟耦合系统侵蚀模拟研究结论

(1)当放水冲刷流量为3.2 L/min时,坡面草被延缓径流流速作用较大;放水冲刷流量为5.2 L/min时作用相对减弱。坡面及沟坡平均流速随着坡面草被覆盖度的增加呈指数下降趋势,坡面草被覆盖在减缓坡面流流速的同时,也直接影响到沟坡径流流速的变化,坡面草被覆盖度达到和超过50%时,对沟坡坡面流流速有明显减缓作用。坡面流流速在坡面的发展有一个坡长范围,试验中,在坡顶下方3~4 m处,坡面流流速达到最大;坡面各断面坡面流流速随放水冲刷时间的延长都基本呈下降趋势;当放水冲刷流量为3.2 L/min时,沟坡各断面坡面流流速变化不大,当放水冲刷流量为5.2 L/min时,坡面流流速随放水冲刷历时的延长呈逐步下降趋势。

(2)坡沟耦合系统坡面草被覆盖下坡面流平均曼宁糙率系数和平均阻力系数与放水流量关系密切,随着放水流量的增大,坡面流平均曼宁糙率系数和平均阻力系数在有草覆盖断面呈减小趋势,在无草覆盖断面呈增大趋势;有草覆盖断面及沟坡受草被覆盖面积大小的影响较大,各断面径流平均曼宁糙率系数和平均阻力系数随坡面草被覆盖度的增加呈指数增加,无草被坡面则变化不大。坡面流平均曼宁糙率系数和平均阻力系数在整个坡沟系统沿流程的增加而下降,在流入沟坡时急剧下降。坡面各断面径流平均阻力系数变化过程呈增加趋势,沟坡各断面径流平均阻力系数变化很小。

当径流量较小时,草被覆盖断面坡面流流态基本为层流—缓流范畴,流量为5.2 L/min时,大都处于过渡流—缓流范畴,而无草覆盖坡段的流态几乎都处于过渡流—缓流或急流状态;沟坡径流除个别断面为层流—急流外,大都属于过渡流—急流状态。整个试验过程中,各断面径流雷诺数呈先增加后稳定的变化趋势,草被覆盖断面径流雷诺数变化很小,沟坡径流雷诺数也始终处于稳定但略有上升趋势。坡面流弗劳德数都随径流流程的增加而增大,在沟坡出口处达到最大。草被覆盖断面坡面流弗劳德数变化很小,坡面草被坡面草被覆盖度越高,弗劳德数越小。坡面草被不同空间配置对沟坡径流弗劳德数影响较小。

(3)坡面流出流时间与放水流量呈负相关关系，与坡面草被覆盖度呈正相关关系；径流终止时间与放水流量和坡面草被覆盖度均呈正相关关系；草被覆盖面积越大，其对坡面流的延滞作用越显著，放水冲刷流量越大，草被覆盖对坡面流的延滞作用越小。坡面草被不同布设坡位对坡面流出流时间也有一定影响，当坡面草被布设在坡上部和坡中部时，其对坡面流的阻延作用相对大一些。单一坡面试验与坡沟耦合系统试验的结论不完全一致，后者的影响因素更为复杂。

放水冲刷试验中，草被覆盖度及其不同空间配置对径流能量变化有一定影响，有草断面比无草断面下的径流动能、势能普遍偏小，变化幅度也较平缓。各断面能耗在时间上呈下降—稳定变化趋势，空间上随径流流程的增加，呈显著增加趋势；草被覆盖度较低时，坡面流能耗变化过程与径流含沙量变化过程基本一致，裸坡情况下两者关系更密切。从坡面径流能量变化方面开展草本植被减蚀作用特征及过程研究，并进而揭示其减蚀作用机理具有一定的可行性。

(4)放水冲刷试验中，不同草被覆盖度及空间配置对坡沟侵蚀产沙有一定的影响。小流量时，不同覆盖度之间侵蚀产沙量差异不十分显著，而不同坡位之间有一定差异，产沙量大小一般是坡上部 > 坡中部 > 坡下部；大流量时，不同覆盖度之间有一定差异，不同坡位之间侵蚀产沙量变化规律不明显。产流量受覆盖度的影响不大，不同坡位间差异不显著。坡面不同覆盖度、不同坡位之间侵蚀产沙量差异比较显著。坡面和坡沟系统产流量与产沙量的空间变化都不完全一致，产沙总量与产流总量之间也不是总成正比关系，说明两者的影响因素不尽相同。

(5)随着草被覆盖度的增加，沟坡产沙比呈指数增加趋势，大流量大于小流量下的增幅。小流量时，80%的坡面草被覆盖度是坡沟系统由坡面产沙转为向沟坡产沙为主的临界点，大流量发生这一转折的坡面草被覆盖度约为60%，说明大流量对沟坡侵蚀产沙的影响要大于小流量的影响程度。沟坡产沙比一般是坡下部略大于坡上部和坡中部，裸坡侵蚀量的变化规律都是沿流程递减的，侵蚀量最大值出现在坡面上部，最小值在坡下部。

(6)随坡面草被覆盖度增加，坡面流含沙量降低，覆盖度越高，下降趋势越显著，裸坡坡面流含沙量高于草被坡面流含沙量，90%覆盖度的含沙量最小。受沟坡侵蚀产沙影响，坡沟系统坡面流含沙量过程呈缓慢下降趋势，不同草被空间配置及流量大小对坡沟系统含沙量过程影响不大。坡沟系统坡面流过程的含沙量都比相同措施下坡面径流过程的含沙量要高，说明坡面流在流经沟坡时，侵蚀产沙强度有较大增加，大流量下这种增加趋势更显著。

(7)裸坡条件下黄土坡面侵蚀产沙过程具有明显的阶段性，大致可以划分为细沟形成起始阶段、细沟发展阶段和细沟发育稳定阶段。坡沟系统侵蚀产沙过程是先略有增加，然后保持一个较高的稳定值，最后再略有下降；不同草被空间配置下，产沙量一般是坡上部最大，坡下部最小。除个别坡下部外，各时段产沙量占总产沙量的比例都有随放水冲刷时间的延长先增后减的趋势，各不同时段产沙量占总产沙量的比例变化不是太大。

(8)由于沟坡在整个坡沟系统中起着非常显著的加重侵蚀作用，坡沟系统累积径流量过程与累积产沙量过程之间始终呈非常显著的非线性相关，因而要减少坡沟侵蚀，搞好沟坡的防护是至关重要的。

7.2 关键技术与创新点

7.2.1 本书研究的关键技术

本书研究的关键技术主要包括：

(1)坡面径流输沙能力的识别。

(2)坡沟耦合系统侵蚀过程的互动关系揭示。

(3)坡沟耦合系统侵蚀过程的定量描述。

7.2.2 本书研究的创新点

本书研究的创新点主要包括：

(1)借鉴河流泥沙输移理论，建立坡面和坡沟水流挟沙力公式，为土壤侵蚀预报模型提供基础坡面输沙力学模型。

(2)揭示坡面、沟坡之间的侵蚀水动力学机理。

(3)定量描述坡面侵蚀产沙对沟坡侵蚀产沙的影响作用，建立坡沟系统的耦合侵蚀产沙关系。

7.3 展　望

本书利用实体模型试验的方法研究了黄土坡面水蚀发生动力变化过程和产沙过程，建立了坡面径流输沙率与不同水动力参数之间的关系，揭示了坡沟系统侵蚀产沙耦合关系及其对植被作用的响应，但是，由于受时间、经费和作者水平所限，本书取得的成果只是初步的。鉴于黄土坡面及沟坡系统水蚀过程的复杂性，以及黄土高原水土流失治理工作的重要性，作者认为本书中仍存在一些不足之处需要进一步研究：

(1)由于时间有限，本次试验所选用的试验坡度、流量范围及土壤类型还比较有限，需要扩大试验范围，系统揭示多坡度、多雨强、多边界条件下的复杂侵蚀产沙规律及力学机理，尤其需要研究在不同坡度和特大暴雨条件下坡沟系统的侵蚀过程，以及陡坡地坡面汇水汇沙对沟坡侵蚀过程的影响。

(2)坡面径流水动力参数的计算多借鉴明渠水力学的方法，但是通过对试验资料的分析发现，两者之间存在着明显的差异，所以应进一步加强坡面水蚀动力参数的理论研究，提出适合于描述坡面流的动力学参数及指标。

(3)室内侵蚀产沙试验的土层多是人工铺填的，这与天然土壤的自然结构有很大差别，使试验结果的广适性受到限制，因而为更加全面了解黄土侵蚀的特性和力学机理，应注重室内试验和野外试验的结合，用野外试验对室内试验的研究结论进行验证，同时开展土壤侵蚀实体模型模拟理论与技术的研究。

(4)对坡沟侵蚀过程及其水动力学机理进行了探讨，取得了新的进展，但就坡面、坡沟侵蚀过程的定量描述和坡沟水流泥沙搬运能力的确定还需要进一步研究。同时，对植被减蚀的力学机理还有待深入探讨。

(5)试验量测手段有待进一步提高。目前，对坡面流流速、流深和流宽的测量大多为人工测量，可能存在较大的误差，因此进一步提高测量仪器的精度和完善试验的测量方法对研究坡面流水动力学特性和侵蚀特性有着至关重要的作用，需要找到更加合理和有效的研究方法与技术，定量研究不同阶段沟坡侵蚀发育过程对坡面侵蚀影响的反馈机制，这也是今后亟待研究的科学问题。

参考文献

[1] 曾伯庆. 晋西黄土丘陵沟壑区水土流失规律及治理效益[J]. 人民黄河,1980(2):20-25.

[2] 徐雪良. 韭园沟流域沟间地、沟谷地来水来沙量的研究[J]. 中国水土保持,1987(8):23-26.

[3] 陈浩,王开章. 黄河中游小流域坡沟侵蚀关系研究[J]. 地理研究,1999,18(4):363-372.

[4] 雷阿林. 坡沟系统土壤侵蚀动力机制模拟试验研究[D]. 杨凌:中国科学院水利部水土保持研究所,1996.

[5] Zheng F L, Huang C H, Norton L D. Vertical hydraulic gradient and run-on water and sediment effects on erosion processes and sediment regimes[J]. Soil Sci. Soc. Am. J. 2000, 64(1):4-10.

[6] 肖培青,郑粉莉. 上方来水来沙对细沟水流水力学参数的影响[J]. 泥沙研究,2002(4):69-74.

[7] 丁文峰,李勉,姚文艺,等. 坡沟系统侵蚀产沙耦合关系试验研究[C]//第六届全国泥沙基本理论研究学术讨论会论文集. 郑州:黄河水利出版社,2005.

[8] R·拉尔. 土壤侵蚀研究方法[M]. 黄河水利委员会宣传出版中心,译. 北京:科学出版社,1991.

[9] N·W·哈德逊. 土壤侵蚀[M]. 窦保璋,译. 北京:科学出版社,1971.

[10] J. O. Lawa, D. A. Parsons. The Relationship of Raindrop Siye to Intensity, Trans. Am. Geophy. Union, Vol. 24, 1943.

[11] 李勇,吴钦孝,朱显谟,等. 黄土高原植物根系提高土壤抗冲性能的研究[J]. 水土保持学报,1990(1).

[12] 姚文艺. 坡面流阻力规律试验研究[J]. 泥沙研究,1996,3(1):74-81.

[13] 吴长文,王礼先. 林地坡面的水动力学特性及其阻延地表径流的研究[J]. 水土保持学报,1995,9(6):32-38.

[14] 普罗托季亚科诺夫. 水流与渗流的研究[M]. 北京:人民铁道出版社,1958.

[15] 徐在庸,胡玉山. 坡面径流的试验研究[J]. 水利学报,1962,6(4):1-8.

[16] 吴普特. 动力水蚀试验研究[M]. 西安:陕西科学技术出版社,1997.

[17] 丁文峰,李占斌. 黄土坡面细沟侵蚀发生的临界条件[J]. 山地,2001,19(6):551-555.

[18] 张科利,秋吉康宏. 坡面细沟侵蚀发生的临界水力条件研究[J]. 土壤侵蚀与水土保持学报,1998,4(1):41-46.

[19] V·A·范诺尼. 泥沙工程[M]. 黄河水利委员会水科所等,译. 北京:水利电力出版

社,1981.
[20] Nearing M A, Foster G R, Lane L J. A process-based soil erosion model for USDA-water erosion prediction project technology[J]. Trans. of ASAE, 1989,32(5):1587-1593.
[21] Meyer L D, Foster G R. Mechanics of soil erosion by rainfall and overland flow[J]. Trans. of ASAE,1965, 8(4):689-693.
[22] Elliot W J, J M Laflen. A process-based rill erosion model. Trans of ASAE [J], 1993, 36: 65-72.
[23] Julien P Y, D B Simons. Sediment transport capacity of overland low. Trans. of the ASAE, 1985, 28(3):755-761.
[24] 朱显谟. 黄土区土壤侵蚀的分类[J]. 土壤学报,1956,4(2):99-115.
[25] 承继成. 坡地流水作用的分带性[C]//中国地理学会. 1963 年学会论文集. 北京:科学出版社,1965:99-104.
[26] 陈永宗. 黄河中游黄土丘陵沟壑区坡地的侵蚀发育[J]. 地理集刊,1976(10):35-51.
[27] 罗来兴. 划分晋西、陕北、陇东黄土区沟间地和沟谷地的地貌类型[J]. 地理学报,1956, 22(3):201-221.
[28] 刘元保,朱显谟,周佩华,等. 黄土高原土壤侵蚀垂直分带性研究[J]. 中国科学院西北水土保持研究所集刊,1988(7):5-8.
[29] 中国科学院黄土高原综合考察队. 黄土高原地区土壤侵蚀区域特征及其治理途径[M]. 北京:中国科学技术出版社,1991.
[30] 刘秉正,吴发启. 黄土塬区沟谷系统的侵蚀发展研究[J]. 西北林学院学报,1993,8(2): 7-15.
[31] 蒋德麒,赵诚信,陈章霖. 黄河中游小流域泥沙来源初步分析[J]. 地理学报,1966, 32(1):20-35.
[32] 唐克丽. 杏子河流域坡耕地的水土流失及其防治[J]. 水土保持通报,1983,3(5): 43-48.
[33] 龚时旸,蒋德麒. 黄河中游黄土丘陵沟壑区沟道小流域的水土流失及治理[J]. 中国科学,1978(6):671-678.
[34] 张科利. 黄土坡面侵蚀产沙分配及其与降雨特征关系的研究[J]. 泥沙研究,1991(4): 39-45.
[35] 焦菊英,刘元宝,唐克丽. 小流域沟间地与沟谷地径流泥沙来量的探讨[J]. 水土保持学报,1992,6(2):24-28.
[36] 郑粉莉,唐克丽,白红英. 林地开垦后坡沟侵蚀产沙关系的研究[J]. 中国水土保持, 1994(8):19-20.
[37] 陈浩,王开章. 黄河中游小流域坡沟侵蚀关系研究[J]. 地理研究,1999,18(4): 363-372.
[38] 郑粉莉,康绍忠. 黄土坡面不同侵蚀带侵蚀产沙关系及其机理[J]. 地理学报,1998, 53(5):422-427.

[39] 郑粉莉,高学田. 黄土坡面土壤侵蚀过程与模拟[M]. 西安:陕西人民出版社,2000.
[40] 肖培青,郑粉莉. 上方来水来沙对细沟侵蚀产沙过程的影响[J]. 水土保持通报,2001,21(1):23-25.
[41] 肖培青,郑粉莉,张成娥. 细沟侵蚀过程与细沟水流水力学参数的关系研究[J]. 水土保持学报,2001,15(1):54-57.
[42] Horton R E, Leach H R, Vliet V R. Laminar sheet-flow [J]. Transaction of the American Geophysical Union, 1934, 15:393-404.
[43] Horton R E. Development of sreams and their drainage basins, Hydrophysical approach to quantitative morphologpy[J]. Bull. Geo. Soc. Am. , 1945, 56:275-370.
[44] Yoon N Y, Wenzel G H. Mechanics of sheet flow under simulated rainfall[J]. ASCE,1971, 97(9):1367-1386.
[45] A brahams A D, Gang Li Parsin A J. Rill hydraulics on a semiarid hillsope in the Southern Arizona [J]. Earth Surface Process and Landforms,1996, 21:35-47.
[46] Foster G R, et al. A laboratory study of rill hydraulics:1. velocity relationships[J]. Trans of ASAE,1984, 27:790-796.
[47] Gerard Govers. Relationship between discharge, velocity and flow area for rills eroding loose, non-layered materials [J]. Earth Surface Processes and Landforms,1992, 17:515-528.
[48] Julien P Y, Simons D B. Sediment transport capacity of overland flow [J]. Trans of ASAE. 1985, 28(3):775-761.
[49] Guy B T, Dicksion W T, Rudra R P. The roles of rainfall and runoff in the sediment transport capacity of interrill flow[J]. Trans of the ASAE,1987,30:1378-1386.
[50] Rose C W, Willans J R. A mathemat icalmodel of soil erosion and deposition process[J]. Soil Science Society of America Journal, 1983, 47:991-995.
[51] 雷阿林,唐克丽,王文龙. 土壤侵蚀链概念的科学意义及特征[J]. 水土保持学报,2000,14(3):79-83.
[52] Ellison W D, Ellison O T. Soil erosion studies-Part VI:Soil detachment by surface flow[J]. Agric. Eng. 1947, 28:402-408.
[53] Ellison W D, Ellison O T. Soil erosion studies-Part VII:Soil transportation by surface flow [J]. Agric. Eng. 1947, 28:442-444, 450.
[54] Forster G R, Meyer L D, Onstad C A. An erosion equation derived from basic erosion principles[J]. Trans of ASAE. 1977, 20(4):678-672.
[55] Foster G R, Meyer L D. A closed-form soil erosion equation for upland areas[C]//In:Shen H W (ed.). Symposium of Sedimentation, Colorado:State Univ. , Ft. Collins. Co. , 1972. 12-19.
[56] 黄河水利委员会,黄河中游治理局. 黄河水土保持志[M]. 郑州:河南人民出版社,1993.
[57] 张瑞瑾. 泥沙的起动流速[C]//张瑞瑾论文集. 北京:中国水利水电出版社,1996.
[58] F M Kellier, D Whitchead, D S Pollock. Rainfall Interrception by Trees and Splash in A

young Pinus Radiate[J]. D. Donstand. Journal of Hydrology,1992.
[59] 尹国康. 流域地貌系统[M]. 南京:南京大学出版社,1991.
[60] G R Foster, L D Meyer, C A Onstad. An Erosion Equation Derived from Basic Eosion Principles[J]. Tran of the ASAE. 1977,20(4).
[61] 牟金泽,姚文艺. 水土流失与泥沙输移[C]//黄土高原水土保持. 郑州:黄河水利出版社,1996.
[62] 武敏,郑粉莉. 浅沟侵蚀过程及预报模型研究进展[J]. 水土保持研究, 2004,11(4):113-116.
[63] 郑粉莉,唐克丽,周佩华. 黄土高原坡耕地的细沟侵蚀及其防治途径[D]. 杨凌:中国科学院西北水土保持研究所,1983.
[64] 张科利,唐克丽. 陕北黄土丘陵沟壑区坡耕地浅沟及其防治途径[D]. 杨凌:中国科学院水利部水土保持研究所,1988.
[65] 王文龙,雷阿林,李占斌,等. 土壤侵蚀链内细沟浅沟切沟流动力机制研究[J]. 水科学进展,2003,14(4):471-475.
[66] 李鹏,李占斌,郑良勇. 黄土坡面径流侵蚀产沙动力过程模拟与研究[J]. 水科学进展,2006(4):444-449.
[67] 肖培青,郑粉莉,姚文艺. 坡沟系统侵蚀产沙及其耦合关系研究[J]. 泥沙研究,2007,2:30-35.
[68] 丁文峰,李占斌,崔灵周. 黄土坡面径流冲刷侵蚀试验研究[J]. 水土保持学报,2001,15(2):99-101.
[69] 丁文峰,李占斌,鲁克新,等,坡面细沟发生临界水动力条件初探[J]. 土壤学报,2003,40(6):822-828.
[70] 周佩华,豆葆璋,孙清芳,等. 降雨能量的试验研究初报[J]. 水土保持通报,1981,1:51-60.
[71] 江忠善,宋文经,李秀英,等. 黄土地区天然降雨雨滴特性研究[J]. 中国水土保持,1983(3):32-36.
[72] 李占斌,鲁克新,丁文峰. 黄土坡面土壤侵蚀动力过程试验研究[J]. 水土保持学报,2002,16(2):5-7.
[73] Wischmeier W H, Smith D D. Predicting rainfall erosion losses[C]//In: Agricultural Handbook 537. Washington DC: USDA,1978.
[74] 丁文峰,李占斌,崔灵周. 黄土坡面径流冲刷侵蚀试验研究[J]. 水土保持学报,2001,15(2):99-101.
[75] 李勉,姚文艺,陈江南,等. 草被覆盖下坡沟系统坡面流能量变化特征试验研究[J]. 水土保持学报, 2005,19(5):13-17.
[76] 管新建,李占斌,王民,等. 坡面径流水蚀动力参数室内试验及模糊贴近度分析[J]. 农业工程学报,2007,6:1-6.
[77] 张瑞瑾. 河流泥沙动力学[M]. 北京:中国水利水电出版社,1998.

[78] 张建军. 黄土坡面地表径流挟沙能力研究综述[J]. 泥沙研究,2007(4):77-81.
[79] Julien P, Simons D. Sediment transport capacity of overland flow[J]. Transactions of the ASAE. 1985, 28(3):755-762.
[80] Grosh J L, Jarrett A R. Interrill erosion and runoff on very steep slopes[J]. Trans. ASAE, 1994, 37(4):1127-1133.
[81] Abrahams A D, Atkinson J F. Relation between grain velocity and sediment concentration in overland flow[J]. Water Resources Research. 1993, 29:3021-3028.
[82] Covers G. Empirical relationship for the transport capacity of over land flow: Erosion, transport, and deposition process[M]. LAHS Publ, 1990.
[83] Covers G, Rauws G. Transporting capacity of overland flow on plane and on irregular beds[J]. Earth Surface Processes Landforms, 1986, 11:515-524.
[84] Foster G, Huggins F. Deposition of sediment by overland flow on concave slopes[M]. Soil Erosion:Prediction and Control, Soil Conservation Society of America, Ankeny, Iowa, 1976.
[85] Alonso C, Neibling H, Foster R. Estimating sediment transport capacity in watershed modeling[J]. Transactions of the ASAE, 1981, 24(5):1121-1220.
[86] Nearing M A, Norton L D, Bulgakov D A, et al. Hydraulics and erosion in eroding rills[J]. Water Resources, 1997, 33(4):865-876.
[87] Lei T W, Nearing M A, Haghighi K, et al. Rill erosion and morphological evolution: a simulation model[J]. Water Resources Research, 1998, 34(11):3157-3168.
[88] 张科利,唐克丽. 黄土坡面细沟侵蚀能力的水动力学试验研究[J]. 土壤学报,2000(1):9-15.
[89] 费祥俊,邵学军. 泥沙源区沟道输沙能力的计算方法[J]. 泥沙研究,2004(1):1-8.
[90] 费祥俊. 悬移质水流挟沙能力与输沙特性[J]. 泥沙研究,2003(3):30-34.
[91] 余明辉,杨国录,刘高峰,等. 非均匀沙水流挟沙力公式的初步研究[J]. 泥沙研究,2001,(3):25-29.
[92] 张光辉. 坡面水蚀过程水动力学研究进展[J]. 水科学进展,2001,12(3):396-402.
[93] 张晴雯,雷廷武,高佩玲,等. 黄土区细沟侵蚀过程中输沙能力确定的解析法[J]. 中国农业科学,2004(5):700-703.
[94] 张光辉. 土壤侵蚀模型研究现状与展望[J]. 水科学进展,2002(3):389-396.
[95] 张建军,毕华兴. 坡面水土保持林地地表径流挟沙能力研究[J]. 北京林业大学学报,2003,25(5):25-28.
[96] 陈顒,陈凌. 分形几何学[M]. 北京:地震出版社,1998.
[97] 肯尼思,法尔科内. 分形几何——数学基础及其应用[M]. 沈阳:东北大学出版社,2001.
[98] 高鹏,李后强,艾南山. 流域地貌的分形研究[M]. 地球科学进展,1993,8(5):63-69.
[99] 张捷,包浩生. 分形理论及其在地貌学中的应用——分形地貌研究综述及展望[J]. 地理研究,1994,13(3):104-111.

[100] 艾南山,李后强. 从曼德布罗特景观到分形地貌学[J]. 地理学与国土研究,1993,9(1):13-17.

[101] 艾南山,朱治军,李后强. 外营力地貌作用随机特性和分形布朗地貌和稳定性[J]. 地理研究,1998,17(1):23-30.

[102] 艾南山,陈嵘,李后强. 走向分形地貌学[J]. 地理学与国土研究,1999,15(1):92-96.

[103] 朱晓华,王健. 分形理论在地理学中的应用现状和前景展望[J]. 大自然探索,1999,18(69):42-46.

[104] Mandelbrot B. How Long Is the Coast of Britain-statistical Self-Similarity and Fractonal imension[J]. Science, 1967,156(3775):636-638.

[105] 亢宽盈. 分形理论的创立、发展及其科学方法论意义[J]. 科学管理研究,1998,16(6):53-56.

[106] 黄震方,朱晓华. 分形论、界壳论与山地研究理论及地理学创新和发展[J]. 山地学报,2001,19(1):92-96.

[107] 孔凡臣,丁国瑜. 山西及邻区水系与黄土冲沟的分形几何学分析结果及其与构造活动的关系[J]. 地震地质,1991,13(3):221-229.

[108] 高鹏. 流域水系的多标度分形研究及应用[J]. 中国地质灾害与防治研究, 1995,6(5):31-39.

[109] 佘龙华,沈林成,常文森. 基于 FBM 的分形模拟原理研究[J]. 宇航学报,1999,20(3):22-25.

[110] 刘春,丛爱岩. 分形分维估计值在 GIS 地理特征描述中的应用[J]. 测绘工程,1998,7(1):41-44.

[111] 张济忠. 分形[M]. 北京:清华大学出版社,1997.

[112] Aadrle R, Abranams A D. Fractal trchniques and surface roughness of talus slope[J]. Earth Surface Processes and Landforms, 1989, 14(2):191-209.

[113] Breyer S P, Snow R S. Drainage basin Perimeters:A fractal significance[J]. Geomorphplogy, 1992, 5(1):143-157.

[114] Goodchild M F. Fractals and accuracy of geographical measures Math[J]. Geol,1980,12(2):85-98.

[115] Mark D M, Aronson P B. Scale-dependent fractal dimension of topographic surface[J]. Math, Geol,1984,16(7):671-684.